내란일지

내란일지

김두일 지음

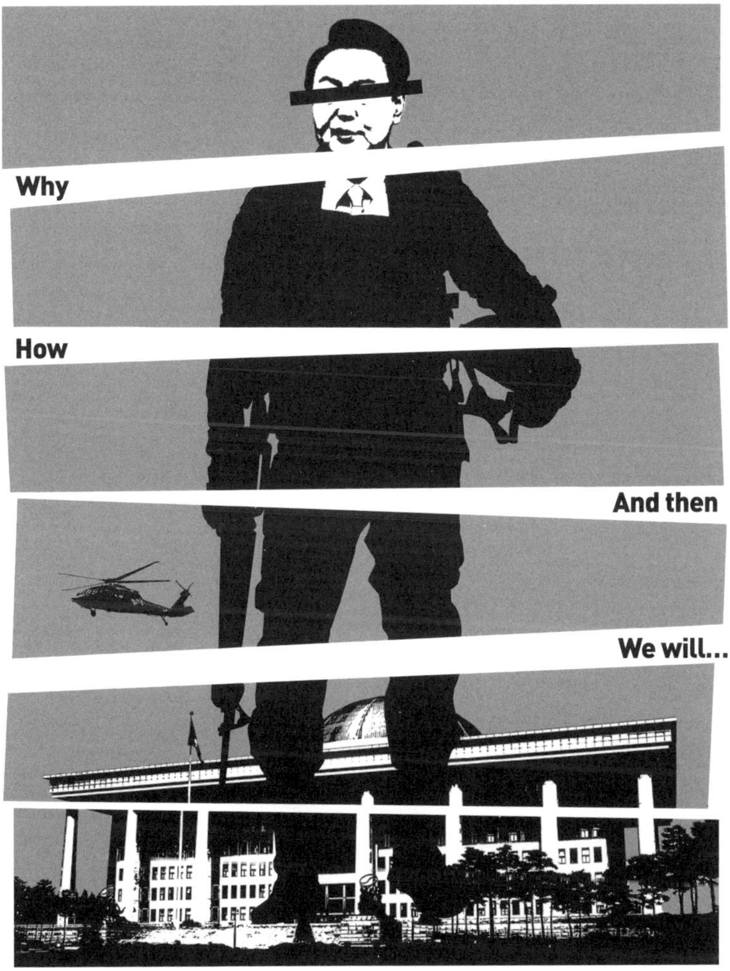

Why

How

And then

We will...

내란일지
Why, How, And then, We will…

지은이　　김두일
발행일　　2025년 5월 15일 초판 1쇄

발행인　　김두일
발행처　　열린공감TV
디자인　　전병준
등록번호　제25100-2021-000067호
대표전화　070-4098-1139
주소　　　서울특별시 노원구 동일로198길 74, 3층 301-A호
홈페이지　https://www.tamsaon.com
유튜브　　youtube.com/c/열린공감tv, youtube.com/c/김두일tv
전자우편　dooil.kim@gmail.com

Copyright (c) 열린공감TV, 2025, Printed in Korea.
ISBN 979-11-977476-2-5 03300

✽ 책값은 뒤표지에 있습니다. 잘못 만들어진 책은 구입처에서 바꿔 드립니다.

이것은 추적의 기록이다.
충격과 분노와 인고와 열망과
그리고 승리의 기록이다.

목차

1부
Why, 내란은 왜 일어났는가

1장 **익사** 溺死 _10

2장 **항명** 抗命 _19

3장 **축소** 縮小 _30

4장 **비화** 飛火 _41

5장 **도주** 逃走 _49

6장 **거부** 拒否 _72

7장 **궁지** 窮地 _84

2부
How, 내란은 어떻게 진행되었는가

1장 **징조** 徵兆 _122

2장 **모의** 謀議 _125

3장 **간파** 看破 _138

4장 **준비** 準備 _148

5장 **선포** 宣布 _168

3부
And then, 그리고 무슨 일이 벌어졌는가

1장 **탄핵** 彈劾 _214

2장 **지체** 遲滯 _239

3장 **체포** 逮捕 _248

4장 **창궐** 猖獗 _265

5장 **심리** 審理 _277

6장 **법비** 法匪 _303

7장 **인고** 忍苦 _314

8장 **염원** 念願 _329

9장 **파면** 罷免 _341

4부
We will…, 우리는 무엇을 해야 하는가

1장 **불복** 不服 _348

2장 **잔당** 殘黨 _351

3장 **민주주의** 民主主義 _376

마치며 _381

1부

Why

내란은 왜 일어났는가

1장.

익사 溺死
[명사] 물에 빠져 죽음.

D-504 2023. 7. 19.

> "어제까지만 해도 비가 많이 왔는데
> 구명조끼는 왜 안 입혔나요?"
>
> _ 채 일병의 아버지가 직속 중대장에게 한 발언 중

2023년 여름, 폭우가 한반도를 덮친다.

7월 중순에 집중된 폭우로 중부지역이 큰 피해를 입는다. 7월 13일부터 15일까지 내린 기록적인 폭우와 그에 다른 산사태로 인해 경북 일대에 많은 실종자가 발생한다.

폭우의 여파가 가시지 않은 7월 18일, 경북 포항시에 위치한 해병대 1사단 예하 포병여단이 실종자 수색작전에 투입된다. 그리고 작전 이틀째인 7월 19일 오전, 경북 예천군 내성천 보문교 일대에서 수중수색 중이던 포7대대 소속 채 모 일병이 급류에 휘말려 실종되는 사건이 벌어진다.

해병대는 수색작전을 즉각 중단하고 실종 장병을 찾는 데 주력한다. 하지만 채 일병은 그로부터 14시간 뒤인 오후 11시경, 내성천 수변에서 심정지 상태로 발견된다.

당시 내성천의 유속은 상륙용 장갑차도 투입하기 힘들 만큼 빨랐다고 한다. 하지만 수중수색작전에 동원된 해병대원들에게는 구명조끼와 같은 기본적인 안전장구조차 지급되지 않았다. 작전의 성격이 분초를 다투는 구조가 아닌 실종자 수색임을 감안하면 이상한 일이 아닐 수 없다.

누군가 디딘 강바닥이 무너진 것은 '사고'로 볼 수 있고, 안타깝기는 해도 결국 당사자의 불운으로 받아들일 수밖에 없다. 하지만 누군가로 하여금 기본적인 안전장구도 없이 급류 속으로 들어가도록 만든 것은 '사고'가 아닌 '사건'이다. 책임자에 대한 처벌이 따르는 것이 당연하다.

만일 채 일병 사망 사건이 공정하고 상식적인 수사를 거쳐 마무리되었다면, 이날로부터 504일 뒤 한국은 물론 전 세계를 충격에 빠트린 12·3비상계엄 사태는 일어나지 않았을지도 모른다. 그러나 이 '사건'을 단순한 '사고'로 축소하려는 자들이 있었다. 그들은 위계를 앞세운 부당한 명령으로 수사에 개입했고, 자신들의 명령에 따르지 않는 수사단장을 항명죄로 기소하여 군사법정에 세웠다.

그들의 중심에 '공정과 상식'을 슬로건으로 삼아 정권을 잡은 대통령과 그 배우자가 있다는 사실은 몹시 역설적이지 않을 수 없다.

D-503 2023. 7. 20.

> "정부는 사고 원인을 철저히 조사해서
> 다시는 이런 일이 재발하지 않도록 하겠습니다."
>
> _ 대통령실 브리핑 중

전날 밤 내성천 수변에서 발견된 채 일병은 이날 포항 해병대병원으로 이송되어 사망 판정을 받는다.

사고 보고를 받은 대통령실은 서면 브리핑을 통해 채 상병(순직 군인에 대한 예우에 따라 상병으로 진급) 사망 사건의 원인에 대한 철저한 조사와 재발 방지를 약속한다.

해병대사령부는 박정훈 대령을 수사단장으로 하는 수사단을 구성하여 채 상병 사망 사건에 대한 수사에 착수한다.

D-495 2023. 7. 28.

> "책임을 통감한다."
> "사단장으로서 모든 책임을 지겠다."
>
> _ 임성근 사단장이 김계환 해병대사령관에게 한 발언 중

사건 발생 열흘째인 이날 오전, 박정훈 수사단장은 김계환 해병대사령관에게 채 상병 사망 사건에 대한 수사 결과를 보고한다.

이 보고에는 임성근 해병대 1사단장을 포함한 8인의 간부에게 업무상 과실치사의 책임이 있다는 내용이 담겨 있다. 특히 임성근 사단장의 경우, 현장 지휘권이 없음에도 사단 지휘계통을 통해 "홍보를 위해 해병대 글자가 잘 보이도록 복장을 통일하라"라거나, "수변으로 내려가 장화를 신고 작전을 수행하라" 등의 무리한 지시를 내린 것이 드러난다.

오후 2시경, 박정훈 수사단장은 채 상병의 유족에게 수사 결과를 설명하고 해당 사건을 경북경찰청으로 이첩할 예정임을 통지한다. 군인이 사망한 사건을 민간 경찰로 이첩하는 이유는 2022년 7월 개정된 군사법원법을 따른 것이었다.

이날 임성근 사단장은 직속상관인 김계환 사령관에게 "사단장으로서 모든 책임을 지겠다"며 사실상 사퇴 의사를 표명한다.

D-493 2023. 7. 30.

> "오늘 보고드린 내용은 안보실에도 보고가 되어야 할 것 같습니다. 내일 아침에는 (대통령실) 국방비서관에게 인지가 되어야 할 것 같습니다."
>
> _ 박진희 국방부 보좌관이 김계환 해병대사령관에게 보낸 텔레그램 문자메시지 중

오후 4시 30분, 박정훈 수사단장은 이종섭 국방부장관에게 채 상병 사망 사건에 대한 수사 결과를 대면 보고한다. 이 자리에는 이틀 전 사전 보고를 받은 김계환 해병대사령관과 허태근 국방부 정책실장, 박진희 국방부 보좌관 등이 배석한다.

보고 당시에는 이상한 일이 벌어지지 않았다. 이상한 일은 보고로부터 1시간가량 지난 뒤에 벌어지기 시작한다. 박진희 국방부 보좌관과 김계환 해병대사령관 사이에 통화와 문자메시지가 오가더니, 곧이어 임기훈 대통령실 국방비서관과 김계환 해병대사령관의 통화가 이루어진다. 그리고 다음 날로 예정된 해병대 수사단의 언론 브리핑용 자료가 대통령실 국가안보실로 전달된다.

'철저한 조사와 재발 방지'를 국민 앞에 약속한 대통령실이 수사에 개입하기 시작한 것이다.

D-492 2023. 7. 31.

> "이런 일로 사단장을 처벌하면
> 대한민국에서 누가 사단장을 할 수 있겠냐."
>
> _ 윤석열 대통령이 국가안보실 회의에서 한 발언 중

오전 11시, 대통령실 국가안보실과 비서실에서 연이어 회의가 열린다. 이 자리에서 윤석열 대통령은 임성근 사단장에게 업무상 과실치사 혐의가 있다는 해병대 수사단의 수사 결과에 대해 격노했다는 소식이 전해진다.

대통령실에서는 현재까지도 윤 대통령의 격노설을 부정한다. 하지만 이때를 기점으로 국방 지휘계통을 따라 수상한 통화들이 이어진 것은 부정할 수 없는 사실이다.

- 오전 11시 54분, 대통령실과 이종섭 국방부장관 사이 유선통화가 이루어진다. (2분 48초)
- 통화 8초 뒤인 오전 11시 56분, 이종섭 국방부장관이 박진희 국방부 보좌관의 개인전화를 통해 김계환 해병대사령관에게 조사보고서 이첩 보류를 지시한다. (1분 14초)

■ 통화 40초 뒤인 오전 11시 59분, 이종섭 국방부장관이 김계환 해병대 사령관에게 다시 전화를 걸어 이날 아침 직무배제된 임성근 사단장의 복귀를 지시한다.

임성근 사단장을 구제하려는 윤 대통령의 의도는 '거의' 실행된다. 이날 오후 2시로 예정된 해병대 수사단의 언론 브리핑이 갑작스럽게 취소되고, 국회 보고 또한 취소된다. 앞서 직무배제되었던 임성근 사단장은 이날 하루만 휴가 처리되고 다음 날부터 정상 근무하는 것으로 결정된다. 유재은 국방부 법무관리관은 박정훈 수사단장에게 조사보고서 이첩을 보류하라는 지시를 반복적으로 내린다.

그러나 윤 대통령의 의도가 '전부' 실행된 것은 아니었다. 상부로부터 내려온 부당한 명령에 따르지 않은 군인도 있기 때문이다.

명령을 내린 자들에게 그 군인의 행동은 도저히 용납할 수 없는 '항명'으로 비쳤을 것이다.

2장.

항명 抗命

[명사] 명령이나 제지에 따르지 아니하고 반항함. 또는 그런 태도.

D-491 2023. 8. 1.

> "해병대 전체가 욕을 먹습니다.
> 안 했으면 좋겠습니다."
>
> _ 박정훈 수사단장이 김계환 해병대사령관에게 한 발언 중

조사보고서의 경찰 이첩을 보류시킨 이유는 이날 들어 더 분명해진다. 임성근 사단장은 업무에 복귀했고, 해병대는 5일 전 임성근 사단장이 한 발언에 대해 "책임을 지겠다는 것이 곧 사퇴는 아니다"라는 이해하기 힘든 해명을 내놓는다. 그러는 동안 유재은 국방부 법무관리관은 박정훈 수사단장에게 다시 전화를 걸어 조사보고서에 기재된 임성근 사단장에 대한 혐의 사실을 모두 삭제하라는 지시를 내린다.

수사 외압은 해병대 지휘계통을 통해서도 하달된다. 김계환 해병대사령관은 박정훈 수사단장에게 "사단장은 빼라"는 신범철 국방부차관의 문자메시지를 보여준다. 박정훈 수사단장은 그 자리에서 거부 의사를 밝힌다.

다만, 국방부는 문자메시지를 보낸 사실 자체를 부인했다.

D-490 2023. 8. 2.

> "사람이 죽었습니다. 사실 규명을 위해서 책임자를 찾고
> 진실을 밝히고, 이게 뭐가 잘못되었습니까?"
>
> _ 수사자료를 이첩한 해병대 수사관이 경북경찰청 강력범죄수사대 팀장에게 한 통화 녹취록 중

점심 무렵, 해병대 수사단은 채 상병 사망 사건에 대한 수사자료를 원본 그대로 경북경찰청에 이첩한다. 이는 군사법원법에서 정한 절차를 따른 당연한 결정이었다. 하지만 그 당연한 결정을 내리기 위해 수사단장 이하 모든 수사단원이 얼마나 큰 용기를 내어야 했을지는 짐작하기 어렵다. 자신들의 행동이 항명으로 간주될 수 있음을 모를 리 없기 때문이다.

상명하복이 철칙처럼 자리 잡은 군대에서 항명의 죄는 피할 수 없는 업보처럼 여겨지기도 한다. 일반 형법보다 처벌 수위가 높은 군 형법에서는 항명의 죄를 다음과 같이 규정한다.

> 제44조(항명) 상관의 정당한 명령에 반항하거나 복종하지 아니한 사람은 다음 각 호의 구분에 따라 처벌한다.
> 제1항 적전인 경우: 사형, 무기 또는 10년 이히의 징역

제2항 전시·사변 또는 계엄지역인 경우: 1년 이상 7년 이하의 징역
제3항 그 밖의 경우: 3년 이하의 징역

제45조(집단항명) 집단을 이루어 제44조의 죄를 범한 사람은 다음 각 호의 구분에 따라 처벌한다.
제1항 적전인 경우: 사형, 무기 또는 10년 이하의 징역
제2항 전시·사변 또는 계엄지역인 경우: 수괴는 무기 또는 7년 이상의 징역, 그 밖의 사람은 1년 이상의 유기징역
제3항 그 밖의 경우: 수괴는 3년 이상의 유기징역, 그 밖의 사람은 7년 이하의 징역

해병대 수사단의 우려는 현실이 된다.

해병대 수사단이 사건 이첩을 마친 직후인 이날 정오부터 대통령실(윤석열 대통령, 이시원 공직기강비서관, 임기훈 국방비서관, 임종득 국가안보실2차장, 김형래 국가안보실 대령 등)과 국방부(이종섭 국방부장관, 신범철 국방부차관, 박진희 국방부 보좌관, 유재은 국방부 법무관리관, 김동혁 국방부 검찰단장 등)와 해병대 수뇌부(김계환 해병대사령관 등) 사이에 다수의 통화가 이어진다. 특히 윤 대통령과 이종섭 국방부장관의 경우, 각각 정기 휴가와 우즈베키스탄 출장 중임에도 개인전화를 통해 이 사건에 영향력을 행사했다는 점이 주목된다.

그런 가운데 김계환 해병대사령관은 박정훈 수사단장을 자신의 집무실로 호출하여 보직해임을 통보한다.

이어 오후 1시 51분, 유재은 국방부 법무관리관이 경북경찰청에

전화하여 "군 검찰이 수사자료를 다시 가져갈 것이며 경찰이 사건을 정식으로 접수하지 않았으니 '반환'이 아닌 '회수'로 하는 것"으로 말을 맞춘다.

오후 2시 40분, 김동혁 국방부 검찰단장이 사건 회수와 관련된 회의를 주재한다.

오후 7시 20분, 국방부 검찰단이 경북경찰청으로부터 수사자료를 회수한다.

상관의 부당한 명령에 의해 목숨을 잃은 해병대원은 죽은 뒤에도 상관의 부당한 명령에 의해 모욕당한다. 그리고 상관의 부당한 명령에 따르지 않은 또 다른 장교에게도 보복이 시작된다.

다음 날인 8월 3일, 국방부 검찰단은 채 상병 사망 사건을 수사한 해병대 수사단원 3명을 집단항명의 혐의로 입건하고 압수수색한다. 이때 박정훈 수사단장에게 씌워진 혐의는 '집단항명의 수괴'였다.

이에 대해 채 상병의 유족은 국방부 기자단에게 보낸 입장문을 통해 "진상 규명이 제대로 될지 의구심을 품을 수밖에 없다"는 심정을 밝힌다.

D-484 2023. 8. 8.

> "채 상병 사건 수사 결과 이첩 시기 조정과 관련해 사령관 지시사항에 대한 수사단장의 지시사항 불이행은 중대한 군 기강 문란으로서… 보직해임의 사유에 해당한다."
>
> _ 해병대 보직해임 심의위원회에서 박정훈 수사단장에게 보낸 통보서 중

오전 7시 55분, 윤석열 대통령은 개인전화로 이종섭 국방부장관과 모종의 내용으로 통화를 한다.

이후 해병대사령부에서 열린 보직해임 심의위원회는 박정훈 수사단장의 보직해임을 정식 의결한다. (이후 '박정훈 대령'으로 표기)

수사단장의 직책을 박탈당한 박정훈 대령은 법적 대응을 준비한다.

D-483 2023. 8. 9.

> "사건 발생 초기 윤석열 대통령께서
> 엄정하고 철저하게 수사하여
> 이러한 일이 재발하지 않도록 하라고 지시하셨고,
> 저는 대통령님의 지시를 적극 수명하였습니다."
>
> _ 박정훈 대령이 변호인을 통해 공개한 입장문 중

이종섭 국방부장관은 채 상병 사망 사건을 해병대 수사단에서 국방부 조사본부로 이관하여 재검토할 것을 지시한다.

대통령실에서는 이 사건을 둘러싼 외압 의혹에 대해 "국방부에서 설명할 사안"이라고 선을 긋는다.

이날 눈에 띄는 일이 하나 벌어진다. 국가인권위원회에서 군 인권 보호를 담당하는 김용원 상임위원이 긴급 기자회견을 열어 "현 상황에 크게 우려한다", "국방부 검찰단은 경찰로부터 회수해 보관하고 있는 해병대 수사단의 수사자료 일체를 남김없이 곧바로 경찰로 이첩해야 한다"고 강조한 것이다. 그러면서 "수사의 독립성을 보장하기 위해 해병대 수사단장 등에 대한 보직해임과 수사가 즉각 보류되어야 한다"고도 덧붙인다. 하지만 김용원 상임위원의 이 같은 입장은 불과 열흘 만에 완전히 뒤바뀐다.

D-481 2023. 8. 11.

"저는 전 해병대 수사단장 박정훈 대령입니다.

먼저 고 채 상병의 명복을 빕니다. 또한 이 자리를 빌려 저를 많이 응원해주시는 국민 여러분들과 대한민국 해병대 가족 여러분들께 진심으로 감사하다는 말씀을 드리겠습니다.

저는 정치도 모르고 정무적 판단도 알지 못합니다. 다만 채 장병의 시신 앞에서 '너의 죽음에 억울함이 남지 않도록 철저히 조사하고 재발 방지가 되도록 하겠다'고 약속하고 다짐하였습니다. 또한 사건 발생 초기 윤석열 대통령께서 엄정하고 철저하게 수사하여 이러한 일이 재발하지 않도록 하라고 지시하셨고, 장례식장에서 여야 국회의원 및 국방부장관마저도 유가족에게 철저한 진상을 규명하여 엄정하게 처벌되도록 하겠다고 약속하는 모습을 제 두 눈으로 똑똑히 지켜보았습니다.

도대체 왜, 무엇 때문에 젊은 해병이 죽어야만 하는가, 도대체 누가 이 죽음에 책임이 있는가. 저는 제가 할 수 있는 수사에 최선을 다했고 그 결과를 해병대사령관, 해군참모총장, 국방부장관께 대면해서 직접 보고했습니다. 그런데 알 수 없는 이유로 국방부 법무관리관으로부터 수차례 수사 외압과 부당한 지시를 받았고, 저는 단호히 거절하였습니다.

저는 제가 오늘 왜 이 자리에까지 와 있는지 모르겠습니다. 하지만 다시 그 순간으로 돌아간다고 해도 똑같은 결정을 하였을 것입니다. 대한민국 해병대는 충성과 정의를 목숨처럼 생각하고 있습니다. 저는 해병대 정신을 실천했을 뿐입니다.

오늘 저는 국방부 검찰단의 수사를 명백히 거부합니다. 국방부 검찰단은 적법하게 경찰에 이첩된 사건 서류를 불법적으로 회수하였고 수사에 외압을 행사하고 부당한 지시를 한 국방부 예하 조직으로 공정한 수사가 이루어질 수 없기 때문입니다.

존경하는 대통령님, 국군 통수권자로서 한 사람의 군인의 억울함에 외면하지 마시고 제가 제3의 수사기관에서 공정한 수사와 재판을 받을 수 있도록 도와주시길 청원합니다.
감사합니다."

_ 박정훈 대령이 국방부 검찰단 앞에서 직접 발표한 입장문

이날 박정훈 대령이 발표한 입장문에 대해 국방부 검찰단은 "군의 기강을 훼손하고 군 사법의 신뢰를 저하시키는 매우 부적절한 행위"라고 비난한다. 해병대사령부 또한 "해병대사령관과 일부 동료 장교에 대한 허위사실로 일방적인 주장을 하고 있는 것에 유감을 표한다"고 거든다.

이날 오후, 박정훈 대령은 KBS 시사프로그램 〈사사건건〉에 출연하여 수사 외압에 대한 의혹을 주장한다.

국방부는 박정훈 대령의 방송 출연을 규정 위반으로 비난하며 방송사에 대해서도 강한 유감을 표명한다.

대통령실에서도 고위 관계자의 발언을 통해 "정황을 추측하고 가짜 뉴스를 만들어가는 것은 부도덕한 일"이라고 박정훈 대령을 비난한다.

D-478 2023. 8. 14.

> "이러한 비극적인 상황이 재발하지 않도록 사고 원인을 분명하게 밝히고 강력한 대책을 수립하여야 하며, 사고의 책임을 수사함에 있어서도 공명정대하고 외부 개입이 없이 결자해지의 마음으로 군이 명확한 결과를 도출해야만 한다."
>
> _ 채 상병 사망 사건과 박정훈 대령 항명 사건에 대한 해병대전우회의 입장문 중

국방부 검찰단은 박정훈 대령의 혐의를 '집단항명의 수괴'에서 '항명'으로 변경한다. 적법한 절차에 따라 수사와 이첩을 진행한 수사단에게 집단항명의 혐의를 적용시키기에는 이 사건에 쏠린 세간의 이목이 부담스러웠던 것으로 보인다. 이로써 박정훈 대령의 공동정범으로 지목된 2명의 수사관은 항명의 혐의를 벗게 된다.

이날 해병대 예비역들의 모임인 해병대전우회는 이 사건에 대한 입장문을 발표하며 "군 장병이 희생된 사고가 사회적 갈등을 야기하는 것을 경계한다"는 의견을 덧붙인다.

박정훈 대령 측 변호인 중 한 명인 김경호 변호사도 "이 사건이 법리적인 영역을 넘어 정치적인 영역으로 확대되는 것을 바라지 않는다"는 입장을 밝힌다.

그러나 사건 이첩 과정에서 대통령실의 개입이 시작된 시점부터

이 사건이 법리적 영역을 넘어 정치적 쟁점으로 비화하는 것은 피할 수 없었다.

3장.

축소 縮小
[명사] 모양이나 규모 따위를 줄여서 작게 함.

D-476 2023. 8. 16.

> "국방부장관은 본 사안에 대한 국민적 관심을 고려하여 직권으로 군 검찰 수사심의위원회를 구성 및 소집하도록 지시했다."
>
> _ 국방부가 출입기자단에게 보낸 문자메시지 공지 중

2021년, 군사 법무에 큰 변화를 가져온 사건이 발생한다. '이예람 중사 사망 사건'이 바로 그것이다.

2021년 5월 21일, 공군 소속 부사관인 이예람 중사는 군대 내 성추행과 그에 따른 2차 가해로 인해 극단적인 선택을 한다. 이후 언론 취재를 통해 밝혀진 놀라운 사실은 2차 가해의 주체 중 하나가 성추행 사건을 담당한 군 검사라는 점이었다.

이 사건은 국민적인 공분을 불러왔고, 그 결과 2022년 7월 군사법원법이 개정되어 ①군에서 발생한 성폭력 사건 ②입대 전 범죄 ③군인 사망 사건에 대한 수사 및 재판권을 민간에 넘기는 것으로 변경된다. 그리고 군 검찰에도 수사심의위원회를 구성하여 다양한 방면의 민간 전문가들로 하여금 군 검찰의 수사를 심의하도록 만든다. 참고로 수사심의위원회는 수사의 절차 및 결과에 대한 적법성을 검토하여 국민의 신뢰를 제고하기 위해 설치하는 심의기관이다.

이날 이종섭 국방부장관은 박정훈 대령 측 변호인이 국방부 검찰단에 신청한 수사심의위원회 소집을 받아들인다. 그러나 수사심의위원회에 참여할 각 위원들을 선정하는 소임은 국방부 법무관리관에게 있고, 당시 국방부 법무관리관은 박정훈 대령에게 직접적인 외압을 행사한 장본인으로 의심받는 유재은이었다. 공정성 논란이 뒤따른 것은 당연하다.

이와는 별도로 정치권의 움직임도 시작된다.

국회 국방위원회는 야당인 더불어민주당과 정의당의 요구로 '채상병 사망 사건 수사 외압'에 대한 전체회의를 개최한다. 하지만 여당인 국민의힘과 정부 관계자의 불참으로 회의는 파행된다.

이날 더불어민주당은 박주민 의원을 단장으로 하는 '해병대원 사망 사건 진상 규명 TF'를 발족한다.

D-474 2023. 8. 18.

> "박정훈 대령 긴급 구제는 현실적 악조건을
> 돌파하면서까지 논의해야 할 정도로 보기 어렵고,
> 위원회의 논의가 무의미하다."
>
> _ 국가인권위원회 김용원 상임위원이 사무처 직원에게 보낸 문자메시지 중

박정훈 대령에 대한 긴급 구제를 위해 이날 열리기로 예정된 국가인권위원회 임시상임위원회가 상임위원 2명(김용원, 이충상)의 불참으로 무산된다. 이중 김용원 상임위원의 경우, 열흘 전 긴급 기자회견을 열어 "박정훈 대령에 대한 보직해임과 수사가 즉각 중단되어야 한다"는 정반대의 주장을 한 바 있다.

참고로 김용원과 이충상 상임위원 모두 윤석열 정부 때 임명된 인물들이다.

한편, 해병대사령부는 이날 징계위원회를 열어 박정훈 대령의 TV 출연 행위에 대해 '견책' 처분을 내린다.

> **김용원**
> 1955년 부산 출생(70세).
> 1977년 제19회 사법시험 합격.

1978년 서울대학교 법학과 졸업.
이후 서울·울산·부산·수원 지방검찰청 검사, 고등검찰관 등으로 근무.
1990년 부산 유흥업소 경찰관 폭행 사건에 연루되어 검찰총장으로부터 경고를 받음.
1992년 검사 사직 후 변호사 개업.
2003년 변호사 업무 중 편법적 사실조회를 한 사실로 인해 대한변호사협회로부터 징계를 받음.
2023년~현재 국가인권위원회 상임위원.

D-471 2023. 8. 21.

> "대통령실에서 이 조사 결과에 대해
> 어떠한 지침도 받은 적이 없다."

_ 국회 국방위원회에서 더불어민주당 안귀백 의원의 질문에 대한 이종섭 국방부장관의 답변 중

이날 국회에서는 채 상병 사망 사건 진상 규명을 위한 국방위원회가 열린다. 이 자리에는 이종섭 국방부장관과 신범철 국방부차관, 유재은 국방부 법무관리관 등 수사 외압 의혹이 있는 당사자들이 출석한다.

이종섭 장관은 "장관을 포함해 그 누구도 특정인을 제외하라거나 특정인만 포함하라고 지시한 사실이 없다"면서도, "잘못을 엄중히 처벌해야 하지만 죄 없는 사람을 범죄인으로 만들어서도 안 되는 것이 장관의 책무"라는 모순적인 발언을 한다.

그 발언을 뒷받침하듯 이날 국방부 조사본부는 채 상병 사망 사건에 대한 재검토 결과를 발표하며, 당초 박정훈 대령의 수사단이 특정한 8명의 혐의자 중 대대장 2명을 제외한 6명을 제외시킨다. 혐의를 벗은 6명 중에는 채 상병 사망 사건의 핵심 혐의자인 임

성근 사단장이 포함되어 있다.

이렇게 축소된 수사 결과는 사흘 뒤인 8월 24일, 경북경찰청으로 이첩된다.

D-469 2023. 8. 23.

> "유 관리관이 '죄명, 혐의자, 혐의 내용을 다 빼고 그냥 일반 서류를 넘기는 식으로 넘기는 방법'을 언급한 것은 직권을 남용해 수사단장의 정당한 권한행사를 방해한 것이다."
>
> _ 박정훈 대령 측에서 고위공직자수사처로 발송한 고발장 중

박정훈 대령의 법률대리인은 김동혁 국방부 검찰단장과 유재은 국방부 법무관리관을 직권남용에 의한 권리행사방해 혐의로 고위공직자수사처(이후 '공수처'로 표기)에 고발한다.

D-462 2023. 8. 30.

> "피의자가 계속 수사를 거부하고 있는 상황에서
> 사안의 중대성 및 증거인멸 우려를 고려해
> 구속영장을 청구했다."

_ 박정훈 대령의 사전구속영장 청구에 대한 국방부 브리핑 중

국방부 검찰단은 항명과 상관 명예훼손 혐의로 수사 중인 박정훈 대령에 대해 중앙군사법원에 사전구속영장을 청구한다.

D-460 2023. 9. 1.

> 팔각모 얼룩무늬 바다의 사나이
> 검푸른 파도 타고 우리는 간다
> 내 조국 이 땅을 함께 지키며
> 불바다 헤쳐 간다 우리는 해병
> 팔각모 팔각모 팔각모 사나이
> 우리는 멋쟁이 팔각모 사나이
>
> _ 해병대 군가 '팔각모 사나이' 중

오전 10시, 박정훈 대령은 중앙군사법원에서 열린 영장실질심사(구속 전 피의자심문)에 출석한다. 박정훈 대령의 동기를 포함한 해병대 예비역들은 이날 중앙군사법원 앞에 모여 '팔각모 사나이'를 합창하며 박정훈 대령을 응원한다.

중앙군사법원은 9시간 가까이 진행된 심사 끝에 박정훈 대령의 구속영장을 기각한다.

D-457 2023. 9. 4.

> "꼬리 자르기라는 말씀은
> 사실 관계를 확인해봐야 하는 문제이며…
> 이 자리에서 뭐라고 말씀드릴 사항은 아니다."
>
> _ 국회 국방위원회에 출석한 이관섭 대통령실 국정기획수석의 답변 중

대통령실 안보라인에 조만간 교체가 있을 예정이라는 사실이 언론을 통해 알려진다. 교체 대상은 임기훈 국방비서관과 임종득 국가안보실2차장이며, 두 사람 모두 채 상병 사망 사건 수사 외압에 개입한 것으로 의심받는 인물이다. 사건의 진상 규명을 차단하기 위한 꼬리 자르기라는 비난이 일었지만, 대통령실은 여러 경로를 통해 이를 부인한다.

이후 임기훈은 국방대학교 총장에 임명되고, 임종득은 국민의힘의 공천을 받아 22대 국회의원(영주)에 당선된다. 특히 임종득의 경우, 군 복무 경력을 인정받아 국회 국방위원회에 들어가게 되는데, 채 상병 사망 사건 수사 외압의 의심을 받는 당사자 중 한 명이 해당 사건의 진상 규명을 다루는 위원이 된 것이다.

4장.

비화 飛火

1. [명사] 튀어 박히는 불똥.
2. [명사] 어떠한 일의 영향이 직접 관계가 없는 다른 데에까지 번짐.

D-454 2023. 9. 7.

> "윤석열 정부와 국방부의 수사 외압,
> 은폐 의혹이 전혀 해명되지 못한 만큼
> 특검의 필요성을 누구도 부정할 수 없습니다."
>
> _ 더불어민주당 박주민 의원의 국회 기자회견 중

'해병대원 사망 사건 진상 규명 TF'의 단장인 박주민 의원은 '채 상병 특검법'을 대표 발의한다. 법안의 정식 명칭은 '순직 해병 수사 방해 및 사건 은폐 등의 진상 규명을 위한 특별검사의 임명 등에 관한 법률안'이다.

채 상병 사망 사건에 대한 수사는 이 시점에 이르러 세 갈래로 나뉘어 있었다. 수사의 주체도 제각각이어서, 본 사건인 채 상병 사망에 따른 책임 건은 경북경찰청이, 해병대 수사단장이었던 박정훈 대령의 항명 건은 군 검찰이, 그리고 수사 외압 의혹 건은 공수처가 맡고 있었다. 사건의 진실을 규명하기 위해서는 수사의 일원화가 시급했다. 특별검사의 필요성은 그래서 대두되었다.

더불어민주당은 다음 날인 9월 8일 의원총회를 열어 채 상병 특검법 통과를 당론으로 채택한다.

D-450 2023. 9. 11.

> "국방부장관 탄핵은 진상 규명의 끝이 아닌
> 시작점이 될 것입니다."
>
> _ 더불어민주당 이재명 대표의 입장문 중

더불어민주당은 채 상병 특검법을 추진하는 것과 별개로, 수사 외압 의혹의 핵심인 이종섭 국방부장관에 대한 탄핵을 추진하기로 정한다.

D-449 2023. 9. 12.

> "장관이 탄핵소추 전에 사표를 제출해서 사의가 되면
> 탄핵의 요건 자체가 없어져 버리니까
> 의미가 없어지는 거죠."
>
> _ 국민의힘 유상범 수석대변인의 라디오 방송 발언 중

이종섭 국방부장관은 이날 오전 대통령 주재로 열린 국무회의에서 사의를 표한다.

야당은 "수사 외압 의혹에 대한 진상이 밝혀지지 않았는데 진실을 덮으려는 수작"이라고 반발한다.

D-425 2023. 10. 6.

> "그러나 사건 발생 77일이 지난 지금까지도 원인 규명은 요원하기만 합니다…. 현재 군 검찰은 국민적 신뢰를 잃어 독립적이고 엄정한 수사를 기대할 수 없습니다. 이에 특별검사를 임명해 순직 해병 수사 방해 및 사건 은폐 행위 등에 대해 진상 규명을 하려는 것입니다."
>
> _ 더불어민주당 김병주 의원이 국회 본회의장에서 발표한 채 상병 특검법 제안 설명 중

9월 7일 발의된 채 상병 특검법은 여당인 국민의힘의 반대로 법제사법위원회(이후 '법사위'로 표기)에 상정되지 못한다.

이에 법안을 발의한 더불어민주당은 패스트트랙, 즉 신속처리안건 지정을 통해 법사위를 거치지 않고 곧장 본회의에 상정하는 방법을 택한다.

패스트트랙 지정에 필요한 표수는 재적의원의 5분의 3인 180표. 당시 의석수가 180석에 미치지 못한 더불어민주당은 패스트트랙 지정을 위해 정의당 등 소수 야당들과 연합하여 표결에 임한다. 특검법에 반대하는 국민의힘 의원들은 본회의장에서 전원 퇴장함으로써 투표에 불참한다.

투표 결과는 총 투표수 183표 중 찬성 182표, 기권 1표. 이로써 채 상병 특검법은 패스트트랙에 지정된다.

국회법상 패스트트랙에 지정된 법안은 '상임위 180일 이내 상정→법사위 90일 이내 상정→본회의 60일 이내 상정' 단계를 밟아 실제 처리까지 최장 330일(11개월)이 소요된다.

D-420 2023. 10. 11.

"강서구청장 보궐선거 결과는 윤석열 정부에 대한 국민의 준엄한 질책이었다."

_ 보궐선거 결과 발표 후 더불어민주당 권칠승 수석대변인의 서면 브리핑 중

윤석열 정부 출범(2022년 5월 10일) 뒤 3주 만에 치러진 제8회 전국지방선거(2022년 6월 1일)는 여당인 국민의힘의 압승으로 판명났다. 그 선거에서 서울 강서구청장으로 당선된 사람은 국민의힘 소속 김태우 후보였다.

김태우는 공천 과정에서부터 논란을 불러온 인물이었다.

문재인 정부 시절 청와대 감찰관 출신인 김태우는 공무상 비밀누설 혐의 등으로 기소되어 1심(2021년 1월)에서 징역 1년에 집행유예 2년의 실형을 선고받은 상태였다. 징역 1년에 집행유예 2년은 지방자치단체장의 피선거권 박탈에 해당하는 형이며, 피선거권이 박탈된 지방자치단체장은 지방자치법에 따라 당연퇴직 대상이 된다. 결국 항소심인 2심(2022년 8월)과 상고심인 3심(2023년 5월)에서도 유죄가 인정된 김태우는 취임 1년을 채우지 못하고 강서구청장직을 상

실한다.

여기서 특이한 사실은, 김태우의 구청장직 상실로 치러지게 된 보궐선거에 또다시 김태우가 공천되었다는 점이다. 그 일이 가능했던 것은 윤 대통령이 김태우의 형 확정 3개월 뒤 시행된 광복절 특별사면에 김태우를 포함시켰기 때문이다. 김태우는 사면과 동시에 피선거권이 복권되었고, 그로부터 한 달여 뒤인 2023년 9월 17일 국민의힘 강서구청장 후보로 출마하게 된다.

상식으로는 납득하기 힘든 김태우의 재출마에 여론은 당연히 좋지 않았다. 게다가 이때는 채 상병 사망 사건에 대한 국민적 의구심이 커지던 시기이기도 했다.

이러한 기류를 바꾸고자 국민의힘은 강서구청장 보궐선거에 전력을 기울인다. 당내 거물급 인사들 다수가 선거 캠프에 합류하고, 지원유세에도 속속 동원된다.

그러나 결과는 참패. 불과 1년 반 전에 치러진 선거에서 당선되었던 김태우 후보는 고작 39.37% 득표에 그쳐, 더불어민주당의 진교훈 후보에게 17.15%의 큰 격차로 패배하게 된다.

강서구청장 보궐선거가 의미하는 바는 컸다. 윤석열 정부 후반기를 좌지우지할 22대 총선이 반년 앞으로 다가온 시점에 받은 유의미한 성적표이기 때문이다.

국민의힘은 당황한다.

5장.

도주 逃走

[명사] 피하거나 쫓기어 달아남.

D-408 2023. 10. 23.

> "고 이건희 회장님 말씀 중 제가 깊이 생각한 게
> '와이프하고 아이만 빼고 다 바꿔야 한다'라는 말이다.
> 많이 바뀌어야 할 것 같다."
>
> _ 국민의힘 인요한 혁신위원장의 발언 중

    강서구청장 보궐선거에서 참패한 국민의힘은 악화된 여론을 반전시키기 위해 당내 혁신위원회를 신설하고, 위원장으로 인요한(미국명 존 린튼) 연세대 의대 교수를 영입한다.

    이날로부터 나흘 뒤인 10월 26일, 본격적인 활동을 시작한 혁신위원회는 "원내 지도부, 중진, 친윤 인사는 22대 총선에 불출마하거나 험지에 출마할 것"을 국민의힘에 강력히 요구한다. 인요한 혁신위원장은 방송에 직접 출연해 "영남권 스타 의원들이 수도권에서 출마해줄 것"을 강조하며 해당 의원들의 실명을 거론하기까지 한다.

D-356 2023. 12. 13.

> "이제 총선이 불과 119일밖에 남지 않았습니다…. 후안무치한 민주당이 다시 의회 권력을 잡는 비극이 재연되지 않도록 저의 견마지로를 다하겠습니다. 저도 이제 당원의 한 사람으로서 우리 당의 안정과 총선 승리에 이바지하고자 합니다."
>
> _ 김기현 국민의힘 대표가 본인의 SNS에 올린 사퇴서 중

강서구청장 보궐선거 패배로 위기감을 느낀 윤석열 정부에게 또 하나의 악재가 더해진다. 윤 대통령의 부인 김건희 여사의 '명품가방 수수 사건'이 바로 그것이다.

김 여사가 자신의 사업체인 코바나컨텐츠 사무실에서 재미교포 최재영 목사로부터 명품가방을 받은 시점은 강서구청장 보궐선거보다 한 달쯤 앞선 2023년 9월이었는데, 그로부터 두 달여 뒤인 11월 말 인터넷매체 〈서울의소리〉가 해당 영상을 순차적으로 공개하면서 논란을 불러일으킨 것이다.

김 여사는 도이치모터스 주가조작 사건에 연루되었다는 의혹으로 인해 특검법이 발의된 상태였다. 정부로서는 윤 대통령의 부인에게 쏠리는 세간의 따가운 눈길을 다른 방향으로 돌릴 필요가 있었다.

명품가방 수수 영상이 공개되고 얼마 뒤인 12월 10일, 윤 대통령은 김기현 국민의힘 대표와 비공개로 만난 자리에서 '대표직은 유지하되 총선에는 출마하지 말라'는 제안을 한다. 여당의 쇄신 의지를 보여줌으로써 악화되는 민심에 제동을 걸려는 의도로 풀이된다.

그러나 김기현 대표는 대통령의 뜻과는 정반대로 대표직을 포기하고 지역구를 지키는 길을 택한다.

도이치모터스 주가조작 사건

2009년~2012년 도이치모터스 권오수 회장이 주가조작 전문가 및 전·현직 증권사 임직원과 공모해 도이치모터스의 주가를 조작한 사건이다.

이들 9명은 약 3년에 걸쳐 91명의 계좌 157개를 동원해 주식을 사고팔며 2천 원대였던 도이치모터스 주가를 8천 원대까지 끌어올린 혐의로 2021년 12월 재판에 넘겨졌다. 인위적으로 대량 매집세를 형성하여 회사의 주가를 높였다는 것이 검찰의 판단이었다.

이 사건이 수면 위로 떠오른 것은 윤석열 당시 검찰총장이 여권과 갈등을 빚던 2020년 무렵이었다. 경찰은 2013년 도이치모터스 주가조작 의혹과 관련해 내사를 벌였지만 혐의점을 찾지 못하고 사건을 종결한 바 있었다. 하지만 당시 경찰의 내사보고서가 뒤늦게 언론에 알려지며 정치권을 중심으로 김건희 여사의 연루 논란이 일었고, 검찰은 권오수 전 회장 등을 구속수사한 끝에 기소했지만 김 여사는 공범에 포함시키지 않았다.

윤 대통령은 대선 준비 과정에서 김 여사의 도이치모터스 주식 거래에 대해 "아내가 결혼하기 전에 '주식 전문가'로 소개받은 사람에게 거래를 맡겼다가 손해를 보고 회수한 것이 사실관계의 전부"라며 김 여사의 연루 의혹에 선을 그은 바 있다.

이후 항소심을 맡은 서울고법 형사5부(부장판사 권순형)는 권오수 전 회장에게 징역 3년에 집행유예 4년, 벌금 5억 원을 선고하는 등 피고인 9명 모두에게 유죄를 선고했다. 비록 김 여사는 기소되지 않았지만, 항소심 판결문에는 '김건희'의 이름이 87회(개명 전 이름인 '김명신'도 1회 포함), 김 여사의 모친인 '최은순'의 이름이 33회 등장한다.

D-343 2023. 12. 26.

> "국민들께서 합리적인 비판 하시면 미루지 말고 바로바로 반응하고 바꿉시다. 이제 정말, 달라질 거라 약속드리고, 바로바로 보여드립시다."
>
> _ 한동훈 비상대책위원장의 취임 연설문 중

김기현 대표의 사퇴로 지도부의 공백이 발생한 국민의힘은 즉각 비상대책위원회(이후 '비대위'로 표기) 체제로 전환하고, 윤석열 정부의 초대 법무부장관인 한동훈을 비대위원장으로 추대한다. 12월 21일 법무부장관직에서 물러난 한동훈은 비대위원장 자리를 수락한다.

이로써 윤석열 정부의 황태자라 불리던 한동훈은 정치계에 본격적으로 뛰어들게 된다.

D-335 2024. 1. 4.

> "전국 곳곳의 민생 현장을 찾아서 국민 여러분들과 함께
> 토론하는 자리로서, 또 함께 고민하는 자리로서,
> 또 함께 해법을 결정하는 자리로 이렇게 만들어가겠습니다."
>
> _ 경기도 용인에서 열린 1차 민생토론회에서 윤석열 대통령의 모두 발언 중

이날 오전, 윤석열 대통령은 경기도 용인시 중소기업인력개발원에서 '국민과 함께하는 민생토론회'를 처음으로 개최한다. 이 자리에는 한덕수 국무총리를 비롯한 정부 요인과 중소기업인 등 60여 명이 참석한다.

전국 각지를 순회하며 개최된 민생토론회는 윤 대통령의 노골적인 선거 개입 의혹을 불러온다. 토론회가 실시된 지역이 선거 접전지에 집중되었으며, 토론회를 통해 발표된 내용 또한 여당인 국민의힘 후보의 선거 공약과 일치하는 부분이 많기 때문이다.

이에 시민단체인 참여연대는 22차 민생토론회가 열린 3월 21일, 윤 대통령을 공직선거법 위반으로 선거관리위원회에 고발한다.

참고로 총선일인 4월 10일 이전에는 24회나 개최된 민생토론회는 총선 이후 6회만 개최하는 데 그친다.

D-323 2024. 1. 16.

> "경북경찰청 담당 수사관,
> 해병대 수사단 압수수색 소식 전해 듣고 울어."
>
> _ 군인권센터가 기자회견에서 발표한 보도자료 중

정치권이 총선 모드에 돌입한 와중에도 채 상병 사망 사건에 대한 수사와 공판은 계속 이어진다.

군 관련 인권단체인 군인권센터는 채 상병 사망 사건 수사 외압에 대한 기자회견을 열고, 사건 이첩 당시 경찰청 지휘부의 개입 의혹을 제기한다.

군인권센터에서 발표한 보도자료에는 사건 이첩 직후인 2023년 8월 2일과 3일 해병대 수사관과 경북경찰청 담당 수사관 사이에 오간 두 차례 통화 녹취록이 포함되어 있다. 군인권센터는 "(녹취록의 내용으로 미루어) 경찰에도 이첩 취소 사태를 무마시키기 위한 외압이 있었던 것으로 보인다"고 주장한다.

이날 공수처는 유재은 국방부 법무관리관, 박진희 국방부 보좌관, 김계환 해병대사령관의 사무실에 대한 압수수색에 나선다. 언론에는 알려지지 않았지만 이종섭 전 국방부장관과 신범철 전 국방부차관 등 피의자에 대한 출국금지도 신청한다.

　수사기관이 형사재판 중인 피의자에 대해 출국금지 조치를 취하는 것은 당연한 일이다. 그러므로 이날 공수처가 이종섭 전 장관에 대해 신청한 출국금지가 80여 일 앞으로 다가온 22대 총선에 얼마나 큰 영향을 미칠지는, 적어도 이 시점에서는 아무도 예상하지 못했다.

D-306 2024. 2. 1.

> "정의와 자유는 개인을 위한 방향이 아니라 대한민국과 국민을 위한 방향이어야 한다고 생각하고, 어떤 방향으로 나아가는 것이 진정한 명예인가 하는 것은 국민께서 판단하실 것입니다."
>
> _ 김계환 해병대사령관이 법정에서 나간 뒤 박정훈 대령이 한 발언 중

박정훈 대령 항명 사건의 2차 공판이 서울중앙군사법원에서 열린다. 이날 공판에는 김계환 해병대사령관이 증인으로 출석한다.

김계환 사령관은 대통령실의 외압을 묻는 질문에 민감하게 반응하며, 박정훈 대령의 행위를 "나 아니면 안 된다는 착각과 영웅 심리로 해병대를 흔들면 안 된다"고 비난한다. 하지만 "장관 지시가 없었다면 사건을 경찰에 이첩했을 것"이라며 박정훈 대령의 수사에 대해서는 인정하는 듯한 발언도 한다.

이날 공판에서는 김계환 사령관이 2023년 8월 2일 임종득 전 국가안보실2차장과 두 차례 통화한 사실이 처음으로 드러난다. 첫 번째 통화 시점은 박정훈 대령의 해병대 수사단이 경북경찰청에 수사 기록을 이첩한 직후이며, 두 번째 통화 시점은 국방부 검찰단이 수사 기록을 회수하기 위해 출발한 직후이다.

박정훈 대령 측 변호인은 이첩에 대해 국가안보실이 관심을 가지는 이유가 무엇인지 물었으나, 김계환 사령관은 답변을 거부한다.

D-301 2024. 2. 6.

> "저와 정부는 오직 국민과 나라 미래만 바라보며
> 흔들림 없이 의료개혁을 추진하겠습니다."
>
> _ 윤석열 대통령이 국무회의에서 한 발언 중

정부는 조규홍 보건복지부장관의 브리핑을 통해 2025년도 의대 정원 확대 방침을 발표한다. 확대 규모는 매해 2천 명씩 5년간 2만 명이며, 이를 위해 지역의대 신설도 검토하겠다고 밝힌다. (기존의 의대 정원은 3507명)

예상보다 훨씬 큰 규모의 정원 확대 방침에 의료계는 즉각 반발한다. 대한의사협회는 총파업 절차에 돌입할 것을 선언하고, 대학병원 전공의 중 88%가 집단행동에 참가할 것을 천명한다.

의대 정원 확대를 포함한 의료개혁은 윤석열 정부의 4대 개혁 과제 중 하나로 2022년 12월부터 논의되어 온 것은 사실이다. 그러나 총선을 두 달여 앞둔 시점에 예상보다 훨씬 큰 규모의 정원 확대 방침이 발표된 것에 대해서는 의문이 뒤따를 수밖에 없다.

D-277 2024. 3. 1.

'잘하고 있다' 39%, '잘못하고 있다' 53%

_ 한국갤럽이 발표한 2월 5주차 대통령 직무수행 평가

　이날 한국갤럽이 발표한 윤석열 대통령의 국정지지율 긍정 평가는 39%로, 한 달 전인 2월 2일에 비해 10% 상승한 수치를 기록한다. 이는 취임 초기인 2022년 6월 이후 가장 높은 수치이기도 하다. 긍정 평가 이유 중 가장 큰 비중을 차지한 항목은 '의대 정원 확대(21%)'이다.

　대통령의 지지율 상승과 함께 정당지지도도 역전되어, 국민의힘(40%)이 오차범위 밖에서 더불어민주당(33%)을 앞지르는 것으로 나타난다.

　이런 추세는 3월 첫째 주에도 이어진다.

　그러나 오래 이어지지는 않는다.

D-274 2024. 3. 4.

"국방부장관을 역임한 이 대사는… 호주와의 양자 관계를 총괄하는 데 중요한 역할을 할 것으로 기대한다."

_ 이종섭 전 국방부장관의 호주대사 임명에 대한 외교부 브리핑 중

윤석열 대통령은 호주대사에 이종섭 전 장관을 임명한다. 전임 국방부장관을 주요국 주재대사로 임명한 것 자체가 매우 이례적인 일인 데다, 당사자가 채 상병 사망 사건에 수사 외압을 행사한 혐의로 수사를 받는 피의자라는 점을 감안하면 매우 부적절한 인사임에 분명하다.

이에 대해 외교부는 "이 대사 임명 배경과 공수처 고발에 대해 언급할 사항이 없다"는 말로 해명을 피한다.

D-272 2024. 3. 6.

> "이 전 장관이 이미 출국금지가 되어 있다면 인사 검증 과정에서 모를 수가 없다…. 이를 알고도 이 전 장관을 대사로 내보낸 건 대통령 본인이 이번 해병대 장병 사망 사건 수사 외압의 몸통인 것을 스스로 인정한 것이다."
>
> _ 더불어민주당 홍익표 원내대표의 발언 중

이종섭 전 장관이 지난 1월 공수처에 의해 출국금지 조치되었으며 현재도 여전히 출국금지 상태라는 사실이 언론 보도를 통해 알려진다.

범죄 피의자로 출국금지된 인물을 왜 주요국 주재 대사로 임명했는지에 대한 의문은 접어 두고라도, 출국금지된 인물이 무슨 수로 외국에 나가 대사 임무를 수행할 수 있을지에 대한 의문이 일어날 수밖에 없다.

윤석열 정부는 그 수를 준비해두고 있었다.

D-270 2024. 3. 8.

> "개인적인 용무나 도주가 아닌 공적 업무를
> 수행하러 간다고 봤다."
>
> _ 이종섭 전 장관이 법무부에 출국금지 이의신청을 한 일에 대해 묻는 기자의 질문에 대한
> 박성재 법무부장관의 답변 중

이종섭 전 장관이 호주대사로 임명된 바로 다음 날 법무부에 출국금지 이의신청을 제기한 사실이 알려진다.

법무부는 접수 사흘 뒤인 이날 심의위원회를 열어 "이의신청이 이유 있다"는 판단을 내리고, 이종섭 전 장관의 출국금지를 해제한다. 이틀 뒤인 3월 10일, 이종섭 전 장관은 호주로 출국한다. 참고로 2023년 법무부의 출국금지 이의신청 인용률은 0.8%(신청 239건 중 인용 2건)에 불과했다.

이른바 '런(run)종섭 사태'로 불리는 이 사건은 한창 달궈진 총선 정국에 중요한 터닝 포인트로 작용한다. 수도권의 경우 그 영향이 특히 심했는데, 이종섭 대사 출국일인 3월 10일을 전후하여 국민의힘의 서울지역 지지율은 45%에서 30%로 급락한다. (한국갤럽 참고)

D-264 2024. 3. 14.

> "MBC 잘 들어. 내가 정보사 나왔는데, 1988년 경제신문 기자가 압구정 현대아파트에서 허벅지에 칼 두 방이 찔린 사건이 있었다…. 당시 정부에 비판적인 기사를 쓴 게 문제가 됐다."
>
> _ 황상무 대통령실 시민사회수석이 기자간담회에서 한 발언 중

노태우 정부 출범 첫해인 1988년, 중앙경제신문 사회부장인 오홍근 기자가 자택 인근에서 괴한들에게 피습당하는 일이 벌어진다. 수사 결과 육군정보사령부 소속 현역 군인들이 상관의 지시에 따라 저지른 계획 범행으로 밝혀진다.

'정보사 회칼 테러 사건'으로 불리는 이 사건이 민심 청취와 소통이 주 임무인 대통령실 시민사회수석의 입에서, 그것도 특정 언론사를 지목하여 거론된 것이다. 언론 단체는 즉각 반발하며 황상무 수석의 해임을 요구한다. 그러나 황상무 수석은 사과 발표를 하면서도 사퇴에는 선을 긋고, 대통령실 또한 해임 요구를 일축한다.

오히려 대통령실은 복수의 관계자들을 통해 이종섭 대사 임명과 관련된 일련의 사태를 두고 "공수처와 더불어민주당과 친야 성향의 언론이 결탁한 정치 공작으로 의심된다"고 주장한다.

D-258 2024. 3. 20.

> "최근에 있었던, 여러분이 실망하셨던 황상무 수석 문제라든가 이종섭 대사 문제, 결국 오늘 다 해결됐다."
>
> _ 경기도 안양시 거리 인사에서 한동훈 비대위원장이 한 발언 중

'런종섭 사태'에 '황상무 발언'까지 더해지자 여권에 우호적이던 여론은 급변한다. 특히 수도권의 민심 악화에 위기감을 느낀 국민의힘은 대통령실에 대책 마련을 촉구한다. 앞서 후보 공천 과정에서 한 차례 파열음을 낸 바 있던 한동훈 비대위와 대통령실은 또 한 번 긴장 관계에 들어선다.

결국 대통령실은 황상무 시민사회수석을 자진 사퇴의 형식으로 물러나게 하고, 열흘 전 호주로 부임한 이종섭 대사를 한국으로 소환한다.

D-256 2024. 3. 22.

'잘하고 있다' 34%, '잘못하고 있다' 58%

_ 한국갤럽이 발표한 3월 3주차 대통령 직무수행 평가

　이날 한국갤럽이 발표한 윤석열 대통령의 국정지지율 긍정 평가는 34%로, 3주 전인 2월 5주차에 비해 5% 하락한 수치를 기록한다. 부정 평가 이유 중에서 눈에 띄는 항목은 '인사'인데, 2월 5주차 조사 때 1%에 불과하던 수치가 5%로 상승한 것이 확인된다. 이종섭, 황상무로 인한 논란이 반영된 것으로 해석된다.

　국민의힘 지지율도 대통령 지지율과 비슷한 폭(-6%)으로 하락한 34%를 기록하며, 더불어민주당과 오차범위 내에서 혼전을 벌인다. 야권 비례대표 정당으로 총선에 뛰어든 조국혁신당이 예상 밖의 선전을 펼치고 있다는 점을 감안하면, 국민의힘의 위기감은 커질 수밖에 없었다.

D-249 2024. 3. 29.

"오늘 오후 외교부장관이 제청한 이종섭 호주대사의 면직안을 재가했다."

_ 대통령실 대변인실이 기자들에게 발송한 공지 중

이종섭 대사가 전격적으로 사의를 표하고, 윤석열 대통령은 이종섭 대사를 곧바로 면직 처리한다. 여론을 의식하지 않는다는 윤 대통령의 인사 스타일에 비추어 매우 이례적인 일이라는 평가가 나온다.

이종섭 전 대사는 호주대사 임명 후 25일 만에 사퇴함으로써 '최단기 대사'라는 오명을 듣게 된다.

D-238 2024. 4. 9.

"정권심판" vs "나라 구해 달라"

22대 국회의원을 뽑는 총선이 하루 앞으로 다가온다.

유권자들은 4월 5일과 6일에 실시된 사전투표에서 역대 총선 최고치인 31.28%의 투표율을 기록함으로써 이번 총선에 대한 높은 관심을 보여준다.

더불어민주당은 선거 유세 마지막 날인 이날도 '정권심판론'을 이어간다. 이재명 대표는 "민생을 파탄낸 윤석열 정부의 실책을 심판해 달라"고 호소한다.

국민의힘 한동훈 비대위원장은 선거 막판 불리해진 판세를 뒤집기 위해 15곳의 유세 현장을 강행군하며 "투표장에서 여러분의 한 표로 나라를 구해 달라"고 보수 결집을 호소한다.

조국혁신당의 조국 대표는 서울 광화문광장에서 선거 유세를 마무리하며 "야권 압승으로 윤석열 대통령의 거부권을 거부하자"

고 호소한다.

   그런 가운데 선거운동 기간이 끝나고, 4월 10일 총선의 날이 밝아 온다.

D-237 2024. 4. 10.

> 더불어민주당 175석
> 국민의힘 108석
> 조국혁신당 12석
> 개혁신당 3석
> 진보당 1석
> 새로운미래 1석
>
> _ 22대 총선 개표 결과

22대 총선은 야당의 압승으로 판명난다.

수도권과 충청, 호남권에서 참패한 국민의힘은 개헌 저지선을 가까스로 지키는 데 그친다.

국민의힘에서 갈라져 나온 개혁신당(3석)을 제외한 범야권의 총 의석수는 189석. 여기에는 지난 문재인 정부 시절 윤석열 당시 검찰총장과 악연으로 얽힌 조국 교수의 조국혁신당(12석)도 포함된다.

21대 국회의원의 임기는 5월 30일에 마감된다. 6월부터는 사상 유례가 없는 여소야대 정국이 예고된 것이다.

윤 대통령의 고심은 깊어질 수밖에 없었다.

6장.

거부 拒否
[명사] 요구나 제의 따위를 받아들이지 않고 물리침.

D-236 2024. 4. 11.

> "조직을 최우선으로 생각해야만 하는 사령관으로서
> 안타까움과 아쉬움, 말하지 못하는
> 고뇌만이 가득합니다."
>
> _ 김계환 해병대사령관의 지휘서신 중

총선 결과가 나온 뒤 김계환 해병대사령관은 휘하 장병들에게 보내는 장문의 지휘서신을 통해 본인의 복잡한 심경을 밝힌다.

국민의힘 총선을 지휘했던 한동훈 비대위원장은 선거 참패에 대한 책임을 지고 비대위원장직에서 물러난다.

이날 윤석열 대통령은 대통령실로 출근하지 않는다.

D-218 2024. 4. 29.

"국민의 생명과 안전을 지키는 것이 국가의 제1책무입니다. 국가가 곧 국민입니다. 159명의 국민이 영문도 모른 채 죽어갔던 이태원 참사나 또 채 해병 순직 사건의 진상을 밝혀 그 책임을 묻고 재발 방지 대책을 강구하는 것은 국가의 가장 큰 책임이라고 생각합니다. 채 해병 특검법이나 이태원참사 특별법을 적극적으로 수용해주실 것을 요청드립니다."

_ 영수회담에서 더불어민주당 이재명 대표의 모두발언 중

총선 뒤인 4월 셋째 주 윤석열 대통령의 국정지지율은 바닥을 향해 곤두박질친다. (긍정 23%, 부정 68%, 한국갤럽 참고)

윤 대통령은 악화된 민심을 달래기 위해 더불어민주당에서 제안한 영수회담을 수용한다. 그러나 이재명 대표가 모두발언을 통해 밝힌 요구안의 대다수는 받아들여지지 않았고, 영수회담 이후 국정 기조에도 별다른 변화는 없었다.

D-216 2024. 5. 2.

> "억울하게 죽어간 청년과
> 그 억울함을 풀어보려 했던 군인에 대한
> 공감능력 부족이 우리 당의 한계이고 절망 지점입니다."
>
> _ 국민의힘 김웅 의원이 5월 6일 본인의 SNS에 올린 글 중

앞서 2023년 10월 패스트트랙(신속처리안건)으로 지정된 채 상병 특검법이 국회 본회의 표결에 붙여진다. 5월 30일에 끝나는 21대 국회의원 임기를 고려할 때, 야권으로서는 더 이상 미룰 수 없는 안건이다.

채 상병 특검법은 김웅 의원을 제외한 국민의힘 의원 전원이 퇴장한 가운데 치러진 표결에서 재석의원 168명 전원 찬성으로 통과된다.

D-197 2024. 5. 21.

> "국민으로부터 위임받은 입법 권한을 그릇되게 사용하는 일이 없다면 재의요구권을 행사할 일도 없었을 것입니다. 채 상병 특검법 역시 마찬가지입니다."
>
> _ 국민의힘 추경호 원내대표의 발언 중

이날 오전, 국회에서 열린 국민의힘 원내대책회의에서는 채 상병 특검법에 대한 대통령의 재의요구권(거부권)에 대한 논의가 진행된다. 성일종 국민의힘 사무총장은 "해병대원 특검법은 꼬리가 몸통을 흔드는 전형적인 정쟁 유발 법안"이라며, "진짜 목적은 국론을 분열시키고 국정을 마비시켜 윤석열 정부에 타격을 주려는 것"이라고 야당을 비난한다.

예상대로 윤석열 대통령은 이날 열린 국무회의에서 채 상병 특검법에 대한 재의요구권을 행사한다.

윤석열 대통령 거부권 행사 법안(2023년 5월 기준)
2023년 4월 4일(1건): 양곡관리법 개정안
2023년 5월 16일(1건): 간호법 제정안
2023년 12월 1일(4건): 노란봉투법(노동조합 및 노동관계법 개정안), 방송3법(방송

법 · 방송문화진흥법 · 한국교육방송공사법 개정안)

2024년 1월 15일(2건): **쌍특검법**(김건희 도이치모터스 주가조작 특검법 · 대장동 50억 클럽 특검법)

2024년 1월 30일(1건): **이태원참사 특별법**(10 · 29 이태원참사 피해자 권리 보장과 진상 규명 및 재발 방지를 위한 특별법안)

2024년 5월 21일(1건): **채 상병 특검법**(순직 해병 수사 방해 및 사건 은폐 등의 진상 규명을 위한 특별검사 임명 등에 관한 법안)

국회로 돌아온 채 상병 특검법은 21대 국회 종료를 앞둔 5월 28일, 재석의원 294명에 찬성 179명, 반대 111명, 무효 4명으로 부결되고 자동 폐기된다.

당시 국회 본회의장을 찾아 방청하던 해병대 예비역들은 "당신들의 아들 손자가 죽었더라도 이렇게 하겠느냐"며 국민의힘에 대한 분노를 표출한다. 더불어민주당은 22대 국회 개원 즉시 채 상병 특검법을 1호 법안으로 재발의하겠다고 예고한다.

이로써 채 상병 특검법은 22대 국회로 넘어가게 된다.

D-165 2024. 6. 21.

"증인선서를 거부하십니까?" (정청래 법사위원장)
"예, 그렇습니다." (이종섭 전 장관)

22대 국회에서 새롭게 구성된 법사위는 채 상병 특검법 재입법을 위한 청문회를 개최한다. 청문회에는 수사 외압을 제기한 박정훈 대령을 비롯, 이종섭 전 국방부장관 등 정부 측 인사와 임성근 소장 등 해병대 측 인사가 증인으로 출석한다. 법사위 소속 국민의힘 의원들은 청문회에 전원 불참한다.

청문회 시작 직후 진행된 증인선서 절차에서 3명의 증인(이종섭 전 국방부장관, 신범철 전 국방부차관, 임성근 소장)은 선서를 거부한다. 참고로 증인선서를 하고 거짓을 증언하면 국회증언감정법에 따라 위증의 벌을 받을 수 있다.

청문회가 진행되는 동안 정부와 해병대 측 증인들은 비협조적인 자세로 일관한다. 정부 측 증인으로 출석한 임기훈 전 대통령실 국방비서관은 "대통령의 격노 여부는 국가안보에 해당하는 사항이라서 진술할 수 없다"는 이해하기 힘든 논리를 펼치기도 한다. 하지만 그런 와중에도 사건 초기(2023년 7월 말에서 8월 초) 대통령실과 국방부 사이에 다수의 통화가 오간 점이 드러난다. 대통령실이 수사 기록 회수에 직접 관여했다는 의혹이 사실로 확인된 것이다.

청문회가 끝나기 직전 발언 기회를 얻은 박정훈 대령은 "이 문제는 여와 야의 문제, 진보와 보수의 문제가 아니라 우리 사회의 정의의 문제"라고 꼬집는다.

이날 법사위 전체회의를 통과한 채 상병 특검법은, 13일 뒤인 7월 4일 국민의힘 의원들 대부분이 불참한 가운데 국회 본회의를 통과한다. (재석의원 188명 중 찬성 186명, 반대 2명)

D-148 2024. 7. 8.

> "현장지도 과정에서 (임성근) 1사단장의 작전수행 관련 지적과 지체에 따른 일선의 부담감이 일부 확인되었으나, 이를 이유로 포11대대장의 임의적인 수색지침 변경을 예상하기는 어렵고 (채 상병) 사망의 결과 사이에 인과관계가 있다고 보기 어렵습니다."
>
> _ 경북경찰청 김형률 수사부장의 수사 결과 발표 중

이날 경북경찰청은 채 상병 사망 사건과 관련한 수사 결과를 발표하며, 임성근 소장에게 적용된 직권남용과 업무상 과실치사 혐의를 모두 무혐의 처리한다.

임성근 소장은 수사 결과 발표 직후 언론과의 인터뷰에서 "허위사실을 공개적으로 주장한 사람들에 대해 법적 조치를 강구할 것"이라고 밝힌다.

국민의힘 박준태 원내대변인은 이날 보도자료를 통해 "채 상병 어머니의 간절한 바람대로 1주기 전에 수사 결과가 발표된 것을 다행으로 생각한다"는 논평을 낸다. 그러나 채 상병의 모친은 해병대 전우회가 공개한 자필 편지에서 "밝혀져야 될 부분은 마땅히 밝혀져 혐의가 있는 지휘관들은 그에 합당한 책임을 져야 한다"고 촉구한 바 있어, 유가족을 조롱하는 논평이라는 비난을 불러온다.

D-147 2024. 7. 9.

"그래서 내가 VIP한테 얘기할 테니까 사표 내지 마라, 왜 그러냐면 이번에 아마 내년쯤에 발표할 거거든. 해병대 별 네 개 만들 거거든." (이종호)

"위에서 그럼 지켜주려고 했다는 건가요? VIP 쪽에서?" (김규현)

"그렇지." (이종호)

_ 김규현 변호사가 공개한 통화 녹취록 중

윤석열 대통령은 하와이 순방 중 전자결재를 통해 채 상병 특검법의 재의요구권(거부권)을 또다시 행사한다.

대통령실은 언론 공지를 통해 "어제 발표된 경찰 수사 결과로 실체적 진실과 책임 소재가 밝혀진 상황에서 야당이 일방적으로 밀어붙인 순직 해병 특검법은 이제 철회돼야 한다"고 거부권 행사 배경을 설명한다.

이날 JTBC는 해병대 출신인 이종호라는 인물이 임성근 소장의 사표를 제지하고 윤석열 대통령에게 구명 로비를 펼친 정황이 담긴 통화 녹취록을 단독 보도한다. 통화가 녹취된 시점은 2023년 8월 9일, 채 상병 사망 사건 수사를 담당한 박정훈 대령이 보직해임된 직후다.

채 상병 사망 사건에 대해 많은 사람들이 궁금히 여긴 점이 있다. 해병대는커녕 군대 자체를 다녀오지 않은 윤 대통령이 무슨 이유로 격노까지 하면서 대통령실 안보라인과 국방부를 움직여 해병대 1사단장을 구했을까 하는 점이다.

그런데 이날 JTBC 보도를 통해 이종호라는 인물이 공개됨으로써 이전에는 밝혀지지 않았던 윤 대통령과 임성근 소장 사이의 연결 고리가 드러나게 된다.

과거 '블랙펄 인베스트먼트'라는 투자회사를 운영한 이종호는 도이치모터스 주가조작 사건의 핵심 공범 중 한 명으로 꼽힌다. 윤 대통령의 부인 김건희 여사는 해당 사건에 연루되었다는 의혹을 받고 있다. 심지어 이종호는 김 여사의 계좌를 관리한 인물이기도 하다. 이종호와 김 여사는 도이치모터스 주가조작 사건에 대한 수사가 본격화된 시기인 2020년 9월 23일부터 10월 20일 사이 통화와 문자메시지를 40차례나 주고받은 것이 밝혀지기도 했다.

이를 토대로 볼 때, 임성근 소장을 구하려고 한 사람은 이종호였으며, 이종호의 의도가 김 여사를 통해 남편인 윤 대통령에게 전달되었다는 추측에 힘이 실린다.

D-133 2024. 7. 23.

> "저는 저를 선택하신 당원 동지들에게 후회하지 않을 정치를, 저를 선택하지 않으신 당원 동지들도 존중하는 정치를, 더 나아가 국민의힘을 지지하지 않는 분들께도 고개를 끄덕이는 정치를 하고자 합니다."
>
> _ 한동훈의 국민의힘 당대표 수락 연설 중

이날 열린 국민의힘 전당대회에서 한동훈 후보가 62.84%의 득표율로 신임 당대표에 선출된다. 총선 참패에도 불구하고 국민의힘 당원들은 한동훈 후보에게 압도적인 지지를 보낸 것이다.

당대표 선거운동 기간 중 한동훈 후보와 김건희 여사 사이에 벌어진 충돌을 감안할 때, 이번 전당대회의 결과가 윤석열 대통령에게 상당한 부담으로 작용할 것임을 짐작할 수 있다. 더구나 한동훈 후보는 당대표 출마를 선언하며 채 상병 특검법을 수용할 의사가 있음을 밝힌 바 있어서, 윤석열 정부 출범 이후 단일대오를 유지해온 당정 관계에 변화가 생길 것을 예고했다.

7장.

궁지 窮地

[명사] 매우 곤란하고 어려운 일을 당한 처지.

D-89 2024. 9. 5.

"김건희 여사, 4·10총선 공천 개입"

_ 뉴스토마토 기사의 헤드라인

    이날 경제전문매체인 뉴스토마토는 22대 총선 때 윤석열 대통령의 부인 김건희 여사가 국민의힘 공천에 관여한 정황을 단독 보도한다.

    해당 기사를 요약하면, 22대 총선을 앞둔 시점에 김 여사가 국민의힘 5선 국회의원인 김영선 의원에게 지역구를 옮겨(창원·의창→김해갑) 출마하라고 요청했다는 것이다. 그에 따른 지원 방안으로 "대통령과 맞춤형 지역 공약을 마련하겠다"는 약속을 했다는 모 현역 의원의 인터뷰도 덧붙였다. 실제로 윤 대통령은 22대 총선 선거운동 기간 중 전국을 순회하며 민생토론회를 개최한 바 있다.

    사실 이날 발표된 뉴스토마토의 보도는 의혹을 제기하는 수준에 불과했다. 기사의 무대인 창원과 김해는 중앙 정치권에서 너무 멀리 떨어져 있었고, 창원갑으로 지역구를 바꿔 출마하려던 김영선

의원의 의도는 한동훈 비대위에 막혀 실현되지 못했다. 게다가 기사 중 영문 이니셜로 등장하는 '정치 브로커 M씨'의 존재는 허망한 느낌마저 풍겼다.

그러므로 이 보도가 얼마 뒤 '명태균 게이트'라는 이름으로 비화하여 중앙 정치권에 파랑을 몰고 오고, 이날로부터 89일 뒤에 벌어지는 12·3비상계엄의 실질적인 방아쇠가 되리라고 예상한 사람은 많지 않았을 것이다.

D-75 2024. 9. 19.

"대통령(에게) 전화해가지고 따졌다. 대통령은 '나는 김영선이라 했는데' 이라대."

_ 2022년 5월 9일, 명태균과 지인 사이의 통화 녹취록 중

김건희 여사의 공천 개입 의혹을 최초 보도한 뉴스토마토가 후속 기사를 낸다. 여기에는 김 여사뿐 아니라 윤석열 대통령이 직접 거론되는 통화 녹취가 등장한다.

해당 기사에 따르면, 윤석열 정부 출범을 하루 앞둔 2022년 5월 9일, 당시 대통령 당선인 신분인 윤석열에게 정치 브로커 명태균이 전화를 건다. 전화의 목적은 2022년 6월 1일 치러지는 창원·의창 국회의원 보궐선거에 명태균과 가까운 사이인 김영선을 공천받기 위해서였다. 이 통화에서 명태균은 윤 당선인으로부터 김영선의 공천을 확답받는다. 그 내용이 지인과의 통화 녹취록에 담긴 것이다.

보궐선거가 치러진 창원·의창은 본래 박완수 현 경남도지사의 지역구였다. 그랬던 것이 박완수의 도지사 출마로 공석이 된 것이다.

창원·의창에 정치적 기반이 없는 김영선이 그 지역에 공천받을

가능성은 높지 않았다. 그런데도 명태균-윤석열 통화 다음 날인 5월 10일, 국민의힘 공천관리위원회(위원장 윤상현 의원)는 김영선을 창원·의창 후보로 공천했고, 영남이라는 지역적 특성상 김영선 후보는 별문제 없이 국회의원에 당선되었다.

이날 뉴스토마토는 2022년 5월 10일 치러진 윤 대통령 취임식에 명태균이 대통령의 부친, 도이치모터스 대표의 아들 등과 함께 주요 인사석에 초대된 사진도 함께 공개한다.

대통령실은 해당 기사에 대한 반론 요청에 아무런 답변도 하지 않는다.

명태균
1970년 경남 창녕 출생(56세).
여론조사 업체 '미래한국연구소' 대표, '시사경남' 대표 및 편집국장.

특이사항
- 2019년 사기 및 변호사법 위반으로 징역 10개월, 집행유예 2년, 3225만 원 추징.
- 2020년 공직선거법 위반으로 6백만 원 벌금형 확정.
- 2020년 공직선거법 위반으로 1백만 원 벌금형 선고(1심).
- 2019년~2022년 선거여론조사심의위원회는 명태균이 운영하는 미래한국연구소에 대해 '표본 대표성 미확보' 및 '미신고'를 이유로 총 4차례 고발 처분함.

D-70 2024. 9. 24.

> "요번에 (김영선 의원) 세비 얼마 받았는데?" (명태균)
> "920(만 원) 정도 들어왔습니다." (E씨)
> "나하고 딱 약속한 건 2분의 1이야." (명태균)
> "2분의 1? 네." (E씨)
> "입금 딱 계산해갖고." (명태균)
> "네." (E씨)
> "1원이라도 틀리면 나는 끝이라가, 바로 보내야지." (명태균)
> "알겠습니다." (E씨)

이날 뉴스토마토는 명태균 관련 후속 보도를 올린다. 기사의 핵심은 김영선 전 의원이 2022년 6월 1일 보궐선거에 당선된 뒤부터 본인의 세비 절반을 명태균에게 지속적으로 보냈다는 것이다. 권력을 얻은 국회의원이 타인에게 대가성 금전을 받는 경우는 왕왕 있지만, 반대의 경우는 드물다. 이례적인 일이 아닐 수 없다.

김영선 전 의원의 회계책임자인 E씨와 명태균 사이에 2024년 8월 오간 통화 녹취록에 따르면, 명태균이 김영선 전 의원에게 지속적으로 금전을 요구했음을 알 수 있다. 다만, 명태균은 본인의 SNS를 통해 "빌려 준 돈을 받은 것"이라며 대가성 의혹을 부인한다.

경남선거관리위원회는 2023년 12월 명태균과 김영선 전 의원을 정치자금법 위반 혐의로 검찰에 고발한 바 있다. 그러나 수사를 맡은 창원지방검찰청(이하 '창원지검'으로 표기)은 이 사건을 담당 검사가 없는 수사과에 배당함으로써 9개월 동안 방치하다가, 명태균에 대한 언론 보도가 시작된 2024년 9월에야 선거범죄를 전담하는 형사과에 재배당함으로써 늑장 수사 논란을 자초한다.

그럼에도 친윤 검사로 알려진 정유미 창원지검장은 10월 17일 열린 국회 법사위 국정감사에서 "(명태균 사건에 대해) 입에 단내가 나도록 열심히 하고 있다"고 답변하여 의원들의 빈축을 산다.

D-60 2024. 10. 4.

> "단일대오가 깨졌다고 생각하지 않는다.
> 단일대오는 여전히 확고히 유지되고
> 또 앞으로도 지속될 것이다."
>
> _ 표결 결과를 두고 묻는 기자의 질문에 국민의힘 추경호 원내대표의 답변 중

이날로부터 이틀 전인 10월 2일, 윤석열 대통령은 국회에서 의결된 채 상병 특검법과 김건희 특별법에 대해 또 한 번 재의요구권(거부권)을 행사한다. 국회로 돌아온 두 법안은 재의결에 붙여진다.

국민의힘 의원들도 전원 참석한 가운데 무기명으로 진행된 투표 결과는 재석의원 300명에 찬성 194명, 반대 104명, 기권 1명, 무효 1명.

의결정족수 200석에 미달하여 법안은 부결되었지만 국민의힘 의석 쪽은 술렁거리기 시작한다. 22대 국회에서 국민의힘 의원은 모두 108명. 표결 전에 정한 당론대로라면 반대표가 108표 나와야 하기 때문이다.

추경호 원내대표는 애써 부정하지만, 이제껏 야권의 파상 공세에 일사불란하게 맞서 오던 국민의힘의 단일대오에 균열이 생긴 것은

분명하다. 이는 한동훈 대표 출범 이후 국민의힘 내부에 다른 꿈을 좇는 세력이 형성되고 있음을 보여주는 증거이기도 하다.

이에 야권은 기대하기 시작한다.

윤 대통령이 다음번 특검법을 거부하여 국회로 돌려보낸다면, 국민의힘은 그 특검법마저도 부결시킬 수 있을까?

D-58 2024. 10. 6.

> "그 여론조사 비용 대가가
> 김영선 의원의 공천인 것이에요."
>
> _ 강혜경이 인터넷매체 〈스픽스〉에서 한 인터뷰 중

이제까지 나온 보도에는 영문 이니셜로만 표기되었던 김영선 전 의원의 회계책임자 'E씨'의 이름과 얼굴이 인터넷매체 〈스픽스〉를 통해 처음으로 공개된다. 이름은 강혜경. 김영선 전 의원의 회계책임자가 되기 전에는 명태균이 실질적으로 운영하는 여론조사 업체 미래한국연구소에서 근무한 이력이 있는 인물이다.

강혜경은 이날 〈스픽스〉와의 인터뷰에서 "지난 대통령 선거 당시 명태균의 미래한국연구소가 윤석열 후보를 위해 비공개 여론조사를 여러 차례 진행했으며, 윤 후보는 대통령에 당선된 뒤 여론조사 비용인 3억여 원의 대가로 김영선 전 의원을 창원·의창에 공천해주었다"고 폭로한다.

명태균과 관련된 의혹이 불거졌을 때 많은 사람들은 채 상병 사망 사건 수사 개입 때와 유사한 의문을 느꼈다. 대통령 부부가 일

개 정치 브로커에 불과한 명태균을 위해 공천 개입이라는 불법적인 행위까지 저지른 이유는 대체 무엇일까?

이날 강혜경의 폭로는 그 궁금증을 풀어주는 실마리가 된다.

대선 후보가 누군가에게 여론조사를 의뢰하고 그 결과를 무상으로 제공받았다면 정치자금법 제45조 제1항 부정수수죄에 해당될 수 있다. 거기에 더하여, 그 대가로 국회의원 후보 공천에 개입했다면 공직선거법 위반에도 해당된다. 즉, 대통령 부부는 지난 대선 과정에서 명태균으로부터 불법적인 도움을 제공받았으며, 그래서 대통령에 당선된 뒤 마찬가지로 불법적인 대가를 제공할 수밖에 없었다는 추측이 가능해진다.

그렇다면 대통령 부부와 정치 브로커 명태균의 관계는 언제부터 시작되었을까?

창원지검이 작성한 2024년 11월 4일자 수사보고서에 따르면, 대통령 부부가 명태균을 처음 만난 시점은 검찰총장직을 사임한 윤석열이 국민의힘 대선 후보 출마를 준비하던 2021년 6월이다. 창원지검이 압수하여 분석한 명태균의 개인 컴퓨터에는 대통령 부부와 명태균 사이에 오간 SNS 대화 캡처 사진 280장이 저장되어 있는데, 그중 246장이 김건희 여사와 나눈 것이다. 이 점으로 미루어 명태균과 주로 소통한 쪽은 김 여사인 것으로 보인다. (독립언론 뉴스타파 및 MBC 〈피디수첩〉 참고)

당시 국민의힘 대선 후보를 꿈꾸던 윤석열에게는 취약점이 많았다. 특수통 검사 출신으로 정치적 기반이 부실했고, 박근혜 전 대통령을 구속시킨 장본인으로서 당내의 비난이 뒤따랐으며, 처 김건희와 장모 최은순의 비리 의혹이 끊이지 않던 상황이었다. 그런 윤석열을 국민의힘 대선 후보로 선출되게 하고, 나아가 대통령으로 당선되는 데 큰 역할을 한 사람이 정치 브로커 명태균이라는 사실이 창원지검 수사보고서를 통해 밝혀지게 된 것이다.

더불어민주당은 10월 15일 '부패공익제보자 권익보호위원회'를 신설하고, 강혜경을 1호 보호 대상으로 지정한다.

D-48 2024. 10. 16.

"(오전) 10시에 대통령 주재 회의에서 보고할 거거든." (명태균)

"네." (강혜경)

"인터넷 방송에서 중계를 할 거예요. 그러니까 10시 반이나 이렇게 되면, 그러니까 11시에 다 걸어야 돼. 현수막하고 보도자료를." (명태균)

_ 뉴스타파가 공개한 2023년 3월 15일 9시 16분 명태균-강혜경 통화 녹취록 중

9월부터 명태균 게이트를 본격적으로 보도해온 뉴스타파는 이날 또 하나의 의혹을 제기한다. 의혹의 핵심은, 명태균이 1년 5개월 전 윤석열 정부가 국책사업으로 추진한 국가첨단산업단지(이후 '국가산단'으로 표기) 선정 과정에 개입했다는 것이다.

2023년 3월 15일 오전 10시, 윤석열 대통령은 첨단산업 생태계 구축을 위한 제14차 비상경제 민생회의를 직접 주재한다. 회의가 끝난 뒤 대통령실은 창원시를 포함한 14곳을 국가산단 선정지역으로 발표한다. 창원시는 명태균과 밀접한 관계를 맺고 있는 김영선 전 의원의 지역구이기도 하다.

그런데 회의가 열리기 40분 전인 오전 9시 16분 명태균과 강혜경 사이에 오간 통화를 살펴보면, 명태균이 국가산단에 창원시가 선정된다는 정보를 사전에 알고 있었고, 그 정보를 김영선 전 의원

의 치적으로 홍보하기 위해 현수막과 보도자료를 준비한 정황이 드러난다.

명태균은 국가산단 선정 정보를 사전에 입수한 경위를 묻는 뉴스타파의 질문에 아무런 답변도 하지 않는다.

뉴스타파의 보도가 나오고 20여 일 뒤인 11월 6일, 창원지검은 국가산단 개입 의혹과 관련하여 명태균에 대한 수사를 시작한다.

D-47 2024. 10. 17.

"대통령 배우자의 도이치 시세조종 가담 의혹 사건 관련, 피의자 김건희를 불기소 처분했습니다."

_ 조상원 서울중앙지검 4차장의 언론 브리핑 중

서울중앙지검은 언론 브리핑을 통해 도이치모터스 주가조작에 연루된 의혹을 받는 김건희 여사에게 불기소 처분을 내린다. 9월 초 김건희 여사의 명품가방 수수 관련 의혹에 대해 불기소 처분을 내린 검찰이, 도이치모터스 주가조작 관련 의혹에 대해서도 연이어 면죄부를 내려준 것이다.

이날 검찰 발표는 명태균 게이트로 들끓는 민심에 기름을 붓는 역할을 한다.

검찰 발표 1주일 뒤인 10월 23일, 더불어민주당은 이창수 서울중앙지검장과 최재훈 반부패수사2부장, 조상원 4차장을 직무유기 혐의로 공수처에 고발한다.

참고로 이창수 지검장은 윤석열 대통령이 검찰총장이던 시절 검찰청 대변인을 맡았고, 이후 성남지청장 시절에는 이재명 대표 관련 수사를, 전주지검장 시절에는 문재인 전 대통령 사위 관련 수사를 지휘한 대표적인 친윤 검사로 알려져 있다.

김건희 황제 조사

2024년 7월 20일, 도이치모터스 주가조작 사건이 검찰에 고발된 지 약 4년 3개월 만에 서울중앙지검(지검장 이창수)은 김건희 여사에 대해 12시간가량 조사를 진행한다. 현직 영부인 사상 첫 검찰 조사이기도 하다.

그러나 검찰은 검찰청사가 아닌 제3의 장소에서 '비공개 출장조사'를 벌여 특혜 논란을 자초한다. 제3의 장소는 대통령경호처 부속 건물로 확인됐으며, 이는 김 여사가 정한 것으로 알려진다.

또한 "조사 사실이 외부로 유출되면 계속 조사를 받기 어렵다"는 김 여사의 의중을 반영하여 조사에 참여한 검사들이 휴대전화와 신분증을 사전에 제출한 것으로 알려져 논란을 키운다. 김 여사 측은 "조사받는 과정에서 몸 상태가 나빠지면 중간에 조사를 멈출 수도 있다"는 우려도 전달했다고 한다.

이원석 당시 검찰총장조차도 조사 일정을 사전에 알지 못했으며, 조사기 시작된 지 10시간이 지난 뒤에야 사후 보고를 받아 '총장 패싱 논란'도 일었다. 서울중앙지검은 검찰총장에게 사전 보고를 하지 못한 이유로 "도이치모터스 주가조작 사건은 총장의 수사지휘권이 박탈되어 있었고, 명품가방 조사는 김 여사 측과 조율된 게 없어서 어쩔 수 없었다"고 해명한다. 하지만 명품가방 조사 역시 김 여사 측과 사전 논의가 있었던 것으로 차후에 밝혀진다.

D-43 2024. 10. 21.

"(명태균이 말하기를) 윤 대통령은 장님이지만 칼을 잘 휘둘러 장님 무사고, 김건희 여사는 앉은뱅이 주술사라 예지력이나 주술 능력이 있지만 밖으로 절대 나가면 안 된다."

_ 국정감사에 증인으로 출석한 강혜경의 증언 중

이날 강혜경은 국회 법사위 국정감사에 증인으로 출석하여 '김건희 여사', '대통령 사모' 등의 이름이 언급된 녹취와 함께, 본인이 보관 중인 미래한국연구소 여론조사 관련 자료를 공개한다.

강혜경의 증언이 나온 뒤, 야당은 윤석열 대통령에 대한 공세에 나선다. 더불어민주당 서영교 의원은 "윤 대통령이 공천 개입과 국정 농단, 불법 정치자금 그리고 인사 농단에 가담했다면 이 모든 것은 탄핵 사유"라고 주장한다. 반면에 국민의힘 의원들은 "강혜경의 증언 대부분이 명태균의 말을 전한 것에 지나지 않는다"는 점을 부각시키려 애쓴다.

한편, 이날 여권에서는 윤석열-한동훈 면담이 성사된다.

2024년 7월 취임한 한동훈 대표와 대통령실은 그리 매끄럽지 못한 관계였다. 전당대회 기간에 불거졌던 김건희 여사와의 충돌(지난 총선 때 김 여사가 보낸 문자메시지들에 대해 한동훈 당시 비대위원장이 답장을 하지 않았다고 하여 '읽씹 논란'이라고도 불림)이 여전히 해소되지 않았고, 거기에 더하여 한동훈 대표가 채 상병 특검법이나 의료 대란 등 민감한 사안에 대해 윤 대통령과 결이 다른 발언을 이어갔기 때문이다.

명태균 관련 의혹이 불거진 뒤 정치적으로 수세에 몰린 윤석열 대통령은 한동훈 대표가 취임 이후 지속적으로 요구해온 면담 신청을 결국 받아들인다.

이날 오후 5시경부터 80여 분간 이루어진 면담에서 한동훈 대표는 김 여사와 관련하여 ①대외 활동 중단 ②대통령실 내 김 여사 라인 정리 ③특별감찰관 신설을 요구하지만, 윤 대통령으로부터 만족스러운 답변을 듣지는 못한다.

면담이 끝난 뒤, 윤 대통령은 그동안 대통령실의 의도에 적극적으로 부응해온 추경호 원내대표를 관저로 불러 만찬을 나눔으로써 한동훈 대표에 대한 불편한 심기를 우회적으로 내비친다.

한동훈 대표 또한 다음 날인 10월 22일 강화도를 방문한 자리에서 "오직 국민만 보고 민심을 따라서 피하지 않고 문제를 해결하겠다"고 밝힘으로써 향후 윤 대통령과의 갈등을 예고한다.

별다른 성과 없이 끝난 이날의 면담은 결과적으로 양측 모두에게 악재로 작용한다. 윤 대통령이 가진 불통의 이미지는 더욱 강화되고, 한동훈 대표의 리더십 또한 상처를 입게 된다.

이를 반영하듯, 한국갤럽에서 발표한 10월 5주차 윤 대통령의 국정지지율은 연중 최저치(19%)까지 떨어진다. 부정 평가 이유 중 가장 큰 비중을 차지하는 항목이 '김건희 여사 문제'라는 점은 눈여겨 볼 필요가 있다.

D-33 2024. 10. 31.

> "'김영선이 (대통령 예비후보) 경선 때부터 열심히 뛰었는데 그거(창원·의창 지역구 후보)는 김영선이를 좀 해줘라'고 했는데 말이 많네, 당에서." (윤석열 당선인)
> "진짜 평생 은혜 잊지 않겠습니다. 고맙습니다." (명태균)
>
> _ 더불어민주당이 공개한 2022년 5월 9일자 윤석열-명태균 육성 통화 녹음

이날 더불어민주당은 국회에서 긴급 기자회견을 열고 윤석열 대통령과 명태균 사이에 오간 육성 통화 녹음을 공개한다. 통화 당시 대통령 당선인 신분이던 윤 대통령은 김영선 전 의원의 보궐선거 공천에 직접 개입했음을 암시하는 발언을 한다.

녹취록이 공개되는 것과 실제 육성이 공개되는 것은 신빙성과 파급력 면에서 큰 차이가 있다.

사태의 심각성을 인지한 듯, 그간 명태균 관련 의혹에 대해 이상하리만치 말을 아끼던 대통령실은 대변인실 명의의 공지를 통해 "당시 윤석열 당선인은 공천관리위원회로부터 공천 관련 보고를 받은 적이 없고, 또 공천을 지시한 적도 없다"면서, "명 씨가 김영선 후보 공천을 계속 이야기하니까 그저 좋게 이야기한 것뿐"이라는 에매한 해명을 내놓는다.

문제는 "그저 좋게 이야기한" 그 말이 곧바로 현실이 되었다는 데 있다. 윤석열-명태균 통화 다음 날인 2022년 5월 10일, 국민의 힘 공천관리위원회(위원장 윤상현 의원)는 창원·의창 지역구에 김영선 전 의원을 전략공천한 것이다.

윤 대통령의 육성 통화 녹음이 공개된 뒤 여론은 더욱 악화된다. 한국갤럽에서 발표한 11월 1주차 윤 대통령의 국정지지율은 전주에 비해 2% 하락한 17%를 기록함으로써 연중 최저치를 갱신한다.

3년차 대통령의 국정지지율이 10%대를 기록한 것은 노태우 대통령 이후 34년 만의 일이다.

D-29 2024. 11. 4.

창원지검 수사보고서(11/4) 1면

창 원 지 방 검 찰 청

검찰
PROSECUTION SERVICE

주임검사

2024. 11. 4.

수 신 : 검사 홍

제 목 : 수사보고[피의자 명태균이 윤석열 대통령 및 김건희 여사와 주고
받은 대화 내용 캡쳐 사진 검토 - 강혜경 보관 PC]

　　2024. 9. 30.자 강혜경의 주거지 등 압수수색 시 강혜경 보관 PC에서 확보한 PC 카카오톡 DB 파일 등을 분석한 결과, '메시지' 폴더 내 총 6,892개의 이미지 파일 중 <u>명태균이 윤석열 대통령 및 김건희 여사와 주고받은 카카오톡 및 텔레그램 대화를 캡쳐한 사진 총 280개</u>가 확인되었는바, 그 내용을 아래와 같이 정리하여 보고합니다.

☐ **확인 사항**
- 파일 경로 : '강혜경 PC 본체_PC카톡(명태균 계정)_최종선별 multimedia' 폴더
- 대상 파일 개수 : 280개
  ※ 위 폴더 내 '메시지' 폴더와 '사진' 폴더에 중복으로 캡쳐 사진 저장, 중복된 내역을 제외하고 총 280개 확인
- 대상 기간 : 2021. 6. 26. ~ 2023. 4.경
- 대화 상대 : 명태균 ↔ 윤석열 당선인·대통령(이하 '윤석열 대통령'으로 표기), 김건희 여사

(사진 뉴스타파 참고)

창원지검이 2024년 11월 4일자로 작성한 명태균 관련 수사보고서는 총선 이후 윤석열 대통령에 대한 검사 집단의 절대적인 충성심에 균열이 생겼음을 보여준다.

D-26 2024. 11. 7.

> "뭐, 무슨, 제가 명태균 씨와 관련해서…
> 뭐, 부적절한 일을 한 것도 없고…
> 또, 뭐, 어, 뭐, 감출 것도 없고… 그렇습니다."
>
> _ 대국민담화 및 기자회견에서 윤석열 대통령의 발언 중

창원지검 수사보고서가 작성되고 사흘 뒤인 이날 오전 10시, 용산 대통령실에서는 윤석열 대통령의 대국민담화 및 기자회견이 열린다.

대국민담화 도중 "국민 여러분께 진심 어린 사과를 한다"며 허리를 숙인 윤 대통령은, 그러나 구체적으로 무엇에 대한 사과였는지를 묻는 기자의 질문에 "구체적으로 말하기 어렵다"는 애매한 답변으로 얼버무린다.

이날 윤 대통령이 한 발언을 종합해보면 정말로 무엇에 대한 사과인지 의문이 들 수밖에 없다.

우선 기자회견에 앞서 발표한 대국민담화는 국내외 어려운 환경 속에서도 몸이 부서져라 일한 대통령 본인과 정부에 대한 자화자찬 일색이었다. 각종 의혹의 중심에 있는 김건희 여사는 야당과

언론에 의해 악마화된 순진한 피해자로 미화되었다. 대통령 부부와의 친분을 내세워 불법적인 영향력을 행사한 명태균은 당시 대선 승리를 위해 일했던 많은 사람들 중 하나로 폄하되었다. 전 국민 앞에 공개된 본인의 육성 통화 녹음에 대해서는 그저 개인적인 의견을 이야기한 것에 불과하다고 변명했다. 창원 국가산단 정보 누출 의혹에 대해서는 인정할 수 없는 모략이라고 비난했다. 야당이 요구하는 특검에 대해서는 정치 선동에 인권 유린이라며 목소리를 높였다.

그렇다면 윤 대통령이 사과할 거리가 대체 무엇이란 말인가?

이날의 대국민담화 및 기자회견은 야당은 물론 여당 일각에서도 비판을 불러일으킨다.

10월 말부터 시작된 각계 지식인들의 정권 퇴진 시국선언 또한 이날을 계기로 기세를 더한다.

> **대국민거짓말**
> 이날 기자회견에서 윤석열 대통령은 김영선 전 의원 공천 개입 의혹과 관련된 기자의 질문에 이렇게 답변한다.
> "저는 그 당시(6·1보궐선거)에 공관위원장이 우리 정진석 비서실장인 줄 알고 있었어요."
> 6·1보궐선거의 공천관리위원장이 윤상현 의원이라는 사실 자체를 모르고 있었다는 뜻이다.
> 그러나 2025년 2월 공개된 윤석열-명태균 육성 통화 녹음 전문에 따르면, 윤 대통령의 발언은 명백한 거짓말이다. 그 통화에서 윤석열 당시 대

통령 당선인은 김영선 전 의원의 공천을 청탁하는 명태균에게 이렇게 말한다.

"아니, 내가 저, 저기다 얘기도 했잖아. 상현이한테, 윤상현이한테도 하고."

"김영선이 4선 의원에다가… 뭐, 어? 경선 때도 열심히 뛰었는데 좀 해주지 뭘 그러냐, 어?"

"알았어요. 내가 하여튼, 저, 상현이한테 한 번 더 얘기할게. 걔가 공관위원장이니까."

윤 대통령은 대국민담화가 아니라 대국민거짓말을 한 것이다.

D-20 2024. 11. 13.

창원지검 수사보고서(11/13) 1면

창 원 지 방 검 찰 청

2024. 11. 13.

제 목   수사보고【PNR(㈜ 피플 네트웍스) 및 서버 보관 장소 압수수색 필요성】

● 본 사건은 피의자들이 제21대 국회의원 보궐선거 및 제22대 국회의원 선거, 과정에서 피의자 김영선을 국민의힘 후보자로 추천(이하 '공천'이라고 합니다.)하는 것과 관련하여 금품을 수수하였다는 것입니다.

● 현재 본 사건과 관련하여 피의자 김영선의 공천 과정에서 이준석, 김건희 여사 등 정치권 핵심 인물들의 개입이 있었는지를 포함하여 피의자 김영선의 구체적인 공천 과정에 대해 국민적 관심이 집중되고 있고, 정치권에서도 이에 대한 진실 공방이 격화되고 있는 상황입니다.

● 현재까지 수사 결과, 피의자 명태균이 제21대 창원시 의창구 지역 국회의원 재보궐선거와 관련하여 당시 국민의힘 당 대표 이준석, 現 대통령의 측근으로 알려진 함성득 등에게 피의자 김영선의 공천을 요청한 사실이 확인되고, 피의자 명태균이 그 과정에서 ㈜미래한국연구소 및 주식회사 피플 네트웍스(이하 'PNR'이라 합니다.)의 여론조사 자료를 이준석, 김건희 여사 등에게 제공한 사실도 확인됩니다.

● 그리고, 피의자 강혜경의 진술, 피의자 강혜경과 서명원의 녹취록 등 증거자료에 의하면, 피의자 명태균 등이 위 여론조사 자료를 조작한 것으로 강하게 의심되는 사정이 있습니다.

● ㈜미래한국연구소 및 PNR이 실시한 여론조사의 조작 여부는 피의자 김영선의 공천과 관련하여 이 사건 범행의 수단 및 방법의 의미를 가질 뿐 아니라, 피의자 명태균이 이준석, 김건희 여사 등에게 어떻게 피의자 김영선의 공천을 요청할 수 있었는지와 관련된 범행 경위 내지 피의자 등의 고의 및 공모관계 여부와도 관련된 것이므로, 본 사건의 온전한 진실규명을 위해서는 이에 대한 확인이 꼭 필요합니다.

● 이에 따라 PNR 및 PNR의 전자정보가 저장된 서버 보관장소 등에 대한 압수수색 영장을 청구합니다.

(사진 뉴스타파 참고)

창원지검에서 또 한 부의 수사보고서가 작성된다.

〈수사보고 PNR((주)피플네트웍스) 및 서버 보관 장소 압수수색 필요성〉이라는 제목이 붙은 이번 수사보고서에는 김건희 여사의 실명이 수시로 등장하며, 상부의 승인이 쉽지 않다는 점을 예측한 듯 검사 8명의 연명 도장이 찍혀 있었다. 참고로 'PNR((주)피플네트웍스)'는 명태균이 실제 운영하는 미래한국연구소와 긴밀히 유착된 것으로 의심되는 여론조사 업체의 명칭이다.

총 49쪽 분량으로 작성된 수사보고서는 ①명태균의 여론조사 제공 ②여론조사 비용 미지불 ③김영선 공천 보답 ④여론조사 조작 및 공짜 여론조사에 대한 김건희의 인지 가능성 ⑤따라서 PNR 압수수색 불가피, 순으로 구성된다. 또한 각 항목에는 검사의 주장을 입증하는 카카오톡 대화와 관련자 진술이 첨부되어 있다.

윤석열 대통령이 검찰 내에 구축한 방어막은 아래로부터 얇아지고 있었다.

D-18 2024. 11. 15.

"잡아넣을 건지 말 건지, 한 달이면 하야하고 탄핵될 텐데 감당되겠나?"

_ 2024년 10월 7일, 명태균의 언론 인터뷰 중

　이날 새벽, 명태균은 6·1보궐선거 후보 추천 대가로 김영선 전 의원으로부터 7600만 원을 받은 혐의와 함께, 2022년 지방선거 공천을 미끼로 예비후보 2인으로부터 2억 4천만 원을 받은 혐의로 구속된다.

　명태균은 하루 전 창원지법에서 진행된 영장심사에서 "김영선 전 의원에게는 빌려준 돈을 돌려받은 것이고 예비후보들이 줬다는 돈은 전혀 아는 바가 없다"고 주장했지만, 법원은 명태균의 주장을 받아들이지 않는다.

　명태균에게 후보 추천 대가로 돈을 건넨 혐의를 받는 김영선 전 의원도 증거인멸의 우려가 있다는 이유로 함께 구속된다.

D-13 2024. 11. 21.

> "우리 군에 '불법적인 명령을 해서는 안 된다, 복종해서도 안 된다'고 말해 달라. 우리 국민에게 '정의는 살아 있고 진실은 반드시 밝혀진다'고 알려 달라."
>
> _ 박정훈 대령의 최후 진술 중

명태균 게이트로 온 나라가 시끄러운 와중에도 한 명의 곧은 장교를 매장시키기 위한 윤석열 정부의 압박은 계속 진행 중이었다.

이날 열린 박정훈 대령의 결심공판에서 군 검찰은 "군 지휘 체계와 군 전체 기강에도 큰 악영향 끼쳤다는 점을 고려할 때 엄벌이 필요하다"면서, 항명죄의 최고 형량인 징역 3년을 구형한다.

이로써 2023년 10월 군 검찰의 기소로 시작된 1심 공판이 마무리되고, 박정훈 대령의 운명은 군 재판부로 넘어간다.

D-8 2024. 11. 26.

"야당이 위헌성이 조금도 해소되지 않은 특검법안을
또다시 일방적으로 처리한 것에 대해 매우 안타깝고 유감."

_ 국무회의에서 거부권 행사 건의안을 의결하면서 한덕수 국무총리가 한 발언 중

    이날 윤석열 대통령은 국회가 세 번째로 발의한 김건희 특검법에 대해 또다시 재의요구권을 행사한다.
    앞서 폐기된 두 번의 법안과 달리, 이번에 발의된 김건희 특검법의 수사 대상에는 명태균 관련 의혹이 포함되어 있었다.

D-7 2024. 11. 27.

**"기다리실까 봐 말씀드립니다.
검찰에서 1시 이후에 온다니까 식사 맛있게 하세요."**

_ 국민의힘 당직자가 대기 중인 기자들에게 한 말

당사자가 구속된 상황에도 불구하고 명태균 관련 녹취들은 하루가 멀다 하고 여러 언론을 통해 보도된다. 그중 주요 기사의 헤드라인을 간추리면 다음과 같다.

검찰 "명태균, 차명폰으로 이준석과 통화" (11월 15일, 채널A)

윤석열 후보 뒤 명태균… 명이 소개하면 악수, 영상 공개 (11월 15일, MBC)

"명태균이 오세훈·이준석 당선시키고, 차기 대통령도 언급" (11월 16일, 뉴스타파)

윤한홍 메시지 받은 명태균 "구속시키지 말라" 조건 제시…"대통령이 1시간 동안 사과하는 녹취 틀겠다" 으름장. (11월 19일, JTBC)

오세훈 관련 명태균 '비공개 여론조사 13건'…"원본 데이터도 제공" (11월 20일, 뉴스타파)

명태균 서울시장도 작업? "오세훈에게 유리하게 설계"… 미공개 여론조사 후 3자에게 돈 수령 (11월 20일, MBC)

오세훈 최측근, 강혜경 계좌로 3300만 원 입금…"여론조사 비용 대납"

(11월 22일, 뉴스타파)
'오세훈 스폰서' 강혜경에게 "명태균에게 20억 주고 사건 덮자" (11월 25일, 뉴스타파)
명태균 "이준석에 '김영선 지켜 달라' 하니 '알았다' 해" (11월 28일, JTBC)
"오세훈 후원자·홍준표 측근·명태균·김영선 한자리" 사진 공개… 오세훈·홍준표는 반박 (12월 2일, 한국일보)

이처럼 오세훈(서울시장), 이준석(국민의힘 전 대표), 윤한홍(친윤계 중진 의원), 홍준표(대구시장) 등 국민의힘 유력 인사들의 이름이 거론되는 상황에서, 명태균을 구속수사 중인 창원지검은 여의도에 있는 국민의힘 당사에 대한 압수수색을 벌인다. 명태균 게이트의 파급력이 국민의힘 전체로 확대되었음을 보여주는 대목이다.

어느 정권에서든 여당 당사가 압수수색을 당하는 일은 흔치 않다. 그 정권의 요직이 검찰 출신들로 채워진 경우라면 더욱 그럴 것이다. 그러나 국민의힘 측에서는 검찰의 압수수색에도 별다른 반응을 보이지 않는다. 압수수색 시간을 사전에 인지한 정황이 있고, 압수수색 과정에서 몸싸움이나 고성이 오가지도 않는다.

한동훈 국민의힘 대표는 이날 압수수색에 대해 묻는 기자의 질문에 "영장의 범위 내에서, 우리 정치활동의 본질을 해하지 않는 범위 내에서, 법에 따라 응하겠다고 보고받았다"라는 원론적인 답변만 내놓는다.

이즈음 한동훈 대표는 가족 댓글과 관련된 의혹으로 당내 친윤계에게 공격을 당하던 중이었다. 때문에 이날 실시된 압수수색을 명태균 게이트로부터 상대적으로 자유로운 한동훈 대표의 반격으로 보는 시각도 있다.

한동훈 가족 댓글 의혹

2024년 11월 5일, 국민의힘 당원게시판에 한동훈 대표와 그의 가족 이름으로 윤석열 대통령을 비난하는 취지의 글이 다수 올라온다. 원래는 익명 게시판이기 때문에 '한**'의 형태로 노출되기는 하지만, 검색 설정을 '작성자'로 하고 '한동훈'을 입력한 후 검색하자 비슷한 게시글이 다수 발견된 것이다.

한동훈 대표의 모친, 아내, 딸, 장인, 장모 등 가족의 이름으로도 비슷한 시간대에 9백 개 이상의 글이 작성되고, 해당 글에는 윤 대통령과 김여사에 대한 원색적인 비난이 담겨 있던 것으로 파악된다. 이후 유튜브 채널을 통해 '한 대표가 윤 대통령을 비난했다'라는 내용이 퍼지면서 논란은 더 크게 번진다.

D-4 2024. 11. 29.

> "만일 국가산단이 들어왔다 치면, 아무래도 여기 주거단지 앞쪽에, 그쪽이 좀 뜨지 않을까요?"
>
> _ KBS 기자의 질문에 공인중개사 관계자가 한 답변

김영선 전 의원의 둘째 올케(둘째 남동생의 아내)와 셋째 남동생이 창원 국가산단 예정지 인근 토지를 공동으로 구입한 사실이 밝혀진다. 구입 시기는 정부 발표 40여 일 전인 2023년 2월이다.

검찰은 창원 국가산단 정보를 사전에 입수한 김영선 전 의원이 가족들에게 토지를 구입하도록 한 것으로 보고 두 남동생의 자택을 압수수색하는 한편, 경남도청과 창원시청 담당 부서에 대한 압수수색도 실시한다.

D-1 2024. 12. 2.

> "명태균 씨가 휴대폰(황금폰)을 갖고 있다면 굳이 검찰에 제출할 필요가 없고, 이 땅의 주인인 국민 앞에 언론을 통해 제출하거나 정권 획득을 노리는 민주당에 제출할 수도 있다."
>
> _ 명태균의 법률대리인인 남상권 변호사가 황금폰과 관련하여 한 발언 중

명태균 게이트는 이제 임계점에 임박한다.

런종섭 사태로 인한 총선 참패로 정국의 주도권을 잃은 윤석열 대통령에게, 본인과 아내 김건희 여사의 육성, 사진, 문자메시지 등이 다수 담겨 있는 '황금폰'은 결코 열려서는 안 되는 판도라의 상자였다. 하지만 우리는 알지 않는가, 판도라의 상자는 결국 열렸다는 것을.

윤석열 대통령은 궁지에 몰렸고, 벗어날 길은 어디에도 없는 것처럼 보였다.

그런 가운데 12월 3일, 운명의 하루가 시작된다.

명태균의 황금폰

명태균이 2019년 9월부터 2023년 11월까지 사용한 휴대전화로서 윤석열, 김건희, 이준석, 김영선 등과의 통화 녹취 및 주고받은 문자메시지 등

이 담겨 있다.

　해당 기간에는 2021년 오세훈이 당내 경선에서 승리하고 당선된 서울시장 보궐선거, 이준석이 당 대표로 선출된 국민의힘 전당대회, 2022년 대선과 지방선거, 김영선 전 국회의원이 당선된 창원·의창 보궐선거 등 다수의 선거들이 치러진 바 있다. 명태균은 각각의 후보자에게 대가 없는 여론조사를 제공하는 등 선거에 깊숙이 관여한 것으로 알려진다.

2부
How
내란은 어떻게 진행되었는가

1장.

징조 徵兆
[명사] 어떤 일이 생길 기미.

D-1120 2020. 3. 19.

> "내가 만약 육사에 갔다면 쿠데타를 했을 것이다.
> 예전 쿠데타는 중령들이 했다. 5·16쿠데타는 김종필 중령이 했는데
> 검찰로 치면 부장검사가 한 것이다.
> 그 시절로 돌아가고 싶다."
>
> _ 윤석열 당시 검찰총장이 회식 자리에서 한 발언 중

2023년 10월 30일, 손준성 검사장의 이른바 '고발사주 사건'의 재판에 증인으로 참여한 한동수 전 대검찰청 감찰부장은 과거 윤석열 검찰총장으로부터 들은 쿠데타 관련 발언을 증언한다.

당시 윤 총장의 발언에 큰 충격을 받은 한동수 전 감찰부장은 회식을 마친 후 곧바로 업무수첩에 적어 놓았다고 한다.

고발사주 사건
윤석열 대통령이 검찰총장으로 재직하던 2020년, 검찰이 총선을 앞두고 미래통합당(현 국민의힘)에 여권(현 더불어민주당) 측 주요 인사들에 대한 형사 고발을 사주했다는 의혹에서 비롯된 사건이다.

당시 윤석열 검찰총장의 최측근이던 손준성 검사는 같은 검사 출신인 김웅 미래통합당 후보에게 고발장을 전달한다. 이 고발장에는 고발하는 사람의 이름은 비어 있고 고발 대상에만 이름이 들어가 있다. 고발 대상으로는 유시민 노무현재단 이사장, 최강욱 열린민주당 대표 및 뉴스타파

소속 기자 등 11명의 이름이 적혀 있으며, 수신처는 대검찰청 공공수사부 부장으로 되어 있다.

즉, 검찰이 자신들이 작성한 고발장을 외부로 보내 다시 검찰에 고발하도록 사주했다는 것이 이 의혹의 핵심이다.

2장.

모의 謀議

1. [명사] 어떤 일을 꾀하고 의논함.
2. [명사] (법률) 두 사람 이상이 함께 범죄를 계획하고 그 실행 방법을 의논함. 또는 그런 일.

D-xxx 2024. 3. 말~4. 초

> "제 기억에는 그날 아마 이종섭 전 국방장관을 호주의 호위함 수주를 위해 호주대사로 보내고 아그레망(외교사절 임명 전 주재국의 동의를 구하는 절차)까지 받았는데, 무슨 '런종섭'이니 하면서 아주 인격 모욕을 당하고, 사직까지 했고, 결국 고위직의 활동이 부족해서 호주 호위함 수주를 못 받았습니다."
>
> _ 2025년 2월 13일, 헌법재판소 탄핵심판 제8차 변론에서 윤석열 대통령의 발언 중

22대 총선을 며칠 앞둔 2024년 3월 말에서 4월 초 사이, 윤석열 대통령은 서울 삼청동에 위치한 안전가옥(이후 '삼청동 안가'로 표기)에 신원식 당시 국방부장관, 김용현 당시 경호처장, 조태용 국가정보원장, 여인형 국군방첩사령관과 은밀한 모임을 갖는다. 참석자 가운데 윤석열, 김용현, 여인형은 중앙고등학교 선후배 관계이다.

이 자리에서 윤 대통령은 시국 상황이 걱정된다고 하면서 "비상대권을 통해 헤쳐나가는 것밖에는 방법이 없다", "군이 나서야 되지 않느냐, 군이 적극적인 역할을 해야 하지 않겠느냐"고 말한 것으로 전해진다. 이에 계엄령 실행을 우려한 신원식 당시 국방부장관은 모임이 끝난 뒤 김용현, 여인형을 자신의 공관으로 불러 대책을 논의했다고 한다.

이후 헌법재판소 탄핵심판 제8차 변론에서 윤 대통령은 당시 모

인 이유가 '린종섭 사태'로 인해 악화된 정세 때문임을 털어놓는다. 그러나 호주 호위함 수주가 무산된 시기는 삼청동 안가 모임으로부터 8개월이 지난 2024년 11월 25일이어서, 윤 대통령의 진술이 사실과 다름을 알 수 있다.

삼청동 안가

독재, 밀실정치, 음모, 대통령 시해 등 한국 현대사의 어두운 그림자가 깃든 장소다. 과거 김영삼 전 대통령은 삼청동 안가를 국민에게 공개하면서 "3공화국 때부터 역대 군사정권이 애용하고 이용해왔던 장소입니다. 여기에서 밀실정치가 이루어졌습니다. 여기에서 여러 가지 불행한 일들이 생겼습니다"라고 언급한 바 있다.

김재규 중앙정보부장이 박정희 전 대통령을 저격한 10·26사태가 벌어진 곳도, 전두환 전 대통령이 일해재단 설립을 결정한 곳도, 전두환·노태우 정권 시절 기업 총수들이 거액의 정치자금을 헌납한 곳도 대부분 청와대가 아닌 안가인 것으로 알려진다.

더불어민주당 윤건영 의원은 "윤석열 대통령이 정권 초기 삼청동 안가를 술집의 바(Bar) 형태로 개조하려 했다는 제보를 받았다"는 의혹을 제기한 바 있다. 국민의힘과 대통령경호처는 확인되지 않은 일방적인 주장이라고 부인했지만, 12·3비상계엄 선포 이후 삼청동 안가에서 이루어진 불온한 모임들이 속속 드러나며 윤건영 의원의 발언은 다시금 주목받게 된다.

윤 대통령은 취임 전 대통령 집무실의 용산 이전을 발표하면서 "청와대 공간의 폐쇄성을 벗어나 늘 국민과 소통하면서 국민의 뜻을 제대로 받들고자 약속드린 것"이라고 주장한 바 있다. 그러나 독선적인 국정 운영과 안가에서의 계엄 모의로 그 주장의 신빙성을 스스로 무너트렸다.

D-xxx 2024. 4. 중순

> "노동계, 언론계, 이런 반국가 세력들 때문에 나라가 어려움이 있다."
>
> _ 경호처장 공관 만찬에서 김용현 전 경호처장의 발언 중

김용현 경호처장은 육군사관학교 후배인 여인형 국군방첩사령관, 곽종근 육군특수전사령관, 이진우 수도방위사령관을 서울 한남동에 위치한 경호처장 공관으로 불러, 4·10총선 이후 윤석열 정부에 불리해진 시국에 관한 이야기를 나눈다.

2023년 11월 6일, 윤 대통령에 의해 임명된 여인형·곽종근·이진우 사령관은 김 처장과의 만찬 한 달 뒤인 2024년 5월에도 서울 강남의 모 식당에 모여 계엄령의 실현 가능성에 관해 논의한 사실이 드러난다.

김용현

1959년 경남 창원 출생(66세).
1978년 경기고등학교 졸업.
1982년 육군사관학교 졸업(제38기).

이후 육군17보병사단장, 수도방위사령관, 합동참모본부 작전본부장 등으로 근무.

2017년 11월 군 전역(육군 중장).

2022년 5월~2024년 9월 대통령경호처 처장.

2024년 9월~2024년 12월 국방부장관.

2024년 12월 서울중앙지법에 내란중요임무종사 등의 혐의로 구속기소되어 현재 재판 중.

특이사항
- 2011년 육군17사단에서 발생한 병사 1명의 익사 사고를 후임을 구하려다 숨진 미담으로 조작했다가 발각된 일이 있음. 이 조작 사건의 주동자로 지목되어 군복을 벗은 이 모 씨는 2017년 군인권센터를 통해 "사건 조작의 중심에는 당시 17보병사단장이었던 김용현이 있었다"고 밝혔다가 무고 혐의로 징역형을 받음. 최근 이 모 씨는 추가 증거를 더하여 김용현에 대한 고소를 준비 중임.

여인형

1969년 서울 출생(56세).

1988년 경기고등학교 졸업.

1992년 육군사관학교 졸업(제48기).

이후 제11공수특전여단장, 제53보병사단장 등으로 근무.

2023년 11월~2024년 12월 국군방첩사령관(중장).

2024년 12월 중앙지역군사법원에 내란중요임무종사 등의 혐의로 구속기소되어 현재 재판 중.

국군방첩사령부(이후 '방첩사'로 표기)

국군방첩사령부령에 따라 군사보안, 군 방첩 및 군에 관련 정보의 수집·

처리 등에 관한 업무를 수행하기 위해 국방부장관 소속으로 설치된 부대이다.

사령부에 사령관 1명, 참모장 1명을 두고 사령관의 업무를 보좌하기 위해 참모부서를 두며, 사령관 소속으로 800방첩부대, 810방첩부대 등을 두고 있다.

곽종근

1968년 충남 금산 출생(57세).

1991년 육군사관학교 졸업(제47기).

이후 제17보병사단장 등으로 근무.

2023년 11월~2024년 12월 육군특수전사령관(중장).

2025년 1월 중앙지역군사법원에 내란중요임무종사 등의 혐의로 구속기소되어 현재 재판 중.

육군특수전사령부(이후 '특전사'로 표기)

육군특수전사령부령에 따라 육군의 특수전을 수행하기 위해 창설된 부대이다.

평시에는 테러 진압, 전시에는 적진 침투 및 표적 제거 등의 임무를 맡고 있고, 임무 완수를 위해 육상 침투, 적 진압 등 고강도 훈련을 실시한다. 예하 부대로 제1공수특전여단, 제3공수특전여단, 제5공수특전여단, 제7공수특전여단, 제9공수특전여단, 제13특수여단, 제707특수임무단, 602항공단, 군수지원단 등을 두고 있다.

이진우

1970년 서울 출생(55세).

1992년 육군사관학교 졸업(제48기).

이후 제102기갑여단장, 제12보병사단장 등으로 근무.

2023년 11월~2024년 12월 수도방위사령관(중장).

2024년 12월 중앙지역군사법원에 내란중요임무종사 등의 혐의로 구속기소되어 현재 재판 중.

수도방위사령부(이후 '수방사'로 표기)

수도방위사령부령에 따라 수도를 방위하고, 특정경비구역(국가원수가 위치하는 지역으로서 경호를 위해 필요한 상당한 범위 안의 지역)을 경비하는 등의 임무를 위해 설치된 부대이다.

예하 부대로 제52보병사단과 제56보병사단을 두고 있으며, 직할부대로 제1방공여단, 제1경비단, 군사경찰단, 제122정보통신단, 제1113공병단, 제22화생방대대, 군수지원대대, 제1문서고관리대 등을 두고 있다.

D-xxx 2024. 5. 말~6.

> "비상대권이나 비상조치가 아니면
> 나라를 정상화할 방법이 없는가?"
>
> _ 삼청동 안가 만찬에서 윤석열 대통령의 발언 중

이날 윤석열 대통령은 충암고 선후배인 김용현, 여인형을 삼청동 안가로 다시 불러 만찬을 갖는다.

> "국민 여러분, 죄송합니다. 저는 내란 수괴 윤석열, 이상민, 김용현, 여인형의 모교 충암학원의 이사장 윤명화입니다.
> 1979년, 저는 전두환의 계엄을 겪었습니다. 그 공포가 저에게는 그날도 엄습해 있었습니다. 그래서 광장으로, 여의도로 못 갔습니다. 정말 죄송합니다. 그러나 국회를 침탈하는 군인들과 그것을 막아서는 용감한 국민들의 저항을 보고 다시 한번 저를 반성했습니다. 다음 날 저의 SNS에 '윤석열을 그 일당과 함께 충암의 부끄러운 졸업생으로 백만 번 선정하고 싶다'고 했습니다.
> 국격 실추, 학교 명예 실추, 충암의 재학생들은 말로 표현할 수 없는 고통을 겪었습니다…."
>
> (2025년 3월 15일, 윤석열 탄핵촉구 집회에서 충암학원 윤명화 이사장의 연설 중)

D-169 2024. 6. 17.

"이 네 명이 대통령께 충성을 다하는 장군입니다."

_ 삼청동 안가 만찬에서 김용현 전 경호처장의 발언 중

　삼청동 안가 모임에 기존의 여인형·곽종근·이진우 외 강호필 합동참모본부 차장이 추가로 참석한다. 이로써 모임에 참석한 장군의 수는 넷으로 늘어난다.

　강호필 차장은 이날로부터 넉 달 뒤인 10월 군 장성 인사에서 지상작전사령관(이후 '지작사령관'으로 표기)으로 임명된다. 하지만 계엄령 선포가 임박한 것을 인지한 뒤에는 계엄에 반대하는 입장을 표한 것으로 알려진다.

　강호필 지작사령관의 이탈에 우려한 여인형 방첩사령관은 2024년 11월 5일 자신의 휴대전화에 '보안에 더욱 철저해야 한다'는 의미의 메모를 남긴다.

강호필

1968년 경남 김해 출생(57세).

1991년 육군사관학교 졸업(제47기).

이후 수도방위사령부 제1경비단장, 제1군단 작전처장, 합동참모본부 합동작전과장, 제1보병사단장, 제1군단장, 합동참모본부 차장 등으로 근무.

2024년 10월~현재 지상작전사령관(대장).

지상작전사령부

서부전선을 지키는 제3야전군과 동부전선을 지키는 제1야전군이 통합해 출범한 초대형 사령부이다.

참모부, 군수지원사령부, 화력여단, 지상정보단 등 직할부대와 지역군단 및 기동군단 등으로 편성된다. 합참의장의 작전지휘를 받아 5개 지역군단(수도·1·2·3·5), 1개 기동군단, 지역방위사단, 지상정보여단 등을 지휘한다. 즉, 제2작전사령부와 육군본부 직할 부대를 제외한 육군 대다수 야전부대가 지상작전사령부의 지휘를 받는다.

지역계엄사령부를 유지하기 위해서는 지상작전사령부의 통제가 필수적이다.

D-xxx 2024. 7.~8.

"현재 사법체계하에서는 이런 사람들(야당 정치인과 민주노총 관련자)에 대해 어떻게 할 방법이 없다. 비상조치권을 써야겠다."

_ 대통령관저 모임에서 윤석열 대통령이 한 발언 중

이날 윤석열 대통령은 대통령관저에서 충암고 선후배인 김용현, 여인형과 만나 자신에게 비판적인 인사들에 대한 품평을 하며 강한 적대감을 내비친다.

D-117 2024. 8. 8.

"(참석했던 부사관이) 대통령님하고 라운딩하는 그 시간 동안에 '로또 당첨된 것 같은 기분으로 했다, 내 평생에 정말 너무너무 잊을 수 없는 정말 영광된 자리다' 이런 얘기를 하면서 눈물이 글썽였어요."

_ 2024년 11월 28일, 국회 국방위원회에서 김용현 국방부장관의 발언 중

휴가 중인 윤석열 대통령은 이날 충남 계룡시에 위치한 구룡대 체력단련장(육군 골프장)에서 부사관들과 골프를 한다.

공직자가 휴가 기간에 골프를 한 것은 문제가 되지 않는다. 문제가 되지 않는 일을 문제로 만든 곳은 대통령실이다.

트럼프가 미국 대통령에 당선된 직후인 11월 초, 대통령실은 윤 대통령의 골프 연습 소식을 알리며 "윤 대통령이 골프광인 트럼프와 골프 외교를 위해 8년 만에 골프채를 다시 잡았다"고 홍보한다. 그 직후부터 윤 대통령이 11월 이전에도 골프를 즐겼다는 보도가 속속 나오고, 그 과정에서 8월 8일 구룡대 골프 건까지 드러난 것이다.

구룡대 골프 건에서 주목해야 할 점은, 윤 대통령의 라운딩에 군 수뇌부가 아닌 부사관들이 동행했다는 것이다.

김용현 국방부장관이 전한 미담 속에서 눈물을 글썽였다는 그 부사관은 12·3비상계엄 당시 헬기를 타고 국회 운동장에 착륙, 국회 본관 유리창을 깨고 난입한 제707특수임무단(이후 '707특임단'으로 표기) 소속인 것으로 밝혀진다.

> **제707특수임무단**
> 육군특수전사령부의 직할 특수부대.
> 2019년 대대급(지휘관 중령) 부대에서 단(團)급(지휘관 대령) 부대로 격상되었으며, 부대의 상징 동물은 백호이다.
> 평시에는 국가급 대테러 최정예 특수부대로 활동하며, 전시 및 준전시에는 국가적 차원의 극비 임무를 비롯한 각종 특수작전을 수행한다. 특히 '참수작전(적의 핵심 수뇌부 암살 작전)'에서 결정적 임무를 수행하는 것으로 알려진다.

3장.

간파 看破
[명사] 속내를 꿰뚫어 알아차림.

D-113 2024. 8. 12.

> "우리 정부 초대 경호처장으로 군 통수권자의 의중을
> 누구보다도 잘 이해하고 있기에 국방부장관으로서
> 적임자라 판단하였습니다."
>
> _ 정진석 대통령 비서실장의 브리핑 중

국방·안보라인에 수상한 인사가 예고된다. 신원식 국방부장관이 대통령실 국가안보실장으로 자리를 옮기며, 공석이 될 국방부장관에 김용현 경호처장이 지명된 것이다.

국방부장관이 대통령 보좌역인 국가안보실장으로 좌천성 인사를 당하는 것도 일반적이지 않거니와, 대통령의 심복이라 할 수 있는 경호처장에게 국방 업무를 총괄하게 하는 것은 더더욱 수상한 일이다.

수상한 일에는 대개 수상한 이유가 감춰져 있다.

이날 정진석 비서실장의 브리핑에 등장하는 "(김용현이) 군 통수권자의 의중을 누구보다도 잘 이해"한다는 발언이 무엇을 의미하는지 국민 모두가 알기까지는 반년이 채 걸리지 않는다.

D-110 2024. 8. 15.

"만약에 윤석열 탄핵으로 간다든가 이렇게 할 때, 박근혜 대통령은 그래도 그걸 받아들여서 탄핵까지 갔잖아요. 그런데 윤석열 대통령은 그런 상황이 오면 다른 방법을 할 수가 있다라는 우려를 해요. 예를 들어서 계엄을 선포한다든가⋯."

_ 가톨릭 평화방송 시사프로그램인 〈김준일의 뉴스공감〉에 출연한
더불어민주당 김병주 의원의 발언 중

김용현 경호처장이 국방부장관으로 지명되자 더불어민주당과 조국혁신당을 중심으로 한 야권에서는 계엄령에 대한 우려가 불거져 나오기 시작한다.

야권발 계엄설은 보수 언론의 집중포화를 받는다. 보수 신문을 대표하는 조선일보는 이틀 뒤인 8월 17일자 신문 사설을 통해 "강성 지지층이 열광하니 국민을 바보로 아는 황당한 음모론과 막말을 쏟아내는 것"이라고 원색적인 비난을 퍼붓는다.

D-102 2024. 8. 19.

> "우리 사회 내부에는 자유민주주의 체제를 위협하는 반국가 세력들이 곳곳에서 암약하고 있다."
>
> _ 국무회의에서 윤석열 대통령의 발언 중

　윤석열 대통령은 보수 세력의 결집이 필요할 때마다 '반국가 세력'이라는 용어를 사용해왔다. 그러면서 그 대상으로 전임 문재인 정부와 야당 정치인, 민주주의 운동가, 인권 운동가, 진보주의 운동가 등을 지목함으로써 본인의 국정 기조에 반하는 사람들을 아울러 매도했다.

　이날 2024년 을지훈련을 계기로 열린 국무회의에서는 발언의 수위가 한층 높아진다. 윤 대통령은 대한민국 내 반국가 세력의 존재를 기정사실화하며 "북한은 개전 초기부터 이들을 동원해 폭력과 여론몰이 그리고 선전선동으로 국민적 혼란을 가중하고 국론 분열을 꾀할 것"이라고 목소리를 높인다.

　야권발 계엄설에 이은 윤석열 대통령의 반국가 세력 암약설은 경색된 정국을 더욱 얼어붙게 만든다.

D-104 2024. 8. 21.

> "(윤석열 대통령은) **탄핵 국면에 대비한 계엄령 빌드업 불장난을 포기하기 바랍니다.**"
>
> _ 더불어민주당 최고위원회에서 김민석 의원의 발언 중

야권발 계엄설은 대다수 국민들의 공감을 얻지 못한다.

대한민국에 마지막 계엄령이 선포된 것은 박정희 전 대통령이 김재규 중앙정보부장에게 저격당해 사망한 1979년 10월 26일이었다. 그로부터 45년이나 지난 2024년 대한민국에 계엄령이 또다시 선포될 수 있으리라고 생각한 사람은 거의 없었다.

그럼에도 야당은 계엄에 대한 의혹을 거두지 않는다. 이날 국회에서 열린 더불어민주당 최고위원회에서 김민석 의원은 윤석열 대통령을 향해 계엄령 추진을 포기하라고 공개적으로 경고한다.

김민석 의원의 발언에 대해 여당은 강력하게 반발한다. 국민의힘은 곽규택 수석대변인을 통해 "안보 사안까지도 정쟁으로 끌고 가겠다는 궤변"이라며, "이재명 대표를 향한 충성 경쟁이 아니라면 막말과 망언을 자중하라"고 꼬집는다.

대통령실도 8월 26일 대변인 브리핑을 통해 "국가안보를 볼모로 사회적 불안을 야기해서 얻으려는 정치적 이익은 무엇이냐"며 날을 세운다.

D-92 2024. 9. 2.

> "우리 대한민국의 상황에서 과연 계엄을 한다
> 그러면 어떤 국민이 용납을 하겠습니까? 그리고
> 우리 군도 따르겠습니까? 저는 안 따를 것 같아요, 솔직히."
>
> _ 국회 인사청문회에서 김용현 국방부장관 후보자의 발언 중

6월 초에 개원한 22대 국회는 소위원회 구성을 두고 여야 간 대립을 벌이다가 임기 시작 96일 만인 이날에야 개원식을 개최한다.

국회 개원식에 행정부 수반인 대통령이 참석하는 것은 1987년 민주화 이후 불문율처럼 여겨진 전통이다. 그러나 윤석열 대통령은 야당이 제기하는 계엄설과 특검, 탄핵 등을 이유로 22대 국회 개원식에 참석하지 않는다. 윤 대통령은 나흘 전인 8월 29일 국정브리핑에서 "지금 국회 상황은 제가 살아오면서 처음 경험하는 상황"이라며, "국회가 좀 정상적으로 기능해야 하지 않겠나"라는 부정적인 시각을 드러낸 바 있다.

한편, 이날 국회 국방위원회에서는 국방부장관 후보자에 대한 인사청문회가 열린다. 후보자로 지명된 김용현 경호처장에게는 예상대로 계엄설과 관련된 야당의 질문이 쏟아진다.

더불어민주당 추미애 의원은 김 후보자가 2024년 들어 여인형·곽종근·이진우 사령관과 모임을 가진 사실을 두고 "계엄령 대비를 위한 친정 체제를 구축 중이고 김 후보자의 용도도 그것(계엄)이라는 얘기가 있다"고 주장한다. 같은 당 박선원 의원은 "최근 이진우 수방사령관, 곽종근 특전사령관, 여인형 방첩사령관을 한남동 공관으로 불렀지요? 계엄 이야기 안 했습니까?"라며 직접적으로 추궁한다.

김용현 후보자는 야당의 공세에 대해 적극적으로 반박하며 계엄설과 관련된 모든 의혹을 부인한다.

김용현 후보자에 대한 인사청문보고서는 야당의 반대로 채택되지 못한다. 하지만 나흘 뒤인 9월 6일, 윤석열 대통령은 김용현 후보자를 국방부장관에 임명한다.

이로써 윤석열 정부 출범 이후 국회의 인사청문보고서 없이 임명된 장관급 인사는 29명으로 늘어나게 된다.

D-74 2024. 9. 20.

박선원 의원이 발의한 계엄법 제2조(계엄의 종류와 선포 등) 추가 항목
제6항 대통령이 계엄을 선포하고자 할 때에는 미리 국회 재적의원 과반수의 출석과 출석의원 과반수의 찬성으로 국회의 동의를 받아야 한다. 다만, 전시인 경우에는 그러하지 아니할 수 있다.
제7항 제6항의 경우에 국회가 폐회 중일 때에는 대통령은 지체 없이 국회에 소집을 요구하여야 한다.

김병주 의원이 발의한 계엄법 제4조(계엄의 종류와 선포 등) 추가 항목
제3항 대통령이 선포한 계엄에 대하여 72시간 내에 국회 재적의원 과반수의 동의를 받아야 한다.

김민석 의원이 발의한 계엄법 제11조(계엄의 해제) 추가 항목
제4항 현행범인 국회의원을 체포, 구금하고 있는 행정기관은 제1항에 따라 국회가 계엄 등과 관련된 논의 등을 위하여 회의를 소집할 경우 즉시 회의에 참석할 수 있도록 조치하여야 한다.

　

더불어민주당의 박선원, 김병주, 김민석 의원은 불법적인 계엄령의 선포 가능성을 원천적으로 차단하기 위해 계엄법 개정안을 발의한다.

각 의원이 발의한 개정안의 핵심을 요약하면 다음과 같다.

박선원	계엄권 남용을 방지하기 위해 전시가 아닌 경우 계엄 선포 전에 국회의 동의를 받도록 함
김병주	현행 계엄법이 계엄령 선포 후 종료 시점을 정하고 있지 않기 때문에 대통령이 선포한 계엄에 대해 72시간 내에 국회의 동의를 받도록 함
김민석	국회의원을 체포, 구금하여 계엄 해제를 방해하지 못하도록 국회가 계엄 해제 논의를 위해 회의를 소집할 경우 국회의원이 회의에 참석할 수 있도록 보장함

더불어민주당은 11월 4일, 이러한 계엄법 개정안을 당론으로 채택한다.

4장.

준비 準備
[명사] 미리 마련하여 갖춤.

D-xx 2024. 8. 말~9. 초

>올드보이(old-boy)
>1. [명사] 나이 든 남자.
>2. [명사] 졸업자. 은퇴자.

　국방부장관에 지명된 김용현 경호처장은 2024년 여름 모처에서 한 사람을 만난다. 그 사람의 정체는 전 정보사령관인 노상원. 육군정보학교 교장 재직 중 여군 교육생을 강제추행한 혐의로 1년 6개월 실형을 선고받고 불명예제대를 한 인물이다. 김용현과는 육군참모본부 재직 및 청와대 파견 시절 함께 근무한 경력이 있다.

　민간인 신분인 노상원은 이날로부터 약 4개월 뒤에 선포되는 비상계엄에서 매우 중요한 역할을 담당하게 된다. 영장 없는 체포와 기한 없는 구금, 거기에 법이 금하는 고문과 판결 없는 처형까지, 계엄정권으로서도 차마 공개하기 힘든 잔혹한 임무를 담당하는 제2수사단의 단장이 노상원에게 맡겨질 예정이었다.

　이날 김용현과 만난 노상원은 당시 벌어진 '정보사 군사기밀 누출 사건'과 관련하여 문책당할 위기에 처한 문상호 정보사령관의 유임을 건의한다.

김용현은 국방부장관 취임 직후인 9월 6일, 국방부 오영대 인사기획관에게 "문상호를 정보사령관으로 계속 근무할 수 있도록 조치하라"는 지시를 내린다.

노상원은 2024년 9월부터 계엄 당일인 12월 3일까지 김용현 국방부장관의 한남동 공관을 20여 차례 방문한다. 두 사람은 공관 위병소에 방문 기록을 남기지 않기 위해 장관 비서관 차량을 이용하는 치밀함을 보인다. 특히 11월 30일부터 12월 3일까지 4일간은 매일 만나, 계엄령 선포 후 정보사 병력으로 중앙선거관리위원회(이후 '중앙선관위'로 표기)를 점거할 계획을 논의하기도 한다.

이른바 '노상원 수첩'이 완성된 것도 이 시기로 보인다.

> **문상호**
> 1971년 경북 성주 출생(54세).
> 1994년 육군사관학교 졸업(제50기).
> 이후 대통령경호실, 제50보병사단 제122보병연대장, 지상작전사령부 정부참모부장 등으로 근무.
> 2023년 11월~2024년 12월 국군정보사령관(소장).
> 2024년 12월 중앙지역군사법원에 내란중요임무종사 등의 혐의로 구속기소되어 현재 재판 중.
>
> **국군정보사령부**(이후 '정보사'로 표기)
> 해외 및 대북 군사 정보 수집을 위해 1990년 설립된 국방정보본부 예하 기능사령부이다.

대한민국 국군의 정보 수집 및 첩보 업무를 수행하며, 해외 휴민트(HUMINT: human intelligence) 및 군사 정보 등의 특수 영역에 집중된 임무를 수행한다. 일반인 출신이 다수인 타 정보기관들에 비해 전문적인 실력을 갖춘 것으로 평가된다.

노상원 수첩

12·3비상계엄을 설계한 비선(秘線)으로 지목받는 노상원 전 정보사령관이 작성한 수첩으로 '수거 대상' 및 '수거 대상에 대한 처리 방법' 등이 적혀 있다.

수거 대상은 계엄법에 의해 체포되어 구속수사를 받거나 임의적으로 처단될 인사들을 뜻한다. 수첩에 적힌 내용에 따르면, 수거 대상의 신병 확보를 목적으로 '작전요원'을 투입하고 특별수사본부를 구성해 수거 대상을 처단하려 했던 계획이 확인된다. 특히 '중앙지검을 활용'한다거나 작전요원들에게 '휴대폰을 지급'한다는 등 세부 계획까지 적혀 있는 것으로 드러난다.

정치인 중에는 문재인 전 대통령을 비롯해 이재명 더불어민주당 대표, 조국 조국혁신당 대표, 이준석 개혁신당 대표 등이 수거 대상으로 지목되었고, 김명수 전 대법원장, 권순일 전 대법관, 유창훈 서울중앙지법 영장전담 부장판사(이재명 구속영장 기각 판사) 등 법관들의 이름도 적혀 있다. 뿐만 아니라 '전교조, 민변, 민주노총, 천주교 정의구현사제단, 대학생진보연합, 전국장애인차별철폐연대' 등 종교·시민단체와 '유시민, 김어준, 좌파 방송, 더탐사, 좌파 유튜버, 가짜뉴스 양산공장' 등 언론인 및 언론사의 이름도 등장한다. 특히 채 상병 수사 외압 사건의 희생자인 '박정훈 전 해병대 수사단장', 방송인 '김제동', 체육인 '차범근'도 수거 대상에 포함된 사실이 확인되어 국민들에게 큰 충격을 안겨준다.

D-63 2024. 10. 1.

"저는 국군 통수권자로서 대한민국 국군 장병 여러분을 전적으로 신뢰합니다. 다시 한번 국군의 날을 축하드리며, 여러분의 앞날에 무한한 영광과 축복이 함께하기 바랍니다."

_ 윤석열 대통령의 국군의 날 기념식 축사 중

오전 10시, 제76주년 국군의 날 기념식이 성남 서울공항에서 열린다.

오후 4시, 국군의 날 시가행진이 서울 광화문광장 앞에서 실시된다.

행사가 끝난 뒤인 오후 8시경, 윤석열 대통령은 한남동 대통령 관저로 김용현 국방부 장관과 여인형·곽종근·이진우 사령관을 불러 만찬을 나눈다. 이 자리에서 윤 대통령은 당시 갈등 관계에 있던 한동훈 대표를 언급하고, 언론계 및 노동계에 있는 좌익 세력들에 관해서도 노기를 드러낸 것으로 알려진다.

D-50 2024. 10. 14.

"노상원 장군 일을 잘 도와주어라."

_ 김용현 국방부장관이 문상호 정보사령관에게 내린 전화 지시

    이날 김용현 국방부장관은 자신이 구제한 문상호 정보사령관에게 전화하여 노상원을 지원하라는 지시를 내린다.

    같은 달 노상원은 문상호 정보사령관과의 통화에서 "대규모 탈북 징후가 있으니 임무 수행을 잘할 수 있는 인원을 선발하라"고 요구한다. 이에 문상호 정보사령관은 정보사 중앙심문단장 김봉규 대령과 정보사 100여단 2사업단장 정성욱 대령에게 요원 15~20명씩을 선발하라는 지시를 내린다.

D-32 2024. 11. 1.

> "군의 효율적인 작전수행 여건을 보장하고 보안환경 변화에 따른 작전보안 확립을 위해 비화폰 지급 대상을 확대한다."
>
> _ 국방부 발표 중

국방부는 계엄령 선포를 한 달여 앞둔 이날, 국방부 및 군 관계자에게 비화폰 지급을 확대하는 계획을 심의·의결한다. 추가로 지급할 비화폰은 7800여 대에 이르며, 그중 1525대가 방첩사령부의 현장요원에게 집중될 예정이었다.

비화폰(祕話+phone)
도청 및 감청, 녹음 방지 기능을 탑재한 보안용 휴대전화로 '보안휴대전화', '비화기' 등으로도 불린다. 주로 통신상 기밀을 요하는 상황에서 사용하며, 통화 녹음이 불가능하고 통화 내용도 암호화된다.
통신 기록이 담긴 서버가 국가안보구역 내에 위치하여 수사 및 압수수색 등에 어려움이 있다.

D-28 2024. 11. 5.

"강호의 사례 참조. 고통스러운 과정."
"결론: 회합은 ㅌㅅㅂ으로 한정."

_ 여인형 방첩사령관의 휴대전화 메모 중

    이날 여인형 방첩사령관은 당시 계엄 모의 상황에 대한 메모를 본인의 휴대전화에 남긴다. 그중 눈여겨 볼 점은 "강호의 사례 참조"와 "회합은 ㅌㅅㅂ으로 한정"이라는 대목이다.

    여인형 방첩사령관은 계엄 해제 후 검찰 조사를 받는 과정에서 '강호'가 '강호필 지작사령관'을 가리킨다고 진술한다. 지난 6월 삼청동 안가 모임에서 대통령에게 충성하는 네 명의 장군 중 한 명으로 꼽혔던 강호필 지작사령관은, 그러나 계엄령 선포가 실제로 임박하자 계엄에 동참하지 않기 위해 전역할 의사를 표명한 것으로 알려진다.

    그러므로 다음에 등장하는 'ㅌㅅㅂ'은 계엄을 수행한 핵심 3인방인 특전사령관(곽종근), 수방사령관(이진우), 방첩사령관(여인형 본인)의 약자임을 짐작할 수 있다.

이는 11월에 들어서며 계엄 모의가 소수에 의해 극비리에 이루어진 것을 보여준다.

D-24 2024. 11. 9.

"노태악(중앙선관위원장)은 내가 처리할 것이다."

_ 안산시 어느 카페에서 노상원의 발언 중

11월에 들어서며 계엄 준비는 더욱 구체화된다.

윤석열 대통령은 한남동 국방부장관 공관에서 식사 중인 김용현 국방부장관과 여인형·곽종근·이진우 사령관을 찾아와 계엄 실행에 대한 강한 의지를 드러낸다. 이 자리에서 윤 대통령은 11월 중순 페루에서 열리는 APEC(아시아태평양경제협력체) 정상회의를 언급하며 "비상대권이라도 써서 나라를 정상화시키면 주요 우방국들도 지지할 것"이라고 장담한다. 이후 김용현 장관은 윤 대통령과 함께 각 사령부의 준비 상황을 점검한다.

계엄 해제 후 검찰 조사에서, 여인형 방첩사령관은 이날 소고기를 먹고 소주와 맥주를 섞어서 많이 마셨다고 진술한다. 또한 이진우 수방사령관은 이날 밤 자신의 휴대전화로 한동훈 대표와 관련된 정보를 검색한 사실이 밝혀진다.

한편, 이날 노상원은 안산시 어느 카페에서 문상호 정보사령관과 김봉규 대령을 만나 "조만간 계엄이 선포될 것이다. 그러면 합동수사본부 수사단(제2수사단)이 구성될 텐데, 내가 단장을 맡을 예정이다. 부정선거를 규명하기 위해 너희들이 선발해둔 인원들을 데리고 중앙선관위에 들어가서 직원들을 잡아와야 한다"고 말하며, 특히 노태악 중앙선관위원장은 자신이 직접 처리할 것임을 밝힌다.

이후 문상호 사령관이 먼저 자리를 떠나고, 노상원은 중앙선관위 점거를 위한 세부 계획이 적힌 A4용지 10여 장 분량의 문건 2부를 김봉규 대령에게 건넨다. 해당 문건에는 부정선거 음모론에 관한 자세한 설명과 중앙선관위 소속 체포 대상자 명단, 체포용 물품, 체포 후 구금 장소 등이 기재된 것으로 알려진다.

부정선거 음모론

2020년 치러진 21대 총선은 당시 여당인 더불어민주당의 압승으로 판명난다. 그러나 총선에서 패배한 미래통합당(현 국민의힘) 민경욱 후보 등은 결과에 승복하지 않고 부정선거 의혹을 제기한다. 여기에 극우 성향의 목사인 전광훈 등이 합류하며 의혹은 음모론으로 몸집을 불린다.

부정선거 음모론의 내용은 대단히 방대하다. 통계수치 음모론, 개표조작 음모론, 선관위 책임 음모론, 심지어 러시아와 중국의 개입 음모론까지 망라한다.

부정선거 음모론자들의 주장 대부분은 2020년 5월 28일 선관위에서 배포한 자료집에 반박되어 있다. 이후 추가로 제기된 문제에 대한 반박은 2022년 7월 28일 대법원 선고 '2020수30(원고: 민경욱)'과 '2020수5028(원

고: 나동연)' 판결문에 소상히 적혀 있다.

부정선거 음모론은 구체적인 증거가 없고 논리적 허점이 많은 탓에 〈가로세로연구소〉, 〈신의한수〉, 〈이봉규TV〉 등 극우 유튜브 채널이나 전광훈, 민경욱, 황교안 등 극우 인사 일부를 제외하면 다수의 보수층에서도 외면당해왔다. 그러나 윤석열 대통령이 12월 12일 대국민담화에서 부정선거 의혹을 제기하고, 이후 헌법재판소의 탄핵심판 과정에서 대통령 측 대리인단이 그 주장을 이어나간 뒤부터 극우 세력을 넘어 일반 보수층까지 영역을 넓히기 시작한다.

윤 대통령은 비상계엄 선포의 이유 중 하나로 부정선거를 주장한다. 그러나 대법원에서도 이미 '증거 없음'으로 판결한 부정선거가 비상계엄의 이유가 될 수는 없다. 그럼에도 노상원이라는 민간인까지 동원하며 중앙선관위 점거와 직원 체포에 열을 올린 것은, 윤 대통령 본인이 계엄 선포문에서 밝힌 "국회는 범죄자 집단의 소굴"이라는 말을 입증하기 위해 '증거 없음'을 '증거 있음'으로 조작할 필요성이 있기 때문으로 추정된다.

헌법에 의해 보호되는 국회에 군 병력을 투입하기 위해서는, 비록 조작한 증거에 기반을 두었을지라도 나름의 명분이 필요했다는 뜻이다.

D-16 2024. 11. 17.

> "부정선거와 관련된 놈들을 다 잡아서 족치면 부정선거가 사실로 확인될 것이다."
>
> _ 안산시 상록수역 인근 롯데리아에서 노상원의 발언 중

이날 점심 무렵 노상원은 국방부장관 공관에서 김용현 장관과 모임을 가진 뒤, 오후 3시경 안산시 상록수역 인근 롯데리아에서 문상호 정보사령관과 정성욱 대령을 만난다. 이 자리에서 노상원은 계엄 선포 후 중앙선관위 관련자들에게 자백을 받아내기 위한 물품(야구방망이, 케이블타이, 복면 등)을 준비하라고 지시한다.

노상원이 자리를 떠난 뒤, 문상호 사령관은 정성욱 대령에게 "일단 체포 관련 용품을 구입해오면 내가 돈을 주겠다. 장관님 지시이니 따라야 하지 않겠냐"라고 말한 것으로 알려진다.

D-9 2024. 11. 24.

"이게 나라냐? 바로 잡아야 한다."
_ 대통령관저에서 윤석열 대통령이 김용현 국방부장관에게 한 발언 중

대통령관저에서 김용현 장관을 다시 만난 윤석열 대통령은 당시 야당과 첨예하게 대립하던 명태균 게이트, 우크라이나 무기 지원, 각종 탄핵 건 등을 언급하며 비상대책의 필요성을 다시 한번 강조한다.

윤 대통령의 결심이 확고한 것을 안 김용현 장관은 이날부터 계엄 관련 문건들(계엄 선포문, 대국민담화문, 포고령)의 초안을 작성하기 시작한다.

> 윤석열 정부 출범 이후 국회에서 탄핵안이 가결된 공직자와 탄핵 사유를 시간 순으로 정리하면 다음과 같다.
> 1. 이상민 행정안정부장관: 이태원참사 안전관리 소홀 책임
> 2. 안동완 검사: 서울시 공무원 간첩조작 사건에 따른 보복성 기소 책임
> 3. 손주성 검사: 고발사주 책임

4. 이정섭 검사: 처남 마약 사건 수사 무마 등 비위 책임
5. 이진숙 방송통신위원장: 방통위법 위반 책임
6. 최재해 감사원장: 감사원의 독립적 지위 부정행사 책임
7. 이창수·조상원·최재훈 검사: 도이치모터스 주가조작 사건 견련 수사 축소 책임
8. 박성재 법무부장관: 12·3비상계엄 관련 위헌 책임
9. 조지호 경찰청장: 12·3비상계엄 관련 위헌 책임
10. 윤석열 대통령: 12·3비상계엄 관련 위헌 책임
11. 한덕수 국무총리 겸 권한대행: 12·3비상계엄 관련 위헌 책임

　대통령·국무총리·국무위원·행정각부의 장·헌법재판소 재판관·법관·중앙선거관리위원회 위원·감사원장·감사위원 기타 법률이 정한 공무원이 그 직무집행에 있어서 헌법이나 법률을 위배한 때에는 국회는 탄핵의 소추를 의결할 수 있다. (대한민국헌법 제65조 제1항)

　탄핵소추는 국회 재적의원 3분의 1 이상의 발의가 있어야 하며, 그 의결은 재적의원 과반수의 찬성이 있어야 한다. 다만, 대통령에 대한 탄핵소추는 국회 재적의원 과반수의 발의와 국회 재적의원 3분의 2 이상의 찬성이 있어야 한다. (대한민국헌법 제65조 제2항)

　탄핵은 국회에 보장된 권리다. 국회에서 공무원에 대한 탄핵안을 발의하고 의결하는 것은 위헌이 아니고 불법도 될 수 없다.

D-3 2024. 11. 30.

> "국회를 계엄군이 통제하고, 계엄사가 선관위와 여론조사꽃 등의 부정선거와 여론조작 증거를 밝혀내면 국민들도 찬성할 것이다."
>
> _ 김용현 국방부장관이 여인형 방첩사령관에게 한 발언 중

저녁 6시경, 김용현 장관은 국방부장관 공관에서 여인형 방첩사령관으로부터 인사 관련 보고를 받는다. 이 자리에서 김용현 장관은 "(대통령이) 조만간 계엄을 할 수도 있다"면서, "이것은 대통령이 가지고 있는 헌법상 비상대권의 일환이고, 국군 통수권자인 대통령이 하시는 일이니 전혀 문제가 없다"고 계엄령의 정당성을 강조한다.

이후 두 사람은 인근에 있는 대통령관저로 이동하여 윤석열 대통령과 늦은 시각까지 술자리를 갖는다.

계엄 해제 후 검찰에 참고인으로 출석한 여인형 방첩사령관의 수행부관은 "(사령관님이) 탑승 뒤 주무셨고 술을 많이 드신 것 같았다"면서, "사령관님은 술이 굉장히 센 편인데 그날은 어느 순간 보니 주무시고 계신 것을 봐서 꽤 많이 드셨구나 생각했다"고 진술한 바 있다.

D-2 2024. 12. 1.

"지금 만약 비상계엄을 하게 되면 병력 동원을 어떻게 할 수 있느냐?" (윤석열 대통령)

"수도권에 있는 부대들에서 약 2~3만 명 정도 동원이 되어야 할 것인데, 소수만 출동한다면 특전사와 수방사 3~5천 명 정도가 가능하다." (김용현 국방부장관)

"계엄을 하게 되면 필요한 것은 무엇이냐?" (윤석열 대통령)

"첫 번째로 계엄 선포문이 있어야 하고, 이를 국무회의에 안건으로 올려야 한다. 두 번째로 대통령의 대국민담화문, 세 번째로 포고령이 필요하다." (김용현 국방부장관)

이날 오전, 윤석열 대통령은 김용현 장관을 불러 비상계엄 실행에 대해 구체적으로 점검한다.

김용현 장관은 비상계엄에 동원될 병력에 대해 보고한 뒤, 사전에 준비한 계엄 관련 문건들(계엄 선포문, 대국민담화문, 포고령)의 초안을 윤 대통령에게 보여준다. 문건들을 검토한 윤 대통령은 포고령 중 '야간통행금지' 부분을 삭제하라는 등 보완 지시를 내린다.

이날 오후, 김용현 장관은 곽종근 특전사령관에게 "계엄 상황이 발생하면 국회, 중앙선관위 과천청사와 관악청사와 수원선거연수원, 더불어민주당 당사, 여론조사꽃에 특전사 부대를 투입시켜 시설을 확보하라"는 지시를 내린다.

한편, 노상원은 이날 오전 국방부장관 공관을 방문하여 김용현 장관을 만난 뒤, 안산 롯데리아로 이동하여 문상호 정보사령관과 김봉규·정성욱 대령을 만난다.

이 자리에서 노상원은 "김 대령과 정 대령은 기존에 지시했던 임무를 숙지하고, 사령관은 계엄이 선포되면 즉시 중앙선관위로 선발대를 보내서 서버실 등을 확보하라. 믿을 만한 인원들로 10명 정도를 준비하라"는 지시를 내린다. 또한 문상호 정보사령관에게는 "우선 1개 팀이 선관위로 진입하여 전산실을 지키고, 추가 인원을 투입하여 선관위의 출입 인원을 확인하라. 구금할 대상자들이 확인되면 한쪽으로 모아두어라"라고 지시한다.

D-1 2024. 12. 2.

> "대통령으로서 열심히 일하겠습니다.
> 여러분들, 저 믿으시죠?"
>
> _ 공주산성시장 방송 부츠에서 윤석열 대통령의 발언 중

총선 참패 이후 뜸하게 열리던 민생토론회가 이날 재개된다.

충남 공주시 고마아트센터에서 열린 제30차 민생토론회에서 윤석열 대통령은 소상공인과 자영업자 지원을 위한 정부 대책을 발표한다.

토론회가 끝난 뒤 공주산성시장을 방문한 윤 대통령은 시장 내 방송 부스에 직접 들어가 마이크를 통해 시장 상인들의 어려움을 위로하며 자신을 믿어 달라고 호소한다.

하지만 서울로 돌아온 윤 대통령은 전혀 다른 면모를 드러낸다.

이날 저녁, 윤 대통령은 김용현 장관으로부터 자신의 지시로 보완된 계엄 관련 문건들을 다시 보고받고 승인한다. 이후 두 사람은 김용현 장관의 비화폰으로 곽종근 특전사령관에게 전화를 걸어 다음 날인 12월 3일이 비상계엄 선포일임을 알린다.

한편, 노상원은 이날 오전 국방부장관 공관에서 김용현 장관과 만나 계엄 선포 후 제2수사단의 구체적인 활동에 관해 2시간 동안 논의한다.

5장.

선포 宣布
[명사] 세상에 널리 알림.

D-Day 12. 3.

1. 12월 3일은…

"예, 오세훈 서울시장, 2021년 서울시장 보궐선거 당시에 명 씨의 도움을 받았다는 의혹을 재차 반박을 하면서 고소장까지… 예, 제출을 하겠다…는데요…. 아, 잠시요, 대통령실 브리핑룸 현장으로 가보겠습니다."

_ 오후 10시 23분, YTN 〈포커스나이트〉에서
명태균 게이트 관련 뉴스를 진행하던 앵커의 발언 중

한반도 상공에 있던 시베리아 찬 공기가 내려오며 서울 기온은 하루 만에 7도가 떨어진다. 밤사이 서쪽 지방을 중심으로 눈 또는 비가 예보된다. 날씨가 추워짐에 따라 호빵 등 길거리 음식과 난방용품 매출이 크게 증가한다.

경찰이 지난 1월부터 실시한 딥페이크 성범죄 단속 결과, 피의자의 80%가 10대 청소년으로 밝혀진다. 전국학교비정규직연대는 학교 비정규직 노동자의 처우 개선을 요구하며 사흘 뒤인 12월 6일 총파업을 예고한다. 1인 가구가 지출을 줄임으로써 내수 진작에 악영향을 끼쳤다는 통계와 석유류 가격 인하에 따라 소비자물가 인상폭이 둔화되었다는 통계가 발표된다.

경남 통영에서는 내리막길을 달리던 트럭이 신호정지 중인 차량 13대와 연쇄충돌하는 사고가 벌어진다. 경기도에서는 장애인 오케스트라가 출범하고, 울산에서는 각지의 자원봉사자 쳐여 명이 모여 불우이웃을 위한 김장 담그기 행사를 연다.

미국과 중국은 반도체를 둘러싼 대립을 이어가고, 일본 농민들은 귤 농사 흉작에 근심한다. 국제사법재판소(ICJ)는 기후위기 대응을 위해 사상 최대 규모의 국제재판을 연다.

프로야구 KIA타이거즈의 김도영 선수는 MVP를 비롯한 각종 상을 휩쓸고, 베이징올림픽 금메달리스트 이용대 선수는 세계배드민턴연맹 명예의 전당에 등록된다.

그리고 윤석열 대통령은 전날 한국을 공식 방문한 사디르 자파로프 키르기스스탄 대통령과 정상회담을 갖고 양국 간 '포괄적 동반자 관계'를 수립한다.

검사 탄핵, 예산안 삭감, 명태균 게이트 등으로 인해 정치권은 여전히 시끄러웠지만, 2024년 12월 3일은 대다수 국민들에게 그리 특별할 것이 없는 평화롭고 일상적인 하루였다.

적어도 밤 10시 23분까지는 그랬다.

2. 비상계엄 선포

"친애하는 국민 여러분, 저는 북한 공산 세력의 위협으로부터 자유대한민국을 수호하고, 우리 국민의 자유와 행복을 약탈하고 있는 파렴치한 종북 반국가 세력을 일거에 척결하고 자유헌정질서를 지키기 위해 비상계엄을 선포합니다."

_ 윤석열 대통령의 대국민담화 중

대한민국헌법은 계엄을 선포할 수 있는 요건을 엄격하게 규정하고 있다.

> **대한민국헌법 제77조**
> 제1항 대통령은 전시·사변 또는 이에 준하는 국가비상사태에 있어서 병력으로써 군사상의 필요에 응하거나 공공의 안녕질서를 유지할 필요가 있을 때에는 법률이 정하는 바에 의하여 계엄을 선포할 수 있다.
> *전시: 전쟁이 벌어진 때
> *사변: 전쟁에까지 이르지는 않았으나 경찰의 힘으로는 막을 수 없어 무력을 사용하게 되는 난리

이날은 전시가 아니었다. 사변도 없었다. 전시나 사변에 준하는 국가비상사태라고 생각한 국민은 거의 없었을 것이다. 그럼에도 윤석열 대통령은 이날 오후 10시를 기하여 대한민국 전역에 비상계엄을 선포하기로 계획한다.

대한민국헌법과 계엄법은 계엄을 선포하는 절차도 엄격하게 규정하고 있다.

> **대한민국헌법 제89조**
> 다음 사항은 국무회의의 심의를 거쳐야 한다.
> (제5호 대통령의 긴급명령·긴급재정경제처분 및 명령 또는 계엄과 그 해제)
>
> **대한민국헌법 제77조**
> 제4항 계엄을 선포한 때에는 대통령은 지체 없이 국회에 통고하여야 한다.

> **계엄법 제4조**(계엄 선포의 통고)
> 제1항 대통령이 계엄을 선포하였을 때에는 지체 없이 국회에 통고하여야 한다.

대한민국헌법이 정한 바, 비상계엄을 선포하기 위해서는 우선 국무회의를 소집해야 한다.

윤 대통령은 각 부처 장관들로 구성된 국무위원들을 용산 대통령실 5층 대접견실로 소집한다. 국무위원들이 대통령실에 도착하기 전, 윤 대통령과 김용현 국방부장관은 비상계엄 선포 후 국무위원들이 취해야 할 조치 사항을 문서로 출력하여 준비해둔다. 대통령실 1층 브리핑룸에는 비상계엄 선포를 위한 방송 준비가 이미 마련된 상태였다.

국무회의가 열리기 위한 정족수는 국무회의 의장인 대통령을 포함 11명이다. 하지만 늦은 시각 갑작스럽게 소집을 당한 국무위원들은 윤 대통령이 비상계엄 선포 시점으로 잡은 오후 10시 전까지 정족수를 채우지 못한다.

윤 대통령은 먼저 도착한 국무위원들에게 "종북 좌파들을 이 상태로 놔두면 나라가 거덜나고 경제든 외교든 아무것도 안 된다. 국무위원들의 상황 인식과 대통령의 상황 인식은 다르다. 돌이킬 수 없다"고 주장한다. 이어 조태열 외교부장관에게 '재외공관을 통해 대외관계를 안정화시켜라'는 내용이 기재된 문서를 건네고, 이상민 행정안전부장관에게 '오늘 밤 자정에 한겨레신문, 경향신문, MBC, 뉴스공장, 여론조사꽃을 봉쇄하고 소방청을 통해 단전·단수를 실행하라'는 내용이 기재된 문서를 보여준다.

그사이 소집 지시를 받은 국무위원들이 속속 도착한다. 오후 10시 17분, 오영주 중소벤처기업부장관이 대접견실에 들어옴으로써 국무회의의 정족수 11명이 채워진다.

12월 3일 오후 10시 17분 기준, 대통령실에 모인 국무위원 명단(11명)
대통령 윤석열
국무총리 한덕수
기획재정부장관 최상목
외교부장관 조태열
통일부장관 김영호
법무부장관 박성재
국방부장관 김용현
행정안전부장관 이상민
농림축산식품부장관 송미령
보건복지부장관 조규홍
중소벤처기업부장관 오영주

국무위원 외 참석자 명단(3명)
국가안보실장 신원식
대통령 비서실장 정진석
국가정보원장 조태용

윤 대통령이 '국무회의'라고 주장하는 모임이 열린 시간은 오영주 장관이 도착한 오후 10시 17분부터 윤 대통령이 대접견실을 나간 오후 10시 22분까지 고작 5분에 불과했다. 충분한 심의는 고사하고, 의안(토의할 안건)이 무엇인지 파악하지 못한 국무위원도 있을 정도로 짧은 시간이었다. 의안은 제출되지 않았고, 국무회의록도 작성되지 않았다. 국무회의록이 없으니 참석한 국무위원들의 부서(서명)도 당연히 없었다.

국무회의의 절차가 지켜지지 않은 것이다.

> **국무회의 규정 제2조**(회의 운영)
> 제1항 국무회의는 국가의 중요 정책이 전 정부적 차원에서 충분히 심의될 수 있도록 운영되어야 한다.
>
> **국무회의 규정 제3조**(의안 제출)
> 제1항 대통령·국무총리 또는 국무위원은 대한민국헌법 제89조 및 법령에 규정된 국무회의 심의사항을 의안으로 제출한다.
>
> **대한민국헌법 제82조**
> 대통령의 국법상 행위는 문서로써 하며, 이 문서에는 국무총리와 관계 국무위원이 부서한다. 군사에 관한 것도 또한 같다.
>
> **공공기록물 관리에 관한 법률 제17조**(주요 기록물의 생산 의무)
> 제2항 공공기관은 대통령령으로 정하는 바에 따라 주요 회의의 회의록, 속기록 또는 녹음기록을 작성하여야 한다.

대접견실을 나간 윤 대통령은 곧장 1층 브리핑룸으로 내려가 미리 준비한 대국민담화문을 발표하며 오후 10시 23분을 기해 대한민국 전역에 비상계엄을 선포한다.

이 광경은 방송 속보를 통해 대한민국은 물론 전 세계로 즉시 중계된다.

> **윤석열 대통령의 비상계엄 선포 대국민담화문**
>
> 존경하는 국민 여러분, 저는 대통령으로서 피를 토하는 심정으로 국민 여러분께 호소드립니다.
>
> 지금까지 국회는 우리 정부 출범 이후 22건의 정부 관료 탄핵소추를 발의하였으며, 지난 6월 22대 국회 출범 이후에도 10명째 탄핵을 추진 중에 있습니다. 이것은 세계 어느 나라에도 유례가 없을 뿐 아니라 우리나라 건국 이후에 전혀 유례가 없던 상황입니다.
>
> 판사를 겁박하고 다수의 검사를 탄핵하는 등 사법 업무를 마비시키고, 행안부장관 탄핵, 방통위원장 탄핵, 감사원장 탄핵, 국방장관 탄핵 시도 등으로 행정부마저 마비시키고 있습니다.
>
> 국가 예산 처리도 국가 본질 기능과 마약범죄 단속, 민생치안 유지를 위한 모든 주요 예산을 전액 삭감하여 국가 본질 기능을 훼손하고 대한민국을 마약 천국, 민생치안 공황 상태로 만들었습니다.
>
> 민주당은 내년도 예산에서 재해 대책 예비비 1조 원, 아이 돌봄 지원 수당 384억 원, 청년 일자리, 심해 가스전 개발사업 등 4조 1천억 원을 삭감하였습니다. 심지어 군 초급 간부 봉급과 수당 인상, 당직 근무비 인상 등 군 간부 처우 개선비조차 제동을 걸었습니다.
>
> 이러한 예산 폭거는 한마디로 대한민국 국가재정을 농락하는 것입니다. 예산까지도 오로지 정쟁의 수단으로 이용하는 이러한 민주당의 입법 독재는 예산 탄핵까지도 서슴지 않았습니다.

국정은 마비되고 국민들의 한숨은 늘어나고 있습니다. 이는 자유대한민국의 헌정질서를 짓밟고, 헌법과 법에 의해 세워진 정당한 국가기관을 교란시키는 것으로써, 내란을 획책하는 명백한 반국가 행위입니다.

국민의 삶은 안중에도 없고 오로지 탄핵과 특검, 야당 대표의 방탄으로 국정이 마비 상태에 있습니다. 지금 우리 국회는 범죄자 집단의 소굴이 되었고, 입법독재를 통해 국가의 사법·행정 시스템을 마비시키고, 자유민주주의 체제의 전복을 기도하고 있습니다. 자유민주주의의 기반이 되어야 할 국회가 자유민주주의 체제를 붕괴시키는 괴물이 된 것입니다.

지금 대한민국은 당장 무너져도 이상하지 않을 정도의 풍전등화의 운명에 처해 있습니다.

친애하는 국민 여러분, 저는 북한 공산 세력의 위협으로부터 자유대한민국을 수호하고 우리 국민의 자유와 행복을 약탈하고 있는 파렴치한 종북 반국가 세력들을 일거에 척결하고 자유헌정질서를 지키기 위해 비상계엄을 선포합니다.

저는 이 비상계엄을 통해 망국의 나락으로 떨어지고 있는 자유대한민국을 재건하고 지켜낼 것입니다. 이를 위해 저는 지금까지 패악질을 일삼은 망국의 원흉 반국가 세력을 반드시 척결하겠습니다. 이는 체제 전복을 노리는 반국가 세력의 준동으로부터 국민의 자유와 안전 그리고 국가 지속 가능성을 보장하며, 미래 세대에게 제대로 된 나라를 물려주기 위한 불가피한 조치입니다.

저는 가능한 한 빠른 시간 내에 반국가 세력을 척결하고 국가를 정상화시키겠습니다. 계엄 선포로 인해 자유대한민국 헌법 가치를 믿고 따라주신 선량한 국민들께 다소의 불편이 있겠습니다마는, 이러한 불편을 최소화하는 데 주력할 것입니다.

이와 같은 조치는 자유대한민국의 영속성을 위해 부득이한 것이며, 대한민국이 국제사회에서 책임과 기여를 다한다는 대외정책 기조에는 아무런 변함이 없습니다.

대통령으로서 국민 여러분께 간곡히 호소드립니다. 저는 오로지 국민

> 여러분만 믿고 신명을 바쳐 자유대한민국을 지켜낼 것입니다. 저를 믿어 주십시오.
> 감사합니다.

계엄을 선포할 때 지체 없이 해야 하는 국회 통고는 없었다. 윤 대통령 본인이 '범죄자 집단의 소굴', 나아가 '괴물'로 매도한 국회인 만큼 당연한 일인지도 모른다.

비상계엄 선포 후 5층 대접견실로 돌아온 윤 대통령은 대기 중인 국무위원들에게 비상계엄하에서 조치할 사항을 지시한다. 특히 경제부총리 겸 기획재정부장관 최상목에게는 '예비비를 조속한 시일 내 충분히 확보하여 보고할 것', '국회 관련 각종 보조금, 지원금, 각종 임금 등 현재 운용 중인 자금 포함 완전 차단할 것', '국가비상입법기구 관련 예산을 편성할 것' 등이 기재된 문건을 건넨다.

이렇게 시작된 비상계엄은 1시간도 지나지 않아 국헌문란을 목적으로 하는 내란으로 변질된다.

> **국헌문란**(國憲紊亂)
> [명사] (법률) 헌법의 기본 질서를 침해하는 일. 헌법 또는 법률에 정한 절차에 의하지 않고 헌법 또는 법률의 기능을 소멸하는 일, 헌법에 의하여 설립한 국가기관을 강압적으로 전복하거나 기능 행사를 불가능하게 하는 일 따위이다.

3. 포고령 발령

> "이제부터 전군은 장관이 지휘한다.
> 명령에 따르지 않으면 항명죄로 처벌한다."
>
> _ 전군지휘관회의에서 김용현 국방부장관의 발언 중

김용현 장관은 비상계엄 선포 직후인 오후 10시 28분, 합동참모본부 지하에 있는 전투통제실로 이동하여 전군주요지휘관회의를 소집한다.

이 회의에서 김용현 장관은 수방사령관 이진우와 특전사령관 곽종근에게 기존에 하달한 임무를 실시할 것을 지시하고, 육군참모총장 박안수를 계엄사령관으로, 합동참모본부 차장 정진팔을 부사령관으로 각각 임명한다.

박안수 계엄사령관은 오후 11시 23분, 김용현으로부터 미리 받은 '계엄사령부 포고령(제1호)'을 발령한다.

> **계엄사령부 포고령(제1호)**
> 자유대한민국 내부에 암약하고 있는 반국가 세력의 대한민국 체제 전복 위협으로부터 자유민주주의를 수호하고 국민의 안전을 지키기 위해 2024년 12월 3일 23시부로 대한민국 전역에 다음 사항을 포고합니다.
> 1. 국회와 지방의회, 정당의 활동과 정치적 결사, 집회, 시위 등 일체의 정치활동을 금한다.
> 2. 자유민주주의 체제를 부정하거나 전복을 기도하는 일체의 행위를 금하고, 가짜뉴스, 여론조작, 허위선동을 금한다.

3. 모든 언론과 출판은 계엄사의 통제를 받는다.
4. 사회 혼란을 조장하는 파업, 태업, 집회 행위를 금한다.
5. 전공의를 비롯하여 파업 중이거나 의료 현장을 이탈한 모든 의료인은 48시간 내 본업에 복귀하여 충실히 근무하고, 위반 시는 계엄법에 의해 처단한다.
6. 반국가 세력 등 체제 전복 세력을 제외한 선량한 일반 국민들은 일상 생활에 불편을 최소화할 수 있도록 조치한다.

이상의 포고령 위반자에 대해서는 대한민국 계엄법 제9조(계엄사령관 특별조치권)에 의하여 영장 없이 체포, 구금, 압수수색을 할 수 있으며, 계엄법 제14조(벌칙)에 의하여 처단한다.

2024.12.3.(화) 계엄사령관 육군대장 박안수

포고령 제1항은 헌법상 입법권을 가진 국회의 기능을 정지시켜 사실상 폐지하는 것과 같고, 아울러 정치활동의 자유와 집회·시위의 자유를 침해하는 것이다.

반한법적인 조항으로 시작된 이 포고령은 '계엄사령관 육군대장 박안수'의 명의로 발령되었다.

박안수
1968년 경북 청도 출생(57세).
1990년 육군사관학교 졸업(제46기).
이후 제39보병사단장, 제8군단장 등으로 근무.
2023년 10월~2024년 12월 육군참모총장(대장).

2024년 12월 3일~4일 계엄사령관.
2025년 1월 중앙지역군사법원에 내란중요임무종사 등의 혐의로 구속 기소되어 현재 재판 중.

    계엄사령관은 계엄이 선포된 기간 중 절대적인 권력을 갖는다. 계엄법 제5조 제1항에서는 계엄사령관의 임명 절차에 대해 '계엄사령관은 현역 장성급 장교 중에서 국방부장관이 추천한 사람을 국무회의의 심의를 거쳐 대통령이 임명한다'고 규정한다. 그러나 이날 윤석열 대통령이 주재한 모임은 국무회의로서의 절차를 지키지 않았다. 모임 시간도 5분에 불과하여 계엄사령관 박안수에 대한 제대로 된 심의가 이루어졌을 리 없다.
    그러므로 이날 발표된 포고령은 시작부터 끝까지 불법으로 점철된 것임을 알 수 있다.

4. 중앙선관위 점거

> "그동안의 선거 소송에서 드러난 다량의 가짜 부정투표 용지 그리고 투표 결과가 도저히 납득하기 어렵다는…."
> _ 2025년 2월 25일, 헌법재판소 탄핵심판 제11차 변론에서 윤석열 대통령의 최후진술 중

    윤석열 대통령은 비상계엄을 선포한 당일, 야당 의원들을 체포·

구금함으로써 국회를 사실상 해산할 계획이었다. 야당에 대한 적개심도 크거니와, 국회에게는 계엄령을 해제할 헌법적 권한이 있기 때문이다.

> **대한민국헌법 제77조**
> 제5항 국회가 재적의원 과반수의 찬성으로 계엄의 해제를 요구한 때에는 대통령은 이를 해제하여야 한다.

그러나 대한민국헌법과 계엄법은 계엄이 선포된 기간 중에도 국회의원의 신분과 활동을 보장한다.

> **대한민국헌법 제44조**
> 제1항 국회의원은 현행범인인 경우를 제외하고는 회기 중 국회의 동의 없이 체포 또는 구금되지 아니한다.
>
> **계엄법 제13조**(국회의원의 불체포특권)
> 계엄 시행 중 국회의원은 현행범인 경우를 제외하고는 체포 또는 구금되지 아니한다.

윤 대통령으로서는 국회를 해산할 수도, 해산하지 않을 수도 없는 상황인 것이다. 때문에 이 딜레마를 단번에 해결할 묘책으로써 극우 세력이 주장하는 부정선거 음모론을 내세운 것이 아닌가 추측된다. 다시 말해, 부정선거는 비상계엄의 이유가 아니라 국회 해산의 수단으로 사용되었다는 뜻이다.

부정선거가 확인되면 여당이 참패한 4·10총선을 무효화시킬 수 있다. 야당을 부정선거를 통해 당선된 범죄자 집단으로 규정하는 데 성공하면 국회 해산에도 정당성이 부여될 것이다. 그러기 위해서는 부정선거의 증거가 필요하다. 그 증거는, 혹은 증거로 가공할 재료는 중앙선관위에 있다. 서버, 문건, 심지어는 직원까지도.

각 사령부에서 출동한 계엄군이 가장 먼저 들이닥친 장소가 국회가 아니라 중앙선관위라는 사실은 이러한 추측의 신빙성을 높여준다. 그리고 헌법기관인 중앙선관위를 무력으로 점거하려는 시도는 12·3비상계엄이 국헌문란의 내란으로 변질되는 신호탄이 된다.

비상계엄이 선포되자 문상호 정보사령관은 중앙선관위 과천청사 인근에 대기시켜 둔 정보사 계획처장 고동희 등 10명에게 "즉시 청사로 진입하여 서버실의 위치를 확인하고, 지원부대가 올 때까지 점거하라"는 지시를 내린다.

지시를 받은 고동희 처장은 오후 10시 30분, 10명의 대원과 함께 중앙선관위 과천청사 당직실로 진입하여 당직자와 방호원의 휴대전화를 압수하고, 유선전화의 전원을 차단함으로써 외부와 고립시킨다. 이어 청사 내 통합관제실로 이동하여 근무 중이던 직원들의 휴대전화를 압수하고, 사전투표 명부를 관리하는 통합명부시스템, 보안장치가 구축된 컨테이너 C열 서버 통로, 통합 스토리지 등을 사진으로 촬영한 후 전산실을 폐쇄한다.

현장을 통제하던 고동희 처장은 문상호 정보사령관으로부터 받은 중앙선관위 직원 명단과 청사 내에 있는 중앙선관위 조직도를 대조하여 직원 5명이 누락된 사실을 발견하고 문상호 정보사령관에게 보고한다.

이 무렵 문상호 정보사령관은 김봉규·정성욱 대령과 판교에 위치한 100여단 대회의실에서 대기 중이었다. 그 자리에는 정보사 소속 대원 30여 명이 함께 있었는데, 이들 중 5명은 'HID'로 불리는 '특수임무수행요원'이었다. 이들은 이후 노상원이 이끌 합동수사본부 제2수사단에 편성될 예정이었다.

중앙선관위 과천청사를 선제 점거한 고동희 처장으로부터 보고를 받은 문상호 정보사령관은 체포 대상 명단을 변경한 뒤, 함께 대기하던 대원들에게 "이미 비상계엄이 선포되었다. 의심을 갖지 말고 주어진 임무를 철저히 수행하라"고 강조한다.

문상호 정보사령관으로부터 세부 임무에 대한 지시를 받은 김봉규·정성욱 대령은 휘하 대원들을 4개 조로 나누어, A조는 중앙선관위 당직실을 장악하는 임무를, B조는 수방사 문서고로 이동하여 선관위 직원을 수용하고 취조할 공간을 확보하는 임무를, C조는 선관위 서버실을 확보하는 임무를, D조는 선관위 직원들을 호송하는 임무를 각각 하달한다. 또한 정보사 소속 모 소령에게는 노상원을 근접 수행하는 임무를 부여한다.

이들은 '합동수사본부 제2수사단' 표식이 달린 표찰, 알루미늄 야구방망이, 포박용 케이블타이, 안대, 복면, 밧줄 등을 준비하여 출동 대기 태세에 들어간다.

한편, 여인형 방첩사령관은 비상계엄 선포 직후 정성우 방첩사1 처장에게 "과천과 관악에 있는 선거관리위원회 청사, 수원에 있는 선거관리위원회 연수원, 여론조사꽃 등 4곳의 전산실을 확보하라. 우리가 전산실을 통제하고 있으면 국정원, 수사기관 등 민간 전문 분석팀이 올 것이다. 안 되면 우리가 서버를 카피할 수도 있다"고 지시한다.

자정이 가까운 오후 11시 55분, 국회의원들이 국회의사당 본회의장에 모여 비상계엄 해제 요구안을 의결할 상황이 임박하자, 여인형 방첩사령관은 정성우 처장에게 다시 전화하여 "전산실을 통제하고 서버를 카피하라. 서버 카피가 어려우면 서버 자체를 떼어 와라"는 지시를 내린다.

5. 경찰의 국회 봉쇄

"국회로 들어가는 사람을 전면 차단하라."

_ 2024년 12월 3일 오후 10시 46분, 조지호 서울경찰청장이
최창목 서울경찰청 경비안전계장에게 내린 지시

비상계엄이 선포되기 3시간 전인 오후 7시 20분경, 윤석열 대통령과 김용현 장관은 경찰 서열 1, 2위인 조지호 경찰청장과 김봉식 서울경찰청장을 삼청동 안가에서 만난다.

이 자리에서 윤 대통령은 비상계엄 선포 계획을 알리고, 계엄이 선포되면 계엄군이 국회 등 여러 장소에 출동할 것이니 경찰이 나가서 국회를 통제해 달라고 지시한다. 김용현 장관은 계엄군이 출동할 장소와 시간 등이 기재된 문서 1장씩을 조지호 경찰청장과 김봉식 서울경찰청장에게 나눠 주고 협조할 것을 당부한다.

조지호
1968년 경북 청송 출생(57세).
1990년 경찰대학 졸업(제6기).
이후 서울경찰청장 등으로 근무.
2024년 8월 경찰청장.
2024년 12월 국회에서 탄핵소추안이 의결되어 직무 정지.
2025년 1월 서울중앙지법에 내란중요임무종사 등의 혐의로 구속기소되어 현재 재판 중.

김봉식
1967년 대구 출생(58세).
1989년 경찰대학 졸업(제5기).
이후 경기남부경찰청장 등으로 근무.
2024년 8월 서울경찰청장.
2025년 1월 서울중앙지법에 내란중요임무종사 등의 혐의로 구속기소되어 현재 재판 중.

비상계엄이 선포된 직후인 오후 10시 30분, 김봉식 서울경찰청장은 서울경찰청 경비부장 주진우에게 전화하여 사전에 대기시킨 5개 경찰기동대의 준비 상태를 점검한 뒤, 서울경찰청 8층 상황지휘센터로 이동하여 경비안전계장 최창목에게 국회 통제를 지시한다. 최창목 계장은 경찰 무전망을 통해 국회 7개 출입문 앞에 경찰기동대(원래 배치된 1개 기동대에 5개 기동대가 추가됨)를 배치시킨다.

오후 10시 45분, 김봉식 서울경찰청장은 기동대 배치 상황을 조지호 경찰청장에게 보고한다.

오후 10시 46분, 김봉식 서울경찰청장은 최창목 계장에게 국회 출입 전면 차단을 지시한다. 최창목 계장은 국회 출입문에 배치된 기동대 지휘관들에게 "외부에서 국회 안쪽으로 들어가는 사람들은 전원 차단하라. 국회 각 문 앞에 경찰버스로 차벽을 설치하라. 현 시각 이후 누구를 막론하고 외부에서 내부로의 출입은 불가하다. 전부 차단하라"고 지시한다.

이로써 오후 10시 48분부터 오후 11시 6분까지 약 18분 동안, 국회의원을 포함한 모든 민간인의 국회 출입이 금지된다. (국회 1차 봉쇄)

그러나 비상계엄이 선포된 상황이라도 국회의원의 국회 출입을 차단하는 것은 엄연한 불법이다.

오후 10시 55분, 김봉식 서울경찰청장은 국회 현장에 있던 기동대 지휘관으로부터 "국회 정문에 국회의원 3~4명이 진입하겠다고 하는데 우선 차단하고 있다. 국회의원들이 국회 출입을 막는 것에 대해 항의하고 있다"는 보고를 받는다.

김봉식 서울경찰청장은 상황지휘센터에 함께 있던 공공안전차장 오부명 등 참모들과 법률 검토를 한 결과, 대통령의 비상계엄 선포 및 대국민담화문 발표만으로는 국회의원의 국회 출입을 막을 법적 근거가 없다는 판단을 내린다.

오후 10시 59분, 김봉식 서울경찰청장은 조지호 경찰청장에게 전화하여 위와 같은 법률 검토 결과를 보고한다.

오후 11시 7분, 김봉식 서울경찰청장은 국회 각 출입문에 배치된 기동대 지휘관들에게 "국회의원과 국회 출입증을 가진 사람에 한하여 국회 출입을 일시적으로 허용하라"는 지시를 내린다. (1차 봉쇄 해제) 이로써 국회의원과 보좌관, 취재진 등은 국회에 들어갈 수 있게 된다.

봉쇄가 해제된 시간은 그리 길지 않았다. 하지만 그사이 국회로 들어간 국회의원들의 수를 감안하면, 경찰 수뇌부의 망설임에서 비롯된 1차 봉쇄 해제가 비상계엄 해제에 결정적인 영향을 끼친 것은 분명하다.

계엄사령부의 포고령이 발령된 오후 11시 23분, 윤 대통령은 박안수 계엄사령관에게 전화하여 조지호 경찰청장에게 포고령에 대해 알려 주라고 지시한다.

박안수 계엄사령관은 김용현 장관으로부터 건네받은 비화폰을 통해 조지호 경찰청장에게 전화하여 "국회에 경찰을 증원하고, 포고령에 따라 국회 출입을 차단해 달라"고 요구한다.

포고령이 발령된 것을 확인한 조지호 경찰청장은 오후 11시 30분, 경찰청 경비국장 임정주에게 "포고령이 언론에 공표되었는데, 공표된 자체로 계엄령 선포에 효과가 있는 것이다. 포고령에 일체의 정치활동 금지가 명시되어 있으니, 국회 출입을 완전 통제하라고 서울경찰청에 전달하라"고 지시한다.

임정주 국장은 서울경찰청 공공안전차장 오부명에게 조지호 경찰청장의 지시를 전달하고, 오부명 차장은 이 지시를 김봉식 서울경찰청장에게 보고한다.

또한 조지호 경찰청장은 오후 11시 36분, 김봉식 서울경찰청장에게 직접 전화하여 "포고령에 따라서 국회를 전면 통제하라"고 확인 지시한다. 이 지시는 서울경찰청 경비안전계장 최창목을 통해 국회에 나가 있는 기동대 지휘관들에게 즉각 하달된다. 국회는 또다시 봉쇄된다. (국회 2차 봉쇄)

이 무렵 윤 대통령은 조지호 경찰청장에게 전화를 걸어 "조 청장, 국회 들어가려는 국회의원들 다 체포해. 잡아들여. 불법이야. 국회의원들 다 포고령 위반이야. 체포해"라는 지시를 내린 것으로 알려진다.

앞서 1차 봉쇄 해제를 지시한 김봉식 서울경찰청장은 2차 봉쇄에 더욱 공을 들인다.

오후 11시 51분, 김봉식 서울경찰청장은 주진우 경비부장을 통해 "비상응소(비상소집에 응함) 기동대들은 신속히 영등포경찰서 관내인 국회로 출동하라"는 지시를 내린다. 이에 서울 전역에서 출발한 약 22개 경찰기동대가 다음 날인 12월 4일 오전 0시부터 오전 1시 30분까지 국회로 모인다.

또한 김봉식 서울경찰청장은 오후 11시 54분, 경찰 무전망을 통해 기동대 지휘관들에게 확인 지시를 직접 내리기도 한다.

"서울경찰청장이 일방적으로 지시합니다. 포고령에 근거해서 일체 정치활동이 금지됩니다. 현 시간부로 국회의원 및 보좌관, 국회사무처 직원들도 출입할 수 없도록 통제하기 바랍니다."

2차 봉쇄는 국회 본회의장에서 비상계엄 해제 요구안이 의결된 이후인 12월 4일 오전 1시 45분에야 해제된다. 현장에 동원된 경찰 인력은 약 1680명. 지휘 차량은 56대, 경찰버스는 168대가 동원된 것으로 밝혀진다.

이후 윤 대통령은 헌법재판소에 열린 본인의 탄핵심판 제8차 변론에서 증인으로 출석한 김봉식에 대해 "이렇게 영어(囹圄)의 몸이 될 게 아니라 자기 상황에서 맡은 임무를 제대로 해서 칭찬받아야 할 사람이라는 생각을 오늘 양쪽 신문 과정을 통해 느꼈다"고 말한다.

비상계엄 당시 김봉식 서울경찰청장이 윤 대통령의 위헌·위법적인 지시에 얼마나 맹목적으로 따랐는지를 짐작할 수 있게 해주는 대목이나.

6. 체포조

> "봤지? 비상계엄 발표하는 거. 이번 기회에 싹 다 잡아들여. 싹 다 정리해. 국가정보원에도 대공 수사권 줄 테니까 우선 방첩사를 도와 지원해. 자금이면 자금, 인력이면 인력, 무조건 도와."
>
> _ 2024년 12월 3일 오후 10시 55분, 윤석열 대통령이 홍장원 국가정보원1차장에게 전화로 내린 지시 중

오후 10시 27분, 김용현 장관은 여인형 방첩사령관에게 전화하여 "이재명, 한동훈, 박찬대, 김민석, 정청래, 조국, 김명수, 우원식, 권순일 등 10여 명을 체포하라. 경찰에 연락하여 대상자의 위치를 파악하고, 일단 국회로 출동하라"고 지시한다.

오후 10시 30분부터 오후 10시 40분 사이, 여인형 방첩사령관은 조지호 경찰청장에게 전화하여 김용현 장관으로부터 전달받은 체포 대상자의 위치 파악과 경찰청 국가수사본부 소속 수사관 100명의 지원을 요청하는 한편, 국방부 조사본부장 박헌수에게도 전화하여 국방부 조사본부 소속 수사관 100명의 지원을 요청한다.

오후 10시 55분, 윤 대통령은 국가정보원1차장 홍장원에게 전화하여 방첩사를 지원할 것을 지시한다.

오후 11시경, 여인형 방첩사령관은 방첩사 수사단장 김대우에게 합동수사본부 구성을 독촉한다. 그러면서 "이재명, 우원식, 한동훈, 박찬대, 김민석, 정청래 등 14명을 신속하게 체포하여 수방사 B1벙커 구금 시설로 이송하라"고 지시한다.

여인형 방첩사령관이 구성하려 한 합동수사본부는 박정희 전 대통령 사망 후 선포된 계엄령에 의해 만들어진 기구로, 당시 보안사령관(현 방첩사령관)이던 전두환 소장은 합동수사본부장의 막강한 권력을 이용해 12·12군사반란을 일으킨 바 있다. 여인형 방첩사령관이 꿈꾼 미래가 무엇인지 짐작할 수 있는 대목이다.

오후 11시 6분, 홍장원 1차장은 여인형 방첩사령관에게 전화를 걸어 자신이 대통령으로부터 받은 지시사항을 확인한다. 그 통화에서 여인형 방첩사령관은 홍장원 1차장에게 체포 대상자의 명단을 불러주며 소재 파악을 요청한다.

이와는 별도로, 여인형 방첩사령관은 방첩사령부 신원보안실장 나승민에게 박정훈 대령의 항명죄 재판과 관련된 군사법원 소속 판사 4명을 조사하라는 지시를 내린다.

계엄사령부 체포 대상자 명단
이재명(더불어민주당 대표)
우원식(국회의장)
한동훈(국민의힘 대표)
박찬대(더불어민주당 원내대표)
김민석(더불어민주당 수석최고위원)
정청래(국회 법사위원장)
조국(조국혁신당 대표)
김어준(유튜버)
김명수(전 대법원장)
권순일(전 대법관)

> 김민웅(촛불행동 상임대표)
> 조해주(전 중앙선관위 상임위원)
> 양경수(민주노총 위원장)
> _홍장원 전 국정원1차장 메모 참고

하지만 비상계엄이 선포된다는 사실을 사전에 인지하지 못한 일선 조직은 늦은 시각 갑자기 하달된 상부의 지시에 신속히 대응하지 못한다.

방첩사 수사단으로부터 100명의 지원 요청을 받은 경찰청 국가수사본부는 그 내용을 우종수 국가수사본부장과 조지호 경찰청장에게 보고한 뒤, 영등포경찰서 소속 수사관 10명의 명단을 방첩사 수사단으로 전송한다. 같은 수의 지원 요청을 받은 국방부 조사본부도 조사본부 소속 수사관 10명을 국회로 보내는 것에 그친다.

가장 많은 수의 체포조(49명)를 국회로 보낸 곳이 지원 요청에 열을 올린 방첩사라는 점을 감안하면, 소수의 인원으로 비밀리에 추진한 12·3비상계엄이 시작 단계부터 심각한 허점을 드러냈음을 알 수 있다.

7. 정치권의 대응

> **"국회로 와주십시오. 늦은 시간이긴 하지만
> 국민들이 이 자리를 지켜주셔야 합니다."**
>
> _ 2024년 12월 3일 오후 10시 52분, 더불어민주당 이재명 대표의 개인 라이브 방송 발언 중

비상계엄이 선포된 직후, 정치권은 여야 가릴 것 없이 바쁘게 움직인다. 하지만 모든 움직임이 위헌적인 비상계엄을 저지하기 위한 것은 아니었다.

오후 10시 42분, 더불어민주당은 소속 의원들을 국회로 긴급 소집한다.

오후 10시 49분, 국민의힘 한동훈 대표는 본인의 SNS에 "비상계엄 선포는 잘못된 것, 국민과 함께 막겠다"는 글을 올린다.

오후 10시 52분, 더불어민주당 이재명 대표는 국회로 이동하는 차량 안에서 촬영한 라이브 방송을 통해 국민들이 국회를 지켜 달라고 호소한다.

이 무렵부터 다음 날인 12월 4일 오전 0시 40분까지, 더불어민주당 의원 150여 명은 울타리를 넘거나 출입문을 통과하여 국회 본회의장에 집결한다.

하지만 국민의힘 의원들은 다른 행동을 보인다.

12월 3일 오후 11시 4분, 국민의힘 의원 단체대화방에 추경호 원내대표의 명의로 "잠시 후 비상의원총회를 개최하오니 의원님들께서는 지금 즉시 국회로 모여주시기 바랍니다"라는 문자메시지 공

지가 전달된다.

오후 11시 9분, 추경호 원내대표는 문자메시지 공지를 통해 비상의원총회 장소를 국회에서 국민의힘 당사로 변경한다.

오후 11시 24분, 국민의힘 의원 단체대화방에 "즉시 계엄을 해제해야 합니다. 지금 민주당은 담을 넘어서라도 국회에 들어가는 상황입니다. 계엄 해제안에 반대하는 분 계시는지요?"라는 한동훈 대표의 문자메시지가 대리(한동훈 대표는 국회의원이 아니라 단체대화방에 직접 참가하지 못함)로 올라온다.

오후 11시 33분, 추경호 원내대표는 문자메시지 공지를 통해 비상의원총회 장소를 국민의힘 당사에서 국회 예산결산특별위원회 회의장으로 다시 변경한다.

다음 날인 12월 4일 오전 0시 3분, 추경호 원내대표는 문자메시지 공지를 통해 비상의원총회 장소를 국민의힘 당사 3층으로 또다시 변경한다.

오전 0시 10분, 국민의힘 의원 단체대화방에 "당대표 한동훈입니다. 본회의장으로 모두 모이십시오. 당대표 지시입니다"라는 문자메시지가 대리로 올라온다.

당대표와 원내대표가 통일된 지시를 내리지 못하는 사이, 국민의힘 의원들은 국민의힘 당사(50여 명)와 국회 본회의장(18명)으로 분산된다. 그러나 국민의힘 당사에서 비상의원총회를 연다던 추경호 원내대표는 뜻밖에도 국회 내 원내대표실에 머물며 우원식 국회의장에게 두 차례 전화를 걸어(오전 0시 29분, 오전 0시 38분) 비상계엄 해제 요구안 표결을 늦춰 달라고 요구한다.

이후 추경호 원내대표는 비상계엄 선포 직후 윤석열 대통령과 통화한 사실이 드러남으로써 국회의 비상계엄 해제 요구안 표결을 고의로 방해했다는 의혹을 받게 된다.

D+1 2024. 12. 4.

1. 계엄군의 국회 진입

"국회 해산이 가능한가요?"

_ 2024년 12월 3일 오전 7시 1분, 이진우 수방사령관이 포털사이트 검색창에 올린 질문

"소규모이지만 병력을 국회에 투입한 이유도 거대 야당의 망국적 행태를 상징적으로 알리고 계엄 선포 방송을 본 국회 관계자와 시민들이 대거 몰릴 것을 대비하여 질서 유지를 하기 위한 것이지, 국회를 해산시키거나 기능을 마비시키려는 것이 아님은 자명합니다."

_ 2024년 12월 12일, 윤석열 대통령의 대국민담화문 중

중앙선관위를 점거하는 데 성공한 계엄군은 국회에도 다수의 무장 병력을 보낸다.

이날로부터 8일 뒤인 12월 12일, 윤석열 대통령은 기습적인 대국민담화를 통해 국회에 병력을 투입한 목적이 단지 질서를 유지하기 위함이라고 변명한다. 그러나 실제 목적이 국회를 폐쇄하여 국회 권능을 마비시키려는 데 있음은 계엄 해제 이후 드러난 수많은 증거와 진술이 알려준다.

1997년 대법원은 '(대통령의) 비상계엄 선포가 국헌문란 목적 달성을 위해 행해진 경우, 법원이 그 자체가 범죄행위에 해당하는지 심사할 수 있다'고 판결한 바 있다. '법원이 심사할 수 있다'는 것은

그 행위가 대통령의 불소추특권에서 제외되는 내란죄에 해당한다는 뜻이기도 하다.

윤 대통령이 선포한 12·3비상계엄은 헌법기관인 국회에 계엄군을 투입함으로써 내란으로서의 면모를 더욱 확실히 갖추게 된다.

(1) 수방사

12월 3일 오후 10시 40분, 김용현 장관은 전군주요지휘관회의를 주재하던 중 이진우 수방사령관에게 별도로 전화하여 "수방사 병력과 함께 국회로 출동하여 현장에서 직접 지휘하면서 국회를 봉쇄함으로써 국회의원들의 비상계엄 해제 요구안 의결을 저지하라"고 지시한다.

12월 3일 오후 10시 45분, 이진우 수방사령관은 수방사 전체에 "사령부 위병소를 폐쇄하고, 전 장병의 스마트폰을 통합 보관하며, 위병소 앞에 장갑차 2대를 배치하라"는 지시를 내린다. 이어 제1경비단장 조성현에게 "국회에 상황이 있어서 국회로 가야 한다. 출동 준비가 되면 보고하라"고 지시한다. 조성현 단장은 출동 대기 중이던 제2특수임무대대 및 제35특수임무대대에 이진우 수방사령관의 지시를 하달한다.

이진우 수방사령관의 지시는 군사경찰단장 김창학에게도 하달된다.

① 제35특수임무대대

오전 0시 43분, 제35특수임무대대장 김동욱을 포함한 병력 29명은 소총 27정, 권총 16정 및 5.56mm 공포탄 929발을 소지하고 국회 인근에 도착한다.

조성현 단장으로부터 "비무장으로 국회 울타리를 월담하여 (국회에 이미 진입해 있는) 제35특수임무대대 선발대와 합류하라"는 지시를 받은 김동욱 대대장은 오전 1시 3분, 후속 병력 23명을 국회로 진입시켜 선발대 14명과 합류시킨다.

② 군사경찰단

오전 0시 4분, 수방사 군사경찰단장 김창학을 포함한 대테러초동조치부대 12명과 기동중대 2명은 소총 9정, 권총 9정, 저격총 1정, 테이저건 10정 및 5.56mm 보통탄 525발, 9mm 보통탄 363발, 7.62mm 저격탄 40발 등을 소지하고 국회 인근에 도착한다.

김창학 단장은 이진우 수방사령관로부터 "내가 현장에 와 있는데 너무 복잡해서 국회 안으로 들어갈 수 없는 상황이다. 기동중대는 국회 바깥으로 순찰을 돌다가 혹시 차가 들어갈 수 있는 곳이 발견되면 나에게 알려 달라", "특임중대(대테러초동조치부대)는 비무장으로 담을 넘어 국회 안으로 들어가 (수방사에서 파견된) 국회협력단장 양재웅 장군을 만나 게이트를 하나 받은 다음 그곳을 차단하라", "통제를 따르지 않는 사람이 있다면 체포해서 밖으로 내보내라"

등의 지시를 받는다.

김창학 단장은 군사경찰단 선발대에게 "경찰의 협조를 받아 국회 담을 넘어 들어가 양재응 장군을 만나라"고 지시한다.

이후 삼단봉으로 무장한 군사경찰단 선발대 5명은 국회1문 우측 담을 넘어 국회로 진입한다.

(2) 특전사

12월 3일 오후 10시 17분경, 김용현 장관은 대통령실 대접견실에서 비상계엄 선포를 위한 국무위원들의 모임에 참석해 있던 중 곽종근 특전사령관에게 전화를 걸어 특전사 병력을 출동시킬 것을 지시한다.

12월 3일 오후 10시 21분, 곽종근 특전사령관은 제1공수특전여단장 이상현에게 "비상계엄 상황이 발생했다", "사복을 착용한 편의대(정찰조) 1개 조를 국회로, 1개 조를 민주당사로 보내 상황을 파악하라", "1개 대대를 국회의사당으로, 1개 대대를 국회의원회관으로 각 출동시켜 건물을 봉쇄하라", "여단장도 함께 국회로 출동하여 내 지시에 따라 현장을 지휘하고, 현장에 있는 수도방위사령관과 상의하며 조치하라"고 지시한다.

이 무렵 김용현 장관은 곽종근 특전사령관에게 특전사 출동을 다시 재촉한다.

12월 3일 오후 10시 25분, 곽종근 특전사령관은 이상현 여단장에게 서둘러 국회로 출동할 준비를 마칠 것을 지시한다.

① 707특임단

곽종근 특전사령관의 지시를 받은 특수작전항공단장 김세운은 12월 3일 오후 11시 49분부터 12월 4일 오전 0시 11분까지, 707특임단장 김현태를 포함한 특임단원 96명이 탑승한 헬기 12대를 국회에 순차로 착륙시킨다.

다만, 헬기가 국회에 착륙한 시각은 내란의 주범들이 사전에 계획했던 시각보다 1시간가량 늦은 것으로 확인된다. 앞서도 밝혔듯 12월 3일의 날씨는 좋지 않았다. 밤 시간부터 날리기 시작한 진눈깨비는 헬기 운용에 작지 않은 지장을 주었다. 거기에 더하여, 서울시내 비행금지(제한)구역의 통제를 담당하는 수방사로부터 사전에 비행 승인을 받지 못한 점도 헬기의 이륙 자체를 늦추는 요소로 작용했다. 내란범끼리도 손발이 맞지 않았던 것이다.

헬기에서 내린 김현태 특임단장은 특임단원 23명과 함께 국회의사당 후문으로 이동하여 봉쇄를 시도한다. 하지만 이를 저지하는 국회 경비 인력 등 10여 명과 몸싸움을 벌이다가, 후문 봉쇄를 포기하고 국회의사당 정문으로 이동한다.

12월 3일 오후 11시 59분, 김현태 특임단장은 국회의사당 정문을 봉쇄하려다가 그곳에 모여 있던 국회 관계자, 국회의원 보좌관, 기자 등 수백 명으로부터 더 큰 저항을 받는다. 김현태 특임단장은 뒤이어 국회로 진입한 특임단원 72명과 합류하여 국회의사당 정문으로 재차 접근하지만, 마찬가지로 수백 명에게 가로막혀 봉쇄에 실패한다.

이후 707특임단은 국회의사당 정문을 가로막은 군중과 약 30분간 대치한다.

② 제1공수특전여단

오전 0시 22분, 이상현 여단장이 이끄는 제1공수특전여단이 국회 인근에 도착한다. 그곳에서 이진우 수방사령관으로부터 "경찰이 주 출입구를 막고 있고 다수의 시민들이 경찰과 대치하고 있어 주 출입구를 통해서는 국회로 진입할 수 없으니 담을 넘어 진입하라"는 지시를 받는다.

오전 0시 30분, 이상현 여단장은 후속부대가 국회 인근에 도착하자 "담 넘어가. 담 넘어서 국회 본관으로 들어가. 본관으로 들어가서 의원들 다 끄집어내"라고 지시하고, 소총 등으로 무장한 병력 48명과 함께 담을 넘어 국회로 진입한다.

오전 0시 46분, 이상현 여단장은 제2대대가 국회 인근에 도착하자 "출입문을 통해서는 진입할 수 없으니 담을 넘어 진입하라"고 지시한다. 이 지시를 받은 병력 124명은 소총 등으로 무장한 상태로 담을 넘어 국회로 진입한다.

> **더불어민주당 허영 의원이 집계한 국회 투입 병력**
> 수방사 211명
> 특전사 1공수여단 277명
> 특전사 3공수여단 231명
> 특전사 9공수여단 211명
> 특전사 707특임단 197명
> 방첩사 요원 49명
> 정보사 요원 10명
> 정보사 HID요원 5명
> 총 1191명 (이후 수사 결과에 따라 수치는 변동될 수 있음)

2. 표결 임박

> "문짝을 부수고서라도 안으로 들어가서 다 끄집어내라."
>
> _ 윤석열 대통령이 곽종근 특전사령관에게 내린 지시 중

비상계엄을 선포한 뒤 줄곧 용산에 머물던 윤석열 대통령은 모종의 경로를 통해 국회의사당 내부 상황에 대해 보고받고 있었던 것으로 보인다.

(1) 특전사

오전 0시 20분, 윤 대통령은 곽종근 특전사령관에게 전화하여 "아직 국회 내에 의결정족수(150명)가 안 채워진 것 같으니 빨리 국회

안으로 들어가서 의사당 안에 있는 사람들을 데리고 나와라", "문짝을 부수고서라도 안으로 들어가서 다 끄집어내라"라고 지시한다.

독촉은 다른 경로를 통해서도 내려온다.

오전 0시 20분부터 0시 35분 사이, 김용현 장관도 곽종근 특전사령관에게 전화하여 "국회의원이 150명이 안 되도록 막아라", "빨리 국회의사당 문 열고 안으로 들어가서 안에 있는 국회의원들을 데리고 나와라"라고 지시한다.

오전 0시 34분, 곽종근 특전사령관의 지시를 받은 김현태 특임단장은 15명가량의 특임단원들을 이끌고 국회의사당 우측면으로 이동, 미리 준비해온 망치로 유리창 2개를 깨뜨리고 국회의사당 내부로 침투한다. 이 과정에서 소화기를 분사하며 저항하는 당직자 및 보좌관 등과 물리적 마찰을 빚기도 한다.

오전 0시 30분부터 오전 1시 사이, 이상현 여단장은 국회에 진입해 있던 지휘관에게 "저항하는 사람들을 뚫고 국회의사당 안으로 들어가 국회의원들 다 끄집어내라", "유리창이라도 깨서 건물 안으로 들어가라", "지금 국회의원들이 문을 걸어 잠그고 의결을 하려고 하니 문짝을 부수고서라도 국회의원들 다 끄집어내라. 대통령님의 지시다", "전기라도 끊어라" 등의 지시를 내린다. 이에 특전사 병력 38명이 국회의사당 후문을 강제로 개방하고 내부로 침투한다.

오전 0시 50분, 곽종근 특전사령관은 김현태 특임단장에게 전화하여 "전기라도 끊을 수 없겠냐"고 묻는다 김현태 특임단장은 "방법을 찾아보겠다"고 답한다.

오전 1시 6분, 707특임단 병력 중 7명이 국회 본관 지하 1층으로 내려가 전력을 차단한다.

이 단전은 5분간 지속되다가 복구된다.

(2) 수방사

국회의 비상계엄 해제 요구안 표결이 임박할수록 윤 대통령이 느낀 조바심은 더욱 커진 것으로 보인다.

국회의사당 본관에 국회의원들이 집결하던 오전 0시 30부터 오전 1시 사이, 윤 대통령은 현장 지휘 중인 이진우 수방사령관에게 전화하여 상황을 묻고는 "본회의장으로 들어가서 네 명이 한 명씩 들쳐 업고 나오라고 해"라고 지시한다.

이 지시에도 불구하고 본관에 모인 국회의원들의 수가 의결정족수에 가까워지자, 윤 대통령은 재차 전화하여 "아직도 못 갔냐. 뭐 하고 있냐. 문 부수고 들어가서 끌어내. 총을 쏴서라도 문을 부수고 들어가서 끌어내라"고 지시한다.

비상계엄 해제 요구안이 가결된 오전 1시 3분경, 윤 대통령은 이진우 수방사령관에게 또다시 전화하여 "해제됐다 하더라도 내가 두 번 세 번 계엄령 선포하면 되는 거니까 계속 진행해"라는 지시를 내린다.

오전 1시 4분, 이진우 수방사령관으로부터 대통령의 지시를 전달받은 조성현 단장은 서강대교 북단에 대기 중인 제2특수임무대대 후속부대장에게 전화하여 "현재 제35특수임무대대가 국회로 진입했으니 후속부대도 국회로 진입할 수 있도록 제35특수임무대대장과 통화하라. 임무는 국회 내부에 있는 인원을 끌어내는 것이다"라고 지시한다.

제2특수임무대대 후속부대는 지시받은 임무를 수행하기 위해 서강대교 북단을 출발한다. 하지만 곧바로 조성현 단장으로부터 "투입 과정에서 시민들과 부하들이 다치는 일이 발생할 수 있다. 현재 국회 앞 상황이 복잡하니 기존 명령은 취소한다. 서강대교에서 하차하지 말고 대기하라"는 수정된 지시를 받고, 서강대교에서 정차하여 대기 상태에 들어간다.

이후 이진우 수방사령관은 조성현 단장에게 "너희는 들어갈 필요 없다. 이미 특전사가 국회 본관에 진입해 있으니 너희는 외부에서 지원하라", "특전사 병력이 국회의원들을 끌고 밖으로 나오면 국회의사당 출입구에 있는 시민들을 통제하여 길을 터주어라" 등의 지시를 추가로 내린다.

(3) 방첩사

국회의 비상계엄 해제 요구안 의결을 저지하기 위한 지시는 방첩사로도 내려간다.

오전 0시 30분경, 김용현 장관은 여인형 방첩사령관에게 "이재명,

우원식, 한동훈 등 3명을 우선 체포하라"고 지시한다. 이 지시는 여인형 방첩사령관을 통해 김대우 수사단장에게 즉시 전달된다.

오전 0시 38분, 김대우 수사단장은 국회로 출동 중인 7개의 체포조와 그룹 통화를 하면서 "기존 부여된 구금 인원은 전면 취소한다. 모든 팀은 이재명, 우원식, 한동훈을 체포하여 구금 시설로 이동한다"는 명령을 내린다.

그러나 방첩사에서 보낸 체포조는 시민들에게 가로막혀 국회로 진입하지 못한다.

이날 밤 시민들은 가장 위대했다.

> 경찰과 계엄군의 봉쇄에도 불구하고 많은 수의 국회의원들은 국회의사당 본관에 집결할 수 있었다. 우원식 국회의장과 이재명 대표 등 많은 의원들이 국회의사당 담을 넘어 들어가는 동안, 국회의사당 앞에 모인 수많은 시민들은 경찰과 몸싸움을 벌였다. 온몸을 던져 계엄군의 차량을 저지한 시민도 있었다.
>
> 시민들은 계엄사령부가 발령한 포고령을 보았다. 자신들이 영장 없이 체포, 구금되어 처단당할 수도 있다는 점을 알고 있었다. 그럼에도 시민들은 물러서지 않았다. 시민들은 자신들이 마주한 경찰과 계엄군의 용도를 짐작하고 있었다. 무력으로 국회의 권능을 마비시키려는 대통령의 흉심을 간파하고 있었다. 자신들의 조국이 군홧발 아래 또다시 짓밟히는 것을 용납하지 않았다.
>
> 시민들의 결사적인 저항은 기존의 대중매체에 앞서 개인 라이브 방송을 통해 온 나라로, 전 세계로 생중계되었다. 그것은 한국인에게는 분노를, 세계인에게는 충격을 불러일으켰을 뿐만 아니라, 이후 진행된 탄핵심판과 형사재판에 생생한 증거가 되었다.

시민들의 저항이 결사적인 반면, 계엄군의 행동은 소극적이었다. 국회에 투입된 계엄군은 정예 중 정예라고 할 수 있는 특전사와 수방사 요원들로 구성되어 있었다. 시민들의 저항이 아무리 거셌다 한들, 특수임무를 수행하기 위해 혹독한 훈련을 거친 그들이 작정을 하고 진압에 나섰다면 결과는 달라졌을 것이다. 그러나 그들은 적극적으로 행동하지 않았다. 수많은 몸싸움 과정에서 단 한 건의 인명사고도 발생하지 않은 점이 그 증거였다.

비상계엄 석 달 전인 9월 2일, 김용현 국방부장관은 국회에서 열린 본인의 인사청문회에서 "우리 대한민국의 상황에서 과연 계엄을 한다 그러면 어떤 국민이 용납을 하겠습니까? 그리고 우리 군도 따르겠습니까? 저는 안 따를 것 같아요"라고 말한 바 있었다. 김용현 장관의 입장에서는 계엄 모의를 감추기 위한 위장술에 불과했던 이 말이, 알고 보니 사실이었던 것이다.

과거 '명령에 죽고 명령에 산다'를 신조로 삼던 군대는 이미 달라져 있었다. 21세기 대한민국 군인들에게는 정당한 명령과 부당한 명령을 구별할 능력이 있었다. 또한 군인들은 채 상병 사망 사건과 박정훈 대령 항명 사건을 통해 군 통수권자인 윤 대통령이 어떤 인물인지 알게 되었다. 이 날로부터 넉 달여 뒤인 2025년 4월 14일, 윤석열 내란죄 형사재판에 증인으로 출석한 김형기 특전사 1특전대대장은 '의원을 끌어내라'는 상관의 지시를 받고 "군 검사들이 박정훈 대령에게 항명죄로 징역 3년을 구형한 것이 떠올랐다"며, 정확한 상황을 파악할 수 없었기 때문에 부하들에게 임무를 주지 않았다고 증언하기도 했다.

이처럼 국회에 출동한 계엄군 다수는 상관의 부당한 명령에 소극적으로 응함으로써 그 명령이 실현되지 않도록 만드는 데 일조했다. 그들은 '제복을 입은 시민'으로서 나름의 소임을 다한 셈이다.

내란이 종식된 뒤, 계엄군에 대한 처벌을 논하는 과정에서 신중을 기해야 하는 이유도 여기에 있다.

3. 비상계엄 해제 요구안 가결

> "투표 결과를 말씀드리겠습니다.
> 재석 190인 중 찬성 190인으로서
> 비상계엄 해제 요구 결의안은 가결되었음을 선포합니다."
>
> _ 2024년 12월 4일 오전 1시 3분, 국회 본회의장에서 우원식 국회의장의 선포 발언

    오전 0시 22분, 국회 본관에서 우원식 국회의장이 긴급 기자회견을 열어 "국회는 헌법 절차에 따라 대응할 것이며, 군경은 동요하지 말고 자리를 지켜 달라"고 호소한다.

    오전 0시 49분, 비상계엄 해제 요구안 의결을 위한 국회 본회의가 열린다. 경찰의 봉쇄를 뚫고 본회의장에 들어온 국회의원은 더불어민주당 154명, 국민의힘 18명, 조국혁신당 12명, 개혁신당 1명, 사회민주당 1명, 기본소득당 1명, 무소속 1명 등 총 190명이다.

    본회의는 신속하게 진행된다.

    오전 1시 1분, 비상계엄 해제 요구안이 상정된다.

    2분 뒤인 오전 1시 3분, 재석의원 190명 만장일치로 비상계엄 해제 요구 결의안이 가결된다.

4. 2차 계엄 시도와 비상계엄 해제

> "중과부적(衆寡不敵)으로 우리가 원하는 결과가
> 되지는 않았지만, 그래도 우리는
> 우리의 할 바를 다했다고 생각합니다."
>
> _ 국회의 비상계엄 해제 요구안이 가결되고 2시간쯤 지난 뒤, 합동참모부 지휘통제실에서
> 김용현 국방부장관이 한 발언 중

국회가 비상계엄 해제 요구안을 가결한 이상 대통령은 헌법에 따라 비상계엄을 해제해야만 한다. 하지만 비상계엄은 즉시 해제되지 않는다.

비상계엄 해제 요구안 가결로부터 3시간 20여 분이 지난 오전 4시 26분, 윤석열 대통령은 비상계엄을 즉시 해제하지 않은 이유를 "국무회의 정족수가 채워지지 못해서"라고 발표한다. 그러나 윤 대통령의 본심이 무엇인지는, 비상계엄 해제 요구안 가결 직후 이진우 수방사령관에게 내린 "해제됐다 하더라도 내가 두 번 세 번 계엄령 선포하면 되는 거니까 계속 진행해"라는 지시에서 찾는 것이 합당하다.

오전 1시 11분, 국회 본관 내에 있던 707특임단의 단체대화방에 특임단 작전과장 명의로 "정문에 요원들 전원이 모이면 알려 달라", "조용한 루트로 들어가는 방법을 확인 중"이라는 문자메시지가 올라온다.

오전 1시 20분, 윤 대통령은 합동참모본부 지하에 위치한 전투

통제실로 이동하여, 김용현 국방부장관, 박안수 계엄사령관, 인성환 국가안보실2차장, 최병옥 국방비서관 등과 함께 대책을 논의한다. 이 논의는 윤 대통령이 합동참모본부를 떠나는 오전 1시 49분까지 이어진다.

오전 1시 39분부터 43분까지, 김용현 장관은 외부에 있는 노상원과 두 차례 전화 통화를 한다.

오전 1시 42분, 무장 군인 10여 명이 한남동에 위치한 우원식 국회의장의 공관 주변에 배치된다.

오전 2시 4분, 국방부는 대통령이 계엄을 해제할 때까지 계엄사령부를 유지하겠다고 발표한다.

오전 2시 14분, 김용현 장관은 곽종근 특전사령관에게 전화하여 중앙선관위에 병력을 재차 투입할 수 있는지 문의한다. 곽종근 특전사령관은 불가능하다는 취지로 답한다.

오전 3시경, 충남 육군본부에서 장교 34명(장성급 14명, 영관급 20명)을 태운 버스 2대가 서울로 출발한다.

오전 3시 8분, 707특임단 단체대화방에 "출동 태세 유지하라"는 합동참모본부의 지시가 공유된다.

이러한 일들을 감안할 때, 내란의 주범들은 비상계엄 해제 요구안이 가결된 뒤에도 2차 계엄에 대한 미련을 버리지 못했던 것으로 보인다. 그러나 형세는 이미 기울어진 뒤였다.

오전 3시 30분경, 미국 국무부는 "대한민국 국회의 계엄 해제 요구안이 준수되기를 희망한다"는 입장을 발표한다.

비슷한 시각, 육군본부 소속 장교들을 태운 버스 2대가 상경 도중 회차하여 육군본부로 복귀한다.

오전 4시 22분, 계엄사령부는 비상계엄 실행을 위해 투입되었던 병력을 소속부대로 복귀시킨다.

오전 4시 26분, 윤석열 대통령은 대국민담화를 통해 비상계엄을 해제할 것을 약속한다.

비슷한 시각, 합동참모본부는 계엄사령부를 해체한다.

오전 4시 30분, 한덕수 국무총리 주재로 열린 국무회의에서 참석자 13명 전원 합의로 비상계엄 해제안이 의결된다.

이로써 대한민국 전역에 내려졌던 비상계엄은 약 6시간 만에 해제된다.

오전 4시 32분, 국방부는 국회와 중앙선관위 등에 출동했던 모든 병력이 소속부대로 복귀했음을 밝힌다.

오전 5시 40분, 윤석열 대통령은 비상계엄 해제를 공고한다.

12·3비상계엄은 이렇게 끝났다.

그러나 내란은 끝나지 않았다.

3부

And then

그리고 무슨 일이 벌어졌는가

1장.

탄핵 彈劾

1. [명사] 죄상을 들어 책망함.
2. [명사] (법률) 보통의 파면 절차에 의한 파면이 곤란하거나 검찰 기관에 의한 소추가 사실상 불가능한 대통령·국무위원·법관 등을 국회에서 소추하여 파면하거나 처벌하는 일. 또는 그런 제도.

D+1 2024. 12. 4.

"평소 잘 보는 사이지만 해가 가기 전에 보자고 했습니다."
(박성재 법무부장관)

"신세 한탄이나 하려 했다가 1시간 만에 헤어졌습니다."
(이상민 행정안전부장관)

"이상민 장관이 불러서 갔을 뿐입니다."
(이완규 법제처장)

_ 12월 4일 저녁 삼청동 안가에서 왜 모였냐는 질문에 대한 참가자들의 해명

비상계엄의 밤은 길고 고통스러웠다. 국민들은 뜬눈으로 새벽을 맞이해야만 했다. 하지만 비상계엄이 시민들과 국회의 저지로 결국 해제되었기에, 국민들은 대한민국이 오래지 않아 정상으로 돌아가리라는 희망을 품을 수 있었다.

일각에서는 계엄을 빙자한 친위 쿠데타에 실패한 윤석열 대통령이 스스로 하야할 것이라는 전망도 나왔다. 보수 신문을 대표하는 조선일보마저도 12월 4일자 사설을 통해 대통령의 하야를 요구할 정도였다.

그러나 비상계엄 해제 이후 여러 달에 걸쳐 벌어진 일련의 상황들은 국민들의 희망에 찬물을 끼얹었다. 비상계엄은 어둠과 함께 끝났지만, 내란은 날이 밝아도 여전히 숨을 쉬고 있었다.

고통의 기록이라고도 할 수 있는 이 내란일지를 계속 이어나가야 하는 이유이기도 하다.

날이 밝은 뒤 야권은 바쁘게 움직인다.
만일의 사태에 대비하여 국회에서 밤을 지새운 야6당(더불어민주당, 조국혁신당, 개혁신당, 진보당, 기본소득당, 사회민주당)은 정오 무렵 '탄핵 추진 비상시국대회'를 개최한 뒤, 소속 의원 191명이 서명한 '대통령(윤석열) 탄핵소추안'을 국회사무처에 제출한다.
이날 제출된 탄핵소추안에 실린 탄핵 사유를 정리하면 다음과 같다.

> 가. 위헌·무효인 비상계엄 발령
> 나. 위헌적 비상계엄령 발령으로 인한 국민주권주의(대한민국헌법 제1조)와 헌법 수호 책무(대한민국헌법 제66조) 위반
> 다. 위헌적 계엄령 및 계엄 포고령 발령으로 인한 정당제와 정당 활동의 자유(대한민국헌법 제8조), 거주 이전의 자유(대한민국헌법 제14조), 직업 선택의 자유(대한민국헌법 제15조), 언론·출판과 집회·결사 등 표현의 자유(대한민국헌법 제21조), 근로자의 단체행동권(대한민국헌법 제33조), 대의민주주의(대한민국헌법 제41조), 불체포특권(대한민국헌법 제44조), 국회의원의 표결권(대한민국헌법 제49조) 침해 또는 위반
> 라. 불법 군경 동원에 따른 공무원의 정치적 중립성(대한민국헌법 제5조 제2항, 제7조 제2항)과 국회의원의 표결권(대한민국헌법 제49조) 및 법률에 의한 국군 통수 의무(대한민국헌법 제74조) 위반
> 마. 대통령직의 성실한 수행 의무(대한민국헌법 제69조, 국가공무원법 제56조) 위반

    바. 계엄법 위반(계엄법 제2조 제2항, 제5항, 제11조 제1항)
    사. 형법상 내란미수(형법 제89조, 제87조, 제91조)

　야권은 대통령 탄핵소추안에 이어 내란의 주역 중 한 명인 김용현 국방부장관의 탄핵소추안도 제출하지만, 김용현 장관 스스로 사직서를 제출함으로써 탄핵은 무산된다.

　이날 저녁, 수상한 움직임이 하나 포착된다. 12·3비상계엄의 사전 모의 장소로 활용되었던 삼청동 안가에서 윤 대통령의 신임이 두터운 장·차관급 인사 네 명이 은밀한 모임을 가진 것이다. 박성재 법무부장관, 이상민 행정안전부장관, 이완규 법제처장, 김주현 대통령실 민정수석이 바로 그들이다.

　검사(박성재, 이완규, 김주현) 및 판사(이상민) 출신인 그들 모두는 윤 대통령과 서울법대 동문이며, 이상민 장관의 경우는 충암고 동문이기도 하다. 비상계엄이 실패로 끝난 지 만 하루도 안 된 시점에 윤 대통령의 신임이 두터운 고위직 관료 네 명이 대통령 허가 없이는 사용이 불가능한 삼청동 안가에서 은밀한 모임을 가진 것이다. 그런데도 모임의 목적이 송년회 수준에 불과했다고 해명하니, 의혹이 따르는 것은 당연하다.

　삼청동 안가 모임이 끝난 뒤, 그들 모두는 사용하던 휴대전화를 교체함으로써 더 큰 의혹을 자초한다.

D+4 2024. 12. 7.

> "국민 여러분, 저의 임기를 포함하여 앞으로의 정국 안정 방안은 우리 당에 일임하겠습니다. 향후 국정 운영은 우리 당과 정부가 함께 책임지고 해나가겠습니다."
>
> _ 윤석열 대통령의 대국민담화 중

이날 오후 5시, 국회에서는 윤석열 대통령의 탄핵소추안 표결을 위한 본회의가 예정되어 있었다.

대통령 탄핵에 필요한 의석수는 재적의원의 3분의 2인 200석. 22대 국회의 의석 분포(여당 108석, 야당 192석)에 비추어 볼 때, 탄핵이 가결되기 위해서는 여당인 국민의힘에서 8표 이상의 찬성표가 나와야 한다.

그러나 국민의힘의 주류는 여전히 친윤계가 차지하고 있었다. 그들은 12·3비상계엄의 현장을 똑똑히 목격했음에도 윤 대통령이 탄핵당하는 것을 원하지 않았다. 과거 박근혜 전 대통령의 탄핵으로 괴멸 직전까지 몰린 경험이 있는 그들에게 국회의원으로서 마땅히 준수해야 할 헌법정신은 중요한 가치가 아니었다. 그들은 자신의 정치적 이해타산에만 충실했고, 그런 경향은 12·3비상계엄 이후 더욱 뚜렷해진다.

비상계엄 당시 체포 대상자 명단에 오름으로써 윤 대통령과 대척점에 선 것처럼 보이던 한동훈 대표 또한 정치적 이해타산에서 벗어나지는 못한다.

비상계엄이 선포된 직후, 한동훈 대표는 "국민과 함께 막겠다"고 비장하게 선언한 바 있다. 하지만 그가 실패로 끝난 비상계엄을 자신의 당권 장악의 수단으로 활용하려고 노력한 흔적은 여러 날에 걸쳐 드러난다. 그 노력에서 헌법정신은 찾아볼 수 없다.

그러므로 이날 오전 10시 기습적으로 발표된 윤 대통령의 짤막한 대국민담화는, 본인의 임기를 포함한 국정 전반을 국민의힘에 일임하겠다는 달콤한 제안은, 정치적 이해타산에 매몰된 자들의 눈에는 거부할 수 없는 미끼로 비쳤을 것이 분명하다.

그 결과는 7시간 후인 국회 본회의장에서 드러난다.

윤 대통령 탄핵소추안에 앞서 표결에 붙여진 김건희 특검법 재의결안에는 참석하여 부결(재석의원 300명 중 찬성 198표, 반대 102표)시킨 국민의힘 의원들은, 대통령 탄핵소추안 표결이 시작되기 전 본회의장에서 퇴장함으로써 국회 역사에 '표결불성립(의결에 필요한 정족수를 채우지 못하여 표결 자체가 이루어지지 않음)'이라는 오점을 남긴다. 소신에 따라 당론을 거부하고 본회의장을 지킨 안철수 의원과 뒤늦게 본회의장으로 재입장한 김예지, 김상욱 의원은 무너진 보수 정당의 체면을 일말이나마 세워주었다고 할 것이다.

12·3비상계엄 선포 이후 대한민국 경제는 다각적인 위기에 빠진 상태였다. 주가는 폭락했고, 환율은 폭등했다. 국가신인도를 유지하는 것도 보장할 수 없는 상황이었다.

국민의힘의 표결 불참으로 윤 대통령의 탄핵이 무산된 것에 대해 외신은 비판과 우려의 시선을 보냈다.

> "국민적 분노, 여당 전체를 불지를 도박" (미국 뉴욕타임스)
> "국민의힘, 나라보다 당 중시한 최악의 결정" (미국 월스트리트저널)
> "여당, 대통령 구하려고 결집" (미국 워싱턴포스트)
> "더 많은 탄핵 요구 시위 촉발할 것" (영국 파이낸셜타임스)
> "탄핵 무산은 여당의 시간 벌기" (일본 니혼게이자이신문)
> "정치의 모든 것이 멈춰 버렸다" (일본 아사히신문)
> "장기적 정치 불안전성 초래" (빅터 차 미국 전략국제문제연구소 한국 석좌)
> "계엄은 한국 민주주의에 대한 모욕" (브래드 셔먼 미국 하원의원)
> "국민의 지지와 정당성을 누리는 지도자가 미국에도 이익" (캐슬린 스티븐슨 전 주한미국대사)

경제를 안정시키기 위해서는 정치적 불확실성을 제거하는 것이 가장 시급한 과제인데, 국민의힘은 국회의원으로서의 본분을 저버리고 표결에 불참함으로써 위헌적인 비상계엄을 시도한 윤석열 대통령의 탄핵을 무산시켰다. 이는 국가의 조속한 회복을 바라는 국민들의 열망을 정면으로 배신하는 행위였다. 국민들의 비난이 쏟아진 것은 당연했다.

이날 저녁, 더불어민주당 등 야6당은 윤 대통령의 탄핵이 가결될 때까지 탄핵소추안을 계속 발의하겠다는 뜻을 밝힌다.

D+5 2024. 12. 8.

"국민의힘은 집권여당으로서 준엄한 국민적 평가와 심판을 겸허하게 받아들여 질서 있는 대통령 조기 퇴진으로 대한민국 국민에 미칠 혼란을 최소화하며, 안정적으로 정국을 수습하고 자유민주주의를 바로세우겠습니다."

_ 한덕수 국무총리와의 공동담화에서 한동훈 대표의 발언 중

윤석열 대통령의 탄핵이 무산된 12월 7일, 경향신문에는 '역사에 기록될 한동훈의 말 바꾸기'라는 제목의 기사가 올라온다.

> 12월 3일, "비상계엄 선포는 위법·위헌… 국민과 함께 막겠다." (계엄 선포 직후)
> 12월 4일, "반헌법적 계엄에 동조·부역해선 절대 안 돼." (페이스북)
> 12월 5일, "윤 대통령 탄핵안 통과되지 않도록 노력하겠다." (최고위원회의)
> 12월 6일, "윤 대통령 조속한 집무정지 필요, 극단적 행동 재현 우려." (긴급 최고위원회의)
> 12월 7일 오전, "윤 대통령 직무수행 불가, 조기 퇴진 불가피." (대통령 담화 반응)
> 12월 7일 오후, "총리와 당이 긴밀히 소통할 것." (한덕수 총리 면담 직후)
> 12월 7일 밤, "윤 대통령 질서 있게 퇴진… 민주당과도 협의" (탄핵 무산 뒤)

윤 대통령이 전날 던진 미끼를 가장 깊숙이 문 사람은 아마도

한동훈 대표가 아닐까 싶다. 12월 6일 본인의 체포 관련 정보를 입수한 뒤에는 "조속한 집무집행정지가 불가피하다"는 강경 발언을 내던 그가, 12월 7일 대통령 담화 뒤에는 "조기 퇴진" 쪽으로 방향을 선회했으니 말이다.

'정지'와 '퇴진'은 결과는 비슷할지 몰라도 과정은 엄연히 다르다. 전자는 '대통령의 집무를 강제로 정지시키는 것(탄핵)'이고, 후자는 '대통령 스스로 퇴진(하야)하는 것'이다. 한동훈 대표는 불과 하루 사이 탄핵 찬성에서 탄핵 반대로 입장을 바꾼 것이고, 그 원인이 '대통령 임기를 포함한 국정 전반을 국민의힘과 정부에 일임하겠다'는 윤 대통령의 담화에 있음은 자명하다. 당시 한동훈 대표의 머릿속에서 시시각각 뒤집혔을 이해타산의 갈피를 짐작하기란 어렵지 않다.

그리고 그 점은 이날 오전 11시, 한덕수 국무총리와 공동으로 발표한 대국민담화에서 또 한 번 입증된다. 한덕수 국무총리를 국민의힘 당사로 부른 한동훈 대표는 마치 황제로부터 통치권을 이양받은 황태자처럼 주체적인 태도로 국정 수습을 언급한다.

이 시점의 한동훈 대표는 자신이 윤 대통령으로부터 모종의 타협안을 받았다고 믿은 것으로 보인다. 그것이 얼마나 큰 착각인지는 곧 밝혀진다. 국회를 무력화하기 위해 비상계엄을 선포한 것이 증명하듯, 윤 대통령은 누군가와 타협하는 사람이 아니었다.

이날 발표된 한동훈-한덕수 공동담화는 야권의 격렬한 반발을 불러온다. 더불어민주당 이재명 대표는 한동훈-한덕수 공동담화에 대해 묻는 기자의 질문에 "지금 대한민국의 최대 리스크가 대통령이므로 고려할 때가 아니며, 즉각 하야 또는 탄핵 이외의 선택은 없다"고 거부 의사를 분명히 밝힌다.

내란에 대한 수사도 이날 본격적으로 시작된다.

심우정 검찰총장은 윤 대통령 내란 혐의 고발 사건을 검찰에서 직접 수사하기로 결정하고, 대검찰청에 특별수사본부를 구성한다.

우종수 경찰청 국가수사본부장은 12월 5일 면직 처리된 김용현 전 국방부장관의 출국금지를 법무부에 신청한다.

내란의 주역 중 한 명인 김용현 전 장관은 이날 밤 검찰에 의해 긴급 체포된다.

D+6 2024. 12. 9.

> **출입국관리법 제4조**(출국의 금지)
> 제2항 법무부장관은 범죄 수사를 위하여 출국이 적당하지 아니하다고 인정되는 사람에 대하여는 1개월 이내의 기간을 정하여 출국을 금지할 수 있다.

오후 3시, 오동운 공수처장은 법무부에 윤석열 대통령의 출국금지를 신청한다.

그로부터 30여 분 뒤, 법무부는 공수처의 신청을 받아들여 윤 대통령을 출국금지 조치한다. 현직 대통령이 출국금지당한 것은 헌정사상 최초의 일이다.

윤 대통령은 이날 이후로도 많은 '헌정사상 최초'를 만들어낸다. 하지만 자랑스러운 '헌정사상 최초'는 하나도 없었다.

D+7 2024. 12. 10.

> "대통령께서 비화폰으로 제게 직접 전화를 하셨습니다. 의결정족수가 아직 다 안 채워진 거 같다, 빨리 문을 부수고 들어가서 안에 있는 인원들을 끄집어내라, 라고 말씀을 하셨습니다."
>
> _ 국회 국방위원회에서 곽종근 특전사령관의 진술 중

오전 10시, 국회에서 국방위원회 전체회의가 열린다. 이 자리에는 계엄사령관이었던 박안수 육군참모총장을 포함, 12·3비상계엄과 연관된 군 장성 및 영관급 다수가 출석한다.

출석자 대부분은 12·3비상계엄의 위헌성을 추궁하는 야당 의원들의 질문에 '사전 모의에 가담한 바 없으며 계엄 당일 상관의 지시에 따라 움직였을 뿐'이라는 식의 변명으로 일관한다. 심지어 "TV를 보고 비상계엄 아신 사람 손들어 보십시오"라는 더불어민주당 허영 의원의 질문에는 비상계엄의 핵심 인물인 여인형 방첩사령관과 이진우 수방사령관을 비롯한 출석자 대부분이 손을 드는 진풍경을 연출하기도 한다.

하지만 그런 와중에도 눈에 띄는 군인들이 있었다.

계엄 당일, 절차상의 불법성을 이유로 중앙선관위에 병력을 투입

하는 것에 반대한 방첩사 법무실장 윤비나 중령을 포함, 법무장교들의 용기는 질문에 나선 야당 의원들마저 경의를 표하게 만들 정도였다.

그리고 이날 저녁, 12·3비상계엄의 핵심 인물 중 한 명인 곽종근 특전사령관이 국방위원회 증인대에 올라 양심선언을 하는 일이 벌어진다.

곽종근 특전사령관은 특전사 병력을 국회로 투입한 목적이 국회의원들을 끌어내어 의결정족수를 채우지 못하게 하기 위함임을 밝히며, 그 지시가 윤석열 대통령으로부터 내려왔음을 폭로한다.

한편, 이날 오후 국회 본회의장에서는 2025년도 예산안이 야당 주도로 통과된다.

통과된 예산안은 677조 4천억 원 규모의 정부안에서 4조 1천억 원이 감액된 수정안으로, 삭감 대상에는 정부 예비비(2조 4천억 원), 국고채 이자 상환(5천억 원), 검찰 특정업무경비(506억 원)와 특수활동비(80억 원), 대통령실 및 국가안보실의 특수활동비(82억 5천만 원), 대왕고래 프로젝트(497억 원) 등이 포함된다.

D+10 2024. 12. 11.

> "인간의 잔혹성과 존엄함이 극한의 형태로 동시에 존재했던 시공간을 광주라고 부를 때, 광주는 더 이상 한 도시를 가리키는 고유명사가 아니라 보통명사가 된다는 것을 나는 이 책을 쓰는 동안 알게 되었다. 시간과 공간을 건너 계속해서 우리에게 되돌아오는 현재형이라는 것을. 바로 지금 이 순간에도."

_ 스웨덴 시각 2024년 12월 7일, 노벨문학상 수상자 한강의 '노벨 강연' 중

12·3비상계엄이 선포되기 50여 일 전인 10월 10일, 우리 국민들에게는 커다란 낭보 하나가 전해진다. 한강 작가가 한국 작가 최초이자 아시아 여성 작가 최초로 노벨문학상 수상자로 선정된 것이다.

스웨덴 한림원은 한강 작가의 노벨상 선정 이유를 "역사적 트라우마에 맞서며 인간 삶의 연약함을 드러내는 강력한 시적 산문"이라고 설명했다.

안나-카린 팜 노벨문학상 선정위원회 위원은 "한강의 작품 중 어떤 것을 가장 먼저 추천하겠느냐"는 질문에, 2014년 출간한 장편소설 〈소년이 온다(Human Acts)〉를 꼽았다. 그는 이 소설이 "1980년대 광주민주화운동에 관한 감동적이면서도 끔찍한 이야기"라며, "트라우마가 어떻게 세대를 넘어 계승되는지를 다룬, 역사적 사실

을 아주 특별하게 다룬 작품"이라고 평가했다.

  노벨상 수상식은 스웨덴 현지 시각 12월 10일에 열렸다.

  그러나 한강 작가가 수상식에 참석하기 위해 스웨덴으로 출국하기 이틀 전인 12월 3일, 윤석열 대통령은 대한민국 전역에 비상계엄을 선포함으로써 인간의 삶이 얼마나 역설적인지를 다시 한번 보여주었다.

  한강 작가가 노벨상 시상식에 앞서 열린 '노벨 강연' 행사에서 광주민주화운동을 소재로 한 소설 〈소년이 온다〉에 관해 낭독한 강연문 일부를 싣는다.

  그 시점까지 나는 광주에 대해 쓰겠다는 생각을 단 한 번도 해보지 않았다. 1980년 1월 가족과 함께 광주를 떠난 뒤 4개월이 채 지나지 않아 그곳에서 학살이 벌어졌을 때 나는 아홉 살이었다. 이후 몇 해가 흘러 서가에 거꾸로 꽂힌 '광주 사진첩'을 우연히 발견해 어른들 몰래 읽었을 때는 열두 살이었다. 쿠데타를 일으킨 신군부에 저항하다 곤봉과 총검, 총격에 살해된 시민들과 학생들의 사진들이 실려 있는, 당시 정권의 철저한 언론 통제로 인해 왜곡된 진실을 증거하기 위해 유족들과 생존자들이 비밀리에 제작해 유통한 책이었다.

  어렸던 나는 그 사진들의 정치적 의미를 정확히 이해할 수 없었으므로, 그 훼손된 얼굴들은 오직 인간에 대한 근원적인 의문으로 내 안에 새겨졌다. 인간은 인간에게 이런 행동을 하는가, 나는 생각했다. 동시에 다른 의문도 있었다. 같은 책에 실려 있는, 총상자들에게 피를 나눠주기 위해 대학병원 앞에서 끝없이 줄을 서 있는 사람들의 사진이었다. 인간은 인간에게 이런 행동을 하는가. 양립할 수 없어 보이는 두 질문이 충돌해 풀 수 없는 수수께끼가 되었다.

그러니까 2012년 봄, '삶을 껴안는 눈부시게 밝은 소설'을 쓰려고 애쓰던 어느 날, 한 번도 풀린 적 없는 그 의문들을 내 안에서 다시 만나게 된 것이었다. 오래전에 이미 나는 인간에 대한 근원적 신뢰를 잃었다. 그런데 어떻게 세계를 껴안을 수 있겠는가? 그 불가능한 수수께끼를 대면하지 않으면 앞으로 갈 수 없다는 것을, 오직 글쓰기로만 그 의문들을 꿰뚫고 나아갈 수 있다는 것을 깨닫게 된 순간이었다.

그 후 1년 가까이 새로 쓸 소설에 대한 스케치를 하며, 1980년 5월 광주가 하나의 겹으로 들어가는 소설을 상상했다. 그러다 망월동 묘지에 찾아간 것은 같은 해 12월, 눈이 몹시 내리고 난 다음 날 오후였다. 어두워질 무렵 심장에 손을 얹고 얼어붙은 묘지를 걸어 나오면서 생각했다. 광주가 하나의 겹이 되는 소설이 아니라, 정면으로 광주를 다루는 소설을 쓰겠다고. 9백여 명의 증언을 모은 책을 구해, 약 한 달에 걸쳐 매일 아홉 시간씩 읽어 완독했다. 이후 광주뿐 아니라 국가 폭력의 다른 사례들을 다룬 자료들을, 장소와 시간대를 넓혀 인간들이 전 세계에 걸쳐, 긴 역사에 걸쳐 반복해온 학살들에 대한 책들을 읽었다.

그렇게 자료 작업을 하던 시기에 내가 떠올리곤 했던 두 개의 질문이 있다. 이십 대 중반에 일기장을 바꿀 때마다 맨 앞 페이지에 적었던 문장들이다.

현재가 과거를 도울 수 있는가?
산 자가 죽은 자를 구할 수 있는가?

자료를 읽을수록 이 질문들은 불가능한 것으로 판명되는 듯했다. 인간성의 가장 어두운 부분들을 지속적으로 접하며, 오래전에 금이 갔다고 생각했던 인간성에 대한 믿음이 마저 깨어지고 부서지는 경험을 했기 때문이다. 이 소설을 쓰는 일을 더 이상 진척할 수 없겠다고 거의 체념했을 때 한 젊은 야학 교사의 일기를 읽었다. 1980년 5월 당시 광주에서 군인들이 잠시 물러간 뒤 열흘 동안 이루어졌던 시민자치의 절대공동체에 참여했으며, 군인들이 되돌아오기로 예고된 새벽까지 도청 옆 YWCA에 남아 있다 살해되었던, 수줍은 성격의 조용한 사람이었다는 박용준은 마지막 밤에 이렇게 썼다. "하느님, 왜 저에게는 양심이 있어 이렇게 저를 찌르고 아프게 하는 것입니까? 저는 살고 싶습니다."

그 문장들을 읽은 순간, 이 소설이 어느 쪽으로 가야 하는지 벼락처럼 알게 되었다. 두 개의 질문을 이렇게 거꾸로 뒤집어야 한다는 것도 깨닫게 되었다.

과거가 현재를 도울 수 있는가?
죽은 자가 산 자를 구할 수 있는가?

이후 이 소설을 쓰는 동안, 실제로 과거가 현재를 돕고 있다고, 죽은 자들이 산 자를 구하고 있다고 느낀 순간들이 있었다. 이따금 그 묘지에 다시 찾아갔는데, 이상하게도 갈 때마다 날이 맑았다. 눈을 감으면 태양의 주황빛이 눈꺼풀 안쪽에 가득 찼다. 그것이 생명의 빛이라고 나는 느꼈다. 말할 수 없이 따스한 빛과 공기가 내 몸을 에워싸고 있다고.

열두 살에 그 사진첩을 본 이후 품게 된 나의 의문들은 이런 것이었다. 인간은 어떻게 이토록 폭력적인가? 동시에 인간은 어떻게 그토록 압도적인 폭력의 반대편에 설 수 있는가? 우리가 인간이라는 종에 속한다는 사실은 대체 무엇을 의미하는가? 인간의 참혹과 존엄 사이에서, 두 벼랑 사이를 잇는 불가능한 허공의 길을 건너려면 죽은 자들의 도움이 필요했다. 이 소설의 주인공인 어린 동호가 어머니의 손을 힘껏 끌고 햇빛이 비치는 쪽으로 걸었던 것처럼.

당연하게도 나는 그 망자들에게, 유족들과 생존자들에게 일어난 어떤 일도 돌이킬 수 없었다. 할 수 있는 것은 내 몸의 감각과 감정과 생명을 빌려드리는 것뿐이었다. 소설의 처음과 끝에 촛불을 밝히고 싶었기에, 당시 시신을 수습하고 장례식을 치르는 곳이었던 상무관에서 첫 장면을 시작했다. 그곳에서 열다섯 살의 소년 동호가 시신들 위로 흰 천을 덮고 촛불을 밝힌다. 파르스름한 심장 같은 불꽃의 중심을 응시한다.

이 소설의 한국어 제목은 〈소년이 온다〉이다. '온다'는 '오다'라는 동사의 현재형이다. 너라고, 혹은 당신이라고 2인칭으로 불리는 순간 희끄무레한 어둠 속에서 깨어난 소년이 혼의 걸음걸이로 현재를 향해 다가온다. 점점 더 가까이 걸어와 현재가 된다. 인간의 잔혹성과 존엄함이 극한의 형태로 동시에 존재했던 시공간을 광주라고 부를 때, 광주는 더 이상 한 도시를 가리키는 고유명사가 아니라 보통명사가 된다는 것을 나는 이 책을 쓰는 동안 알게 되었다. 시간과 공간을 건너 계속해서 우리에게 되돌아오는 현재형이라는 것을. 바로 지금 이 순간에도.

작가의 통찰은 옳았다. 과거가 현재를 도우러 왔다. 죽은 자가 산 자를 구하러 왔다.

이제 현재와 산 자가 대답해야 한다.

긴 분량의 강연문을 인용한 이유는 내란 세력의 끈질긴 저항을 뚫고 울려 퍼진 현재와 산 자의 대답에 역사적인 당위성을 부여하고 싶기 때문이다.

D+9 2024. 12. 12.

> "비상계엄은 우리 일상을 헤집어놨고, 사람들은 여전히 걱정하고 또 불안해하고 있습니다. 그런데도 대통령은 오늘 담화에서 '짧은 시간이지만 놀랐을 국민에게 사과한다'고만 말했습니다. 그러면서 2시간짜리 내란이 어디 있냐고도 했는데, 그 2시간 때문에 나라가 이렇게 됐습니다."
>
> _ 윤석열 대통령의 긴급 담화에 대한 SBS 〈8뉴스〉 김현우 앵커의 클로징 멘트

한강 작가의 애절하고도 아름다운 언어는 독재를 꿈꾸던 권력자에게 전달되지 않는다.

윤석열 대통령은 국회 탄핵소추안 2차 표결을 이틀 앞둔 이날 오전 10시경, 또 한 번의 긴급 담화문을 발표한다.

앞서 12월 7일 발표한 담화문에 비해 훨씬 긴 이번 담화문에서 핵심적인 문장을 발췌하면 다음과 같다.

> "지금 대한민국은 거대 야당의 의회 독재와 폭거로 국정이 마비되고 사회 질서가 교란되어 행정과 사법의 정상적인 수행이 불가능한 상황입니다." (비상계엄을 선포한 이유)
>
> "민주주의 핵심인 선거를 관리하는 전산 시스템이 이렇게 엉터리인데 어떻게 국민들이 선거 결과를 신뢰할 수 있겠습니까…. 그래서 저는 이번에 국방장관에게 선관위 전산 시스템을 점검하도록 지시한 것입니다." (중앙선관위에 병력을 투입한 이유)

"현재의 망국적 국정 마비 상황을 사회 교란으로 인한 행정·사법의 국가 기능 붕괴 상태로 판단하여 계엄령을 발동하되, 그 목적은 국민들에게 거대 야당의 반국가적 패악을 알려 이를 멈추도록 경고하는 것이었습니다." (비상계엄을 선포한 목적)

"소규모이지만 병력을 국회에 투입한 이유도 거대 야당의 망국적 행태를 상징적으로 알리고 계엄 선포 방송을 본 국회 관계자와 시민들이 대거 몰릴 것을 대비하여 질서 유지를 하기 위한 것이지, 국회를 해산시키거나 기능을 마비시키려는 것이 아님은 자명합니다." (국회에 병력을 투입한 이유)

"도대체 2시간짜리 내란이라는 것이 있습니까? 질서 유지를 위해 소수의 병력을 잠시 투입한 것이 폭동이란 말입니까?" (비상계엄이 내란이 아닌 이유)

윤 대통령은 이번 담화를 통해 '망나니 칼춤', '괴물', '반국가적 패악' 등 난폭한 용어까지 동원하며 12·3비상계엄의 모든 책임을 야당에게 전가하는 한편, 야당의 국정 장악을 막기 위해 끝까지 싸울 것을 천명한다. '대통령 임기를 포함한 국정 전반을 국민의힘과 정부에 일임하겠다'는 1주일 전 담화와는 완전 딴판인 내용이었다.

이날 가장 큰 충격을 받은 사람은 통치권을 이양받을 꿈에 부풀어 '윤석열 대통령 조기퇴진 TF'까지 출범시킨 국민의힘 한동훈 대표일 것으로 추측된다.

한동훈 대표는 대통령 담화 발표 직후인 오전 10시 30분, 긴급 윤리위원회를 소집하여 윤 대통령의 출당과 제명을 추진한다. 이어 원내대표 경선장에 들어가 "윤 대통령의 담화는 사실상 (내란) 자백"이라며, "당론으로 탄핵에 찬성할 것"을 주장함으로써 친윤계 의원들로부터 거센 항의를 받기도 한다.

한동훈 대표가 받은 충격과는 별개로, 이날 윤 대통령의 담화에는 불길한 씨앗 하나가 감춰져 있었다.

윤 대통령은 담화 말미에 이렇게 말한다.

"피와 땀으로 지켜온 대한민국, 우리의 자유민주주의를 지키는 길에 모두 하나가 되어주시길 간곡한 마음으로 호소드립니다. 저는 마지막 순간까지 국민 여러분과 함께 싸우겠습니다."

상투적일 뿐만 아니라 적반하장의 느낌마저 주는 이 말은, 향후 대한민국을 극심한 혼란으로 몰고 가는 시작점이 된다.

한편, 이날 야6당은 윤 대통령에 대한 2차 탄핵소추안을 국회사무처에 제출한다. 이번에 제출된 2차 탄핵소추안에서는 1차 때와 달리 12·3비상계엄의 위헌성을 집중적으로 다루고 있다.

야6당은 '동일 회기 내에는 동일한 안건을 다시 상정할 수 없다'는 국회법 제87조를 위반하지 않기 위해 전날인 12월 11일 임시국회를 새로 소집한 바 있다.

D+11 2024. 12. 14.

> 특별한 기적을 기다리지 마
> 눈앞에 선 우리의 거친 길은
> 알 수 없는 미래와 벽
> 바꾸지 않아
> 포기할 수 없어
>
> _ 소녀시대의 〈다시 만난 세계〉 중

국회는 이날 본회의를 열어 윤석열 대통령의 2차 탄핵소추안을 표결에 붙인다. 시민들은 본회의가 열리기 전인 정오 무렵부터 여의도 국회의사당 앞에 모여 윤 대통령의 탄핵을 촉구하는 집회(경찰 추산 24만 5천 명)를 연다.

본회의를 앞두고 국민의힘 의원들 사이에서는 이탈의 조짐이 감지된다. 1차 탄핵이 무산된 뒤 표결에 불참했던 의원 각자는 유권자들의 거센 비난에 직면해야 했다. 그런 상황에서 한동훈 대표마저 탄핵에 찬성하는 입장으로 돌아섰으니, 친한계 의원들로서는 흔들릴 수밖에 없었을 것이다.

표결 전 탄핵 찬성 입장을 밝힌 국민의힘 의원 명단(7명)

안철수(경기 분당갑)
김예지(비례)

김상욱(울산 남구갑)
조경태(부산 사하을)
김재섭(서울 도봉갑)
진종오(비례)
한지아(비례)

 탄핵안이 가결되기 위해서는 200표의 찬성표가 필요하다. 야권의 192표 외에 국민의힘 의원 중에서도 8표 이상의 찬성표가 나와야 하는 것이다. 하지만 표결 전까지 확인된 찬성표는 7표. 국회의사당 앞에 모인 시민들은 마음을 졸인다. 생중계를 통해 본회의장 실황을 지켜보는 국민들도 마음을 졸인다.
 오후 4시, 국회 본회의가 열린다.
 1차 탄액안 표결에 불참함으로써 국민의 공분을 샀던 국민의힘은 탄핵 반대 당론은 유지하되 2차 표결에는 참석하는 것으로 방향을 정한다.
 표결 방식은 무기명 비밀투표. 찬반 어느 쪽을 찍는지는 기표소 안에 들어간 의원 각자만이 알 뿐이다.
 표결이 끝나고 개표가 진행된다.
 잠시 후, 우원식 국회의장이 개표 결과를 발표한다.
 "대통령 윤석열 탄핵소추안은 총 투표수 300표 중 가(可) 204표, 부(否) 85표, 기권 3표, 무효 8표로서 가결되었음을 선포합니다."
 국회의사당 앞에서는 시민들의 환호가 솟구친다. 응원봉과 깃

발의 물결이 일고, 탄핵의 응원가로 자리 잡은 소녀시대의 〈다시 만난 세계〉가 합창으로 울려 퍼진다.

오후 7시 24분, 국회의 탄핵소추 의결서 등본이 대통령실에 전달되면서 윤석열 대통령의 모든 권한행사는 즉시 정지된다.

응원봉과 깃발

응원봉은 단합의 상징이다. 기존의 상징인 촛불을 성공적으로 계승하는 동시에, 대한민국 민주주의의 주역이 교체되었음을 알리는 신호탄이기도 하다.

응원봉의 역할은 단순히 어둠을 밝히는 데 그치지 않고, 각양각색의 의지를 하나로 뭉치게 하는 도구로 쓰인다. 시민들은 민주주의를 지키겠다는 궁극의 의제 앞에 기꺼이 하나의 무리를 이룬다. 깨어 있는 시민의 조직된 힘이 존재한다면, 응원봉은 그 표상이다.

깃발은 개별의 상징이다. 광장에는 정체를 파악하기 힘든 깃발들이 물결쳤다. '민주묘총'부터 '불꽃남자 정대만', '전국 내향인 연합'까지. 깃발은 실재하는 단체를 대표하는 데 그치지 않고, 광장에 나온 기수 개개인을 알리는 데 목적을 둔다. 한 점으로 수렴된 의제로 인해 소수의 입장이 묻히는 현상은 광장민주주의의 오랜 맹점이다. 깃발은 그 맹점을 성찰하는 계기를 제공한다.

응원봉과 깃발은 단합과 개별이 상충하지 않음을 보여준다. 이로써 대한민국의 민주주의가 한 걸음 더 나아가게 되기를 희망한다.

2장.

지체 遲滯

1. [명사] 때를 늦추거나 질질 끎.
2. [명사] (법률) 의무 이행을 정당한 이유 없이 지연하는 일.

D+13 2024. 12. 16.

> "우리가 부정선거 음모론자들, 극단적 유튜버들 같은 극단주의자들에게 동조하거나 그들이 상업적으로 생산하는 공포에 잠식당한다면, 보수의 미래가 없을 겁니다."
>
> _ 대표직 사퇴 기자회견에서 한동훈 대표의 발언 중

윤석열 대통령 탄핵안이 가결된 뒤 국민의힘 내 탄핵 반대파로부터 사퇴 압박을 받아온 한동훈 대표가 이날 결국 사퇴한다. 7월 전당대회를 통해 대표로 선출된 지 146일 만의 일이다.

이후 오랜 시간 잠행하던 한동훈은 이날로부터 70여 일이 지난 2025년 2월 하순, 정치권에 다시 얼굴을 비친다. 하지만 그사이 세를 불린 극단주의자들을 향해 그가 낸 발언은 "대단히 미안하고 고맙다"였다. 경향신문이 꼬집은 '역사에 기록될 한동훈의 말 바꾸기'는 여전히 진행 중인 듯하다.

한편, 헌법재판소는 윤석열 대통령 탄핵심판을 심리할 주심재판관으로 보수 성향의 정형식 재판관을 지정한다. 규정에 따라 같은 소부에 속한 이미선 재판관이 함께 증거조사 등을 담당할 수명재판관으로 참여하게 된다.

- **주심재판관**: 법원이나 헌법재판소에서 특정 사건의 쟁점 정리와 법리 검토를 책임지는 재판관
- **수명재판관**: 법원이나 헌법재판소에서 특정 사건의 세부적인 조사와 준비를 담당하는 재판관

D+16 2024. 12. 19.

> "정부는 헌법정신과 국가의 미래를 최우선으로 하는
> 책임 있는 결정을 하지 않을 수 없습니다."
>
> _ 임시 국무회의에서 한덕수 국무총리 겸 대통령권한대행의 발언 중

한덕수 국무총리 겸 대통령권한대행(이후 권한대행으로 표기)은 이날 임시 국무회의를 소집하여 야당 주도로 통과된 6개 쟁점법안에 대한 재의요구권(거부권)을 행사한다. 윤석열 대통령이 이미 거부권을 행사한 양곡관리법 등 농업4법 개정안에 대해 한덕수 권한대행이 또다시 거부권을 행사한 것은, 윤 대통령의 국정 기조를 그대로 유지하겠다는 취지로 해석된다.

또한 한덕수 권한대행은 '윤석열 내란 특검법'과 '김건희 특검법'의 검토를 연말까지 미룸으로써 내란 수사를 방해하려는 의도를 드러낸다. 윤 대통령과 마찬가지로 내란 혐의의 피의자인 한덕수 권한대행으로서는 불가피한 선택이었을지도 모른다.

대통령 탄핵소추안이 통과되었다고 해서 내란 사태가 끝난 것은 아니다. 한덕수 권한대행의 경우만 봐도 알 수 있듯이, 12·3비

상계엄에는 군대뿐 아니라 행정부 주요 인사들도 깊숙이 관련되어 있었다. 그들은 내란 혐의의 여부와 무관하게 임명권자인 윤 대통령으로부터 부여받은 권한을 여전히 행사하고 있었다. 그들의 권한을 정지시키는 방법은 국회의 탄핵이 유일한데, 이미 대통령 탄핵소추안을 통과시킨 야권으로서는 상당한 부담을 안고 가야 하는 일이 아닐 수 없다.

한덕수 권한대행 이하 행정부 주요 인사들은 그 점을 잘 알고 있었던 것으로 보인다.

D+23 2024. 12. 26.

> "여야가 합의하여 안을 제출하실 때까지
> 저는 헌법재판관 임명을 보류하겠습니다."
>
> _ 헌법재판관 임명 관련 대국민담화에서 한덕수 권한대행의 발언 중

대한민국헌법에 따르면, 대통령은 국회가 추천한 헌법재판관에 대한 임명을 거부할 수 없다.

> **대한민국헌법 111조**
> 제2항 헌법재판소는 법관의 자격을 가진 9인의 재판관으로 구성하며, 재판관은 대통령이 임명한다.
> 제3항 제2항의 재판관 중 3인은 국회에서 선출하는 자를, 3인은 대법원장이 지명하는 자를 임명한다.

그러나 한덕수 권한대행은 이날 대국민담화를 통해 "헌법재판소의 구성과 헌법재판관 임명에 대해 합리적인, 국민이 이견 없이 수용할 수 있는 해법이 반드시 필요하다"면서, "여야가 합의해 오기 전에는 임명을 하지 않겠다"고 밝힌다.

여야가 합의하지 않은 안건은 수용하지 않겠다는 선언은 의회민주주의의 근간인 '다수결의 원칙'을 부정함과 동시에, 대한민국 헌법에 정면으로 위배된다.

> **대한민국헌법 제3장 제49조**(의결정족수와 의결방법)
> 국회는 헌법 또는 법률에 특별한 규정이 없는 한 재적의원 과반수의 출석과 출석의원 과반수의 찬성으로 의결한다. 가부동수인 때에는 부결된 것으로 본다.

게다가 우원식 국회의장이 공개한 공문에 따르면, 마은혁·정계선·조한창 3인의 헌법재판관 임명은 여야가 합의한 사안이 분명하다.

> 2024년 8월 13일, 헌법재판소는 헌법재판관 이종석·이영진·김기영 3인의 임기가 10월 17일자로 만료됨을 국회에 통보한다.
> 2024년 8월 16일, 우원식 의장은 여야 원내대표에게 공문 사본을 송부한다.
> 2024년 11월 18일, 우원식 국회의장 주재로 여야 원내대표 간 회동이 이루어진다.
> 2024년 11월 19일, 추경호 당시 국민의힘 원내대표는 "사흘 뒤인 22일까지 국회 추천 헌법재판관 3인의 추천을 마무리하기로 여야 간 합의했다"고 밝힌다.
> 2024년 12월 9일, 국민의힘은 조한창 후보를, 더불어민주당은 마은혁·정계선 후보를 헌법재판관으로 추천하겠다는 공문을 우원식 국회의장에게 보낸다.

2024년 12월 10일, 우원식 국회의장은 헌법재판소 재판관 선출 인사청문특별위원장에게 국회 선출 헌법재판관 3인의 선출안을 회부한다.

위에서 살펴보았듯 여야 원내대표의 직인이 찍힌 헌법재판관 추천 공문은 절차적으로 아무런 하자 없이 발부되었다. 여야 합의가 없었다는 한덕수 권한대행의 주장은 사실이 아닌 것이다.

한편, 이날 공수처는 윤석열 대통령에게 3차 소환조사 일자를 통보한다. 그동안 윤 대통령은 수사기관의 출석 요구에 응하지 않았을 뿐만 아니라, 헌법재판소가 송달한 탄핵심판 관련 서류의 수취마저 거부해왔다.

D+24 2024. 12. 27.

> "이 안건에 대한 의결정족수에 대해 일부 이견이 있지만, 국회 탄핵소추 의결은 '직(職)의 파면'을 요구하는 것이고 이 안건의 탄핵소추 대상자는 헌법에 따라 대통령의 권한을 대신하여 행사하는 국무총리입니다."
>
> _ 한덕수 권한대행에 대한 탄핵소추안 표결 직전 우원식 국회의장의 발언 중

한덕수 권한대행에 대한 국회의 탄핵소추안이 재석의원 192명 중 찬성 192표로 가결된다. 이로써 한덕수 권한대행의 직무는 즉각 정지되고, 최상목 부총리 겸 기획재정부장관이 권한대행의 직무를 이어받게 된다.

한편, 윤석열 대통령은 공수처가 발송한 3차 출석요구서 수취를 거부함으로써 자신과 관련된 모든 수사에 협조하지 않을 의사를 분명히 한다.

3장.

체포 逮捕

1. [명사] (법률) 형법에서, 사람의 신체에 대하여 직접적이고 현실적인 구속을 가하여 행동의 자유를 빼앗는 일.
2. [명사] (법률) 형사소송법에서, 검찰수사관이나 사법경찰관이 법관이 발부하는 영장에 따라 피의자를 잡아서 일정 기간 유치하는 일. 또는 그런 강제 처분.

D+26 2024. 12. 29.

"이 어려운 상황을 하루빨리 극복할 수 있도록
저도 국민 여러분과 함께하겠습니다."

_ 윤석열 대통령이 본인의 SNS에 올린 글

오전 9시 3분경, 방콕발 제주항공 여객기가 무안국제공항에 착륙하던 중 폭발하는 사고가 벌어진다. 탑승자 181명 중 179명이 사망하고 2명이 중상을 입은 대형 참사였다. 길어지는 내란으로 우울감과 무력감에 빠져 있던 국민들은 일요일 아침 갑작스럽게 날아든 비보 앞에 망연해진다.

제주항공 여객기 참사는 직무정지 후 한남동 관저에 칩거 중이던 윤석열 대통령에게 활동의 기회를 제공한다. 윤 대통령은 본인의 SNS를 통해 사고 유족들에게 애도를 표하는 한편, 국민과 함께하겠다는 메시지를 올린다.

이날은 윤 대통령의 3차 소환조사일이었다. 하지만 윤 대통령은 수사권을 문제 삼아 소환에 응하지 않았다. 국가적 참사에 애도를 표하는 것은 본인의 자유지만, 이날 윤 대통령이 먼저 해야 할 일은 수사기관에 자진출석하여 본인과 관련된 수사에 성실히 임하는 모습을 보여주는 것이었다.

분노한 누리꾼들은 '애도 편승'이라는 말로 윤 대통령의 행태를 비난한다.

D+28 2024. 12. 31.

> **형사소송법 제200조의2**(영장에 의한 체포)
> 제1항 피의자가 죄를 범하였다고 의심할 만한 상당한 이유가 있고, 정당한 이유 없이 제200조의 규정에 의한 출석 요구에 응하지 아니하거나 응하지 아니할 우려가 있는 때에는 검사는 관할 지방법원 판사에게 청구하여 체포영장을 발부받아 피의자를 체포할 수 있고, 사법경찰관은 검사에게 신청하여 검사의 청구로 관할 지방법원 판사의 체포영장을 발부받아 피의자를 체포할 수 있다.

윤석열 대통령의 탄핵소추안이 가결되기 전부터 검찰, 경찰, 공수처 등 수사기관에서는 12·3비상계엄 관련 수사가 강도 높게 진행 중이었다. 비상계엄 선포 당시 헌법과 법률을 위반한 혐의로 김용현 전 국방부장관과 박안수 전 육군참모총장 등 군 수뇌부, 조지호 전 경찰청장 등 경찰 고위 간부들은 이미 구속된 상태였다. 이들의 정점에 있는 대통령에 대한 수사는 불가피했다.

그러나 윤 대통령은 자신에 대한 모든 수사에 철저한 비협조로 일관한다. 한남동 대통령관저가 군사보호구역인 점을 이유로 경찰의 압수수색을 저지하고, 수사권을 문제 삼아 공수처의 출석 요구에 불응한다.

이날 서울서부지방법원(이후 '서부지법'으로 표기)은 공수처가 전날 청구한 윤 대통령에 대한 체포영장을 발부한다. 영장에 적시된 혐의는 '내란 우두머리'이며, 영장 집행 기한은 1주일 뒤인 2025년 1월 6일까지로 정해진다. 현직 대통령에 대한 체포영장 청구 및 발부는 헌정사상 최초의 일이다.

한편, 최상목 권한대행은 이날 오후 국무회의를 열어 국회가 통과시킨 '내란 특검법'과 '김건희 특검법'에 대한 거부권을 행사한다. 다만, 한덕수 국무총리를 탄핵에 이르게 만든 헌법재판관 임명에 대해서는 정계선·조한창 후보자는 임명하고 마은혁 후보자는 보류하는 결정을 내린다.

앞서도 살펴본 바, 대통령 혹은 대통령권한대행은 국회가 추천하거나 대법원장이 지명한 헌법재판관을 임명할 의무만 있을 뿐, 거부하거나 선별할 권한은 없다. 이에 우원식 국회의장은 최상목 권한대행이 국회의 권한을 침범했다는 취지의 권한쟁의심판을 헌법재판소에 청구한다.

D+29 2025. 1. 1.

"저는 실시간 생중계 유튜브를 통해 여러분들이 애쓰시는 모습을 보고 있습니다…. 나라 안팎의 주권 찬탈 세력과 반국가 세력의 준동으로 지금 대한민국이 위험합니다. 저는 여러분과 함께 이 나라를 지키기 위해 끝까지 싸울 것입니다."

_ 윤석열 대통령이 대통령관저 앞에 모인 지지자들에게 보낸 메시지 중

2025년 새해가 시작되었다. 하지만 내란의 먹구름은 여전히 대한민국을 덮고 있었고, 그 밑에서는 윤석열 대통령이 12월 12일 담화를 통해 뿌려 놓은 불길한 씨앗이 몸집을 부풀리고 있었다.

새해 첫날인 1월 1일 저녁, 한남동 대통령관저 앞에서 윤 대통령 체포 저지를 위한 시위를 벌이던 지지자들에게 대통령관저로부터 나온 종이 한 장이 전달된다. 말미에 '대통령 윤석열'이라는 서명이 적힌 그 종이에는 자신의 지지자들을 향한 윤 대통령의 노골적인 선동의 메시지가 담겨 있었다.

윤 대통령의 메시지를 받은 지지자들은 감격에 겨워 울먹이고, 그 모습을 지켜보던 극우 유튜버들은 득의의 미소를 짓는다.

글로벌 유튜브 채널 순위 집계 플랫폼인 〈플레이보드〉에 따르면, 상위 극우 유튜버들의 2024년 12월 후원금 수익은 전월 대비 두 배가량 증가한 것으로 나타난다. 이러한 경향은 2025년 초반에도 이어지는데, 윤 대통령의 지지자들이 극렬해질수록 극우 유튜버들의 통장은 두둑해진 것이다.

D+31 2025. 1. 3.

"They have to kill me first before arrest President Yoon(그들은 윤 대통령을 체포하기 전에 나를 먼저 죽여야 할 것이다)**."**

_ 대통령관저 앞에서 시위 중이던 윤석열 대통령 지지자가 영국 BBC 방송과 한 영어 인터뷰 중

대통령관저가 위치한 한남동이 오전 일찍부터 소란스러워진다. 공수처 수사진이 윤석열 대통령에 대한 체포영장을 집행하기 위해 공수처 과천청사를 출발했다는 소식이 전해졌기 때문이다.

전날부터 철야로 집회를 이어가던 윤 대통령 지지자들은 흥분한다. 대통령관저 주변에 출동해 있던 경찰기동대는 과격해진 지지자들을 막기 위해 애를 먹는다.

그런 가운데 오전 7시 20분경, 공수처 수사진이 대통령관저 앞에 도착한다.

40여 분 뒤인 오전 8시경, 대통령경호처가 설치한 바리케이드를 개방한 공수처 수사진 80여 명은 대통령관저 경내로 진입하여 체포영장 집행을 시도한다. 그러나 윤 대통령이 거주하는 관저 건물을 앞두고 대통령경호처와 수방사 55경비대에게 가로막혀 5시간

가량 대치한다.

양측이 대치하는 동안 공수처 수뇌부는 최상목 권한대행에게 "체포영장 집행을 위해 대통령경호처를 지휘해줄 것"을 요청하지만, 최상목 권한대행은 응하지 않는다.

결국 체포영장 집행에 실패한 공수처 수사진은 오후 1시 30분경 대통령관저에서 철수한다. 공권력의 영장 집행이 다른 공권력에 가로막혀 무산되는 사상 초유의 사건이 벌어진 것이다.

이후 공수처 관계자는 "경호처의 저지를 뚫고 들어갈 수 있는 상황이 아니었다", "체포영장을 집행하러 간 인원보다 훨씬 많은 인원이 집결해 있는 상황이라 안전에 대한 우려가 컸다", "(경호처 측에는) 개인화기를 휴대한 사람들도 있었다"고 영장 집행에 실패한 이유를 해명했다.

D+33 2025. 1. 5.

　서울에 대설주의보가 발령된다. 전날인 1월 4일 밤부터 이날 새벽까지 날린 눈발은 한남동 대통령관저 앞을 하얗게 덮는다.

　눈 덮인 도로 위에서 온몸에 둘러 감은 은박 담요로 체온을 지키며 훼손된 민주주의의 복원을 간절히 기원한 '키세스 시위대'는 그 시간 그 장소에서 탄생한다.

　감동적인 작품을 게재하도록 허락해주신 이정헌 작가님께 감사드린다.

D+34 2025. 1. 6.

> "이번 체포영장 집행은 불법이며,
> 저와 국민의힘 의원들은
> 영장 집행을 반드시 막아야 한다는 생각입니다."
>
> _ 대통령관저 앞에서 국민의힘 김기현 의원이 발표한 입장문 중

윤석열 대통령에 대한 체포영장 집행이 실패로 끝나자 극렬 지지자들의 기세는 점점 올라간다.

체포영장 만료일인 이날도 대통령관저 앞에서는 탄핵 반대 집회가 열린다. 단상에 오른 사랑제일교회 전광훈 목사는 "민주노총과 실제 육탄전으로 붙어도 헌법적으로 아무런 문제가 없으니 깃발로 쑤셔버리자"라거나, "3개월 안에 국회를 해산하고 재선거를 해야 한다"는 등 폭력을 사주하는 발언을 이어간다. 윤 대통령의 극렬 지지자들은 전 목사의 발언이 끝날 때마다 태극기와 성조기를 흔들며 환호한다.

| 전광훈
| 1954년 경북 의성 출생(71세).
| 안양대학교 신학대학원 졸업.

> 1983년 사랑제일교회 설립.
> 2019년 한국기독교총연합회 회장 당선 이후 본격적으로 정치활동을 시작하여 '아스팔트 우파'라고 불리는 극우 개신교 집단의 구심점이 됨.
> 2021년 국민혁명당 창당.
> 현재 사랑제일교회 고문, 자유통일당 상임고문, 대한민국바로세우기국민운동본부 의장.

그보다 이른 시각인 오전 7시 30분경, 국민의힘 소속 친윤계 국회의원 40여 명이 대통령관저로 들어간다.

오전 9시 30분경, 관저에서 나온 의원들은 윤 대통령의 탄핵과 체포에 반대하는 입장문을 발표한다.

친윤계 의원들의 행동에 대해 국민의힘 지도부는 "지역(영남)의 요구에 따른 개인 차원의 행동으로 보고 있다"는 말로 거리를 둔다. 하지만 비상계엄 해제 요구안 처리 과정과 탄핵소추안 표결 과정에서 이미 확인한 바, 국민의힘이라는 정당 전체가 내란 옹호 대열에 합류하는 것은 시간문제에 불과했다.

한편, 공수처는 체포영장 추가 집행에 나서는 대신 영장 재청구 방침을 밝힌다. (다음 날인 1월 7일 서부지법에 재청구하여 1월 8일 발부받음) 극렬 지지자들과 무장한 경호처를 상대로 강제집행에 나서는 과정에서 인명피해라도 발생하면 사태는 걷잡을 수 없이 확대될 것이다. 이 점을 우려한 공수처가 전략적 인내를 택한 것으로 해석된다.

D+37 2025. 1. 9.

> "'너의 죽음에 억울함이 없도록 하겠다'라는 약속을 지키기 위해서는 앞으로도 가야 할 길이 멀기도 하고 험하기도 할 것입니다. 하지만 저는 결코 흔들리거나 좌절하거나 뒤돌아보지 않고, 앞만 보고 채 상병과의 약속을 지키기 위해 혼신의 노력을 다할 것입니다."
>
> _ 1심 판결 뒤 법정에서 나온 박정훈 대령이 자신을 응원해준 시민들에게 밝힌 소감 중

끝나지 않는 내란 속에서 하루하루 말라붙어가는 국민들에게 단비와 같은 소식이 전해진다. 이날 오전, 중앙군사법원이 채 상병 사망 사건과 관련하여 항명 혐의와 상관 명예훼손 혐의로 기소된 박정훈 대령에게 무죄를 선고한 것이다.

법원은 당시 김계환 해병대사령관의 사건기록 이첩 중단 명령과 관련해 "해병대사령관에게는 군사법원에 재판권이 없는 범죄의 이첩 시 이첩 중단 명령을 할 권한은 없는 것으로 보이고, 피고인에게 한 기록 이첩 중단 명령은 정당한 명령으로 보기 어렵다"고 밝힘으로써, 박정훈 대령의 행동이 항명에 해당하지 않는다고 판단했다. 상관 명예훼손 혐의에 대해서도 "군 검사가 제출한 증거만으로는 피고인의 발언이 거짓이라는 합리적 의문의 여지가 없음으로 증명되었다고 보기 어렵다"고 판단했다.

앞서 2024년 10월 29일 열린 9차 공판에 증인으로 출석한 임기훈 전 국방비서관은 '윤석열 대통령의 격노설'에 대해 묻는 박정훈 대령 측 변호인의 질문에는 답변을 거부하면서도, 박정훈 대령을 겨냥해서는 "명령을 받은 사람이 명령의 적법성을 일일이 판단하면 군이 유지될 수가 없다"고 비난한 바 있다. 상관의 부당한 명령에 맹목적으로 복종한 결과가 12·3비상계엄임을 감안하면, 장차 군대가 추구해야 할 길이 무엇인지 찾을 수 있으리라 본다.

한편, 국방부는 중앙군사법원의 1심 판결에 불복, 1월 13일자로 항소를 신청한다. 부당한 명령에 따르지 않은 장교를 향한 핍박은 아직 끝나지 않았다.

D+43 2025. 1. 15.

"더 이상 잠들지 못할 것이다. 맥베스는 잠을 죽여버렸다. 그 무고한 잠을. 엉클어진 근심 걱정을 말끔히 정돈해주는 잠을. 매일의 삶을 매듭지어주는 잠을. 힘겨운 노동의 피로를 씻어주는 목욕물이자, 상처 입은 마음을 치유해주는 명약이자, 대자연이 주는 최고의 음식이자, 인생의 향연에서 가장 큰 자양분이 되는 잠을."

_ 셰익스피어의 희곡 〈맥베스〉에서

12·3비상계엄은 많은 국민들에게서 편안한 잠을 앗아갔다. 윤석열 대통령에 대한 체포영장 집행이 실패로 끝난 뒤에는 더더욱 그랬다. 국민들은 조마조마한 마음으로 특집 뉴스를 시청하다가, 선잠에 눈을 감았다가, 뭔가에 놀란 듯 깨어 다시 뉴스 화면을 열고는, 한숨을 쉬었다.

대통령관저는 하루하루 철옹성으로 바뀌어갔다. 정문 안쪽은 차벽이 겹겹으로 세워졌고, 외각 산길은 철조망으로 봉쇄되었다. 전술복과 소총 배낭으로 무장한 경호 인력이 언론 사진에 포착되는 일도 있었다. 대통령 측 변호인이 경호처 직원들을 상대로 "체포영장을 집행하러 온 경찰을 체포해도 된다"는 어이없는 지침을 내린 것이 확인되기도 했다. 기세가 오른 극렬 지지자들은 태극기와 성조기를 흔들며 관저 앞 도로를 뒤덮었다. 국민들의 한숨은 깊어졌다.

그런 가운데, 1월 15일 윤 대통령에 대한 두 번째 체포영장 집행이 시도된다. 앞선 실패 이후 절치부심한 공수처와 경찰은 영장 집행 준비에 만전을 기한다.

전날인 1월 14일 오후 11시경, 경찰기동대 버스들이 관저 앞 도로 양방향에 차벽을 세워 차도와 인도를 분리한다.

1월 15일 오전 4시 28분, 공수처 차량이 관저 앞에 도착한다. 경찰은 관저 진입에 1천 명 이상을 동원하고, 진입로 확보와 질서 유지를 위해 경찰기동대 3200명을 배치한다.

오전 5시 10분, 공수처가 관저 입구에서 대통령 측 변호인에게 수색영장을 제시한다.

오전 6시 53분, 경찰이 방송을 통해 "법원에 의해 발부된 적법한 영장을 집행 중이며 즉시 영장 집행 방해 행위를 중단하라"고 경고한다.

오전 7시, 경찰이 관저 출입문을 개방하고 문 안쪽에 설치된 철조망을 제거한다.

오전 7시 30분, 경찰이 사다리를 사용해 차벽을 넘어간다.

오전 7시 57분, 공수처와 경찰 수사진이 마지막 저지선인 관저 건물 앞 초소에 도착한다.

국민들이 우려했던 충돌은 일어나지 않았다. 국방부는 사전에 발송한 공문을 통해 수방사 55경비대를 철수시킨 상태였고, 경호

공수처로 체포되어 들어가는 윤석열 (출처 한겨레신문)

처 직원들도 스크럼을 짜고 저지했던 1차 집행 때와 달리 적극적인 행동에 나서지 않았다.

관저 건물 내로 진입한 수사진은 대통령 측 변호인과 체포영장 집행에 대한 협의를 진행한다. 대통령 측 변호인은 "자진출석의 형태로 공수처에 출석하겠다"며 당장의 상황을 모면해보려고 했지만, 공수처는 "영장 집행이 원칙"이라는 입장을 고수하며 체포 절차에 들어간다.

오전 10시 33분, 공수처와 경찰은 윤 대통령에 대한 체포영장을 집행한다.

이로써 윤 대통령은 헌정사상 최초로 수사기관에 의해 체포된 현직 대통령이라는 불명예를 얻게 된다.

이날 미국 국무부는 "우리가 한국에서 본 것 중 하나는 한국의 민주적 회복력이 작동한다는 것"이라는 입장을 밝힌다.

4장.

창궐 猖獗

[명사] 못된 세력이나 전염병 따위가 세차게 일어나 걷잡을 수 없이 퍼짐.

D+33 2025.1.5.

Q3. 선생님께서는 윤석열 대통령 체포영장에 대한 불법 논란에도 불구하고 공수처가 현직 대통령을 강제 연행하는 것에 대해 어떻게 생각하십니까?

Q4. 선생님께서는 윤 대통령이 비상계엄 선포 이유로 언급한 중앙선거관리위원회 전산 시스템의 해킹 및 부정선거 가능성에 대한 의혹 해소를 위해, 선관위 선거 시스템에 대한 공개 검증이 필요하다고 생각하십니까, 필요 없다고 생각하십니까?

Q5. 선생님께서는 중앙선거관리위원회에서 부정선거 의혹을 제기하는 행위에 대해 처벌하는 법안을 발의하는 것에 대해 어떻게 생각하십니까?

_ 1월 3일~4일 실시한 아시아투데이-한국여론평판연구소 여론조사 설문지 중

눈 덮인 한남동 도로 위에서 '키세스 시위대'가 꽁꽁 언 몸을 웅크리며 민주주의의 복원을 기원하던 1월 5일, 보수 언론들은 윤석열 대통령의 지지율이 40%로 급등했다는 한국여론평판연구소의 여론조사 결과를 일제히 보도한다. 여론조사에 사용된 설문지를 확인한 결과, 설문 문항 앞부분에 윤 대통령 측의 주장을 그대로 실음으로써 반대 측의 여론조사 참가를 고의로 배제하려 했음을 알 수 있다.

그럼에도 이날 발표된 여론조사 결과는 극우 유튜버들에 의해 빠르게 확대·재생산되고, 이후 실시되는 각종 여론조사에서 보수

층이 과표집되는 현상을 불러온다.

보수가 결집하는 현상 자체는 문제라고 볼 수 없다. 문제는 보수 결집의 중심에 '아스팔트 우파'라 불리던 극우 세력이 자리 잡고 있다는 것이다.

극우 세력은 대한민국 정치 지형에서 더 이상 변두리에 머물지 않았다.

> **한국의 극우 세력을 구성하는 요소는 다음과 같다.**
> 1. 고전적인 반공, 반북, 친미주의 집단
> 2. 박근혜 전 대통령 탄핵 이후 보수 개신교를 주축으로 집결한 '아스팔트 우파' 집단
> 3. 부정선거 음모론을 맹신하는 반중(反中) 집단
> 4. 외국인 노동자, 동성애자, 장애인 등 사회적 소수자에 적대적인 집단
> 5. 젠더 갈등에서 촉발된 반페미니즘 집단
> 6. 위 집단들의 행위나 주장을 소재로 삼아 경제적 수입을 올리는 유튜버 집단
>
> 윤석열 대통령에 대한 체포영장 집행은 위 집단 중 일부 혹은 전부를 응집하게 만드는 구심점으로 작용하게 된다.

D+37 2025. 1. 9.

> "백골단은 반공청년단의 예하 조직으로
> 운영될 것임을 알려드립니다."
>
> _ 국회 기자회견장에서 반공청년단 단장 김정현의 발언 중

1심에서 무죄를 선고받은 박정훈 대령이 자신을 응원해준 시민들 앞에서 감개 어린 소감을 발표하던 시각, 여의도에서는 어처구니없는 사건 하나가 벌어진다. '반공청년단(백골단)'이라는 이름을 쓰는 극우 단체가 국민의힘 김민전 의원의 주선으로 국회에서 기자회견을 연 것이다.

이 기자회견에서 반공청년단은 대통령에 대한 탄핵심판과 체포영장 집행에 공개적으로 반대하며 "국민과 함께 윤석열 대통령을 지키겠다"는 입장을 밝힌다. '백골단'이라는 명칭을 긍정적으로 생각하느냐는 기자의 질문에는 "같은 편으로서는 긍정적인 효과를 낼 수 있을 거라 본다"고 답한다.

백골단은 군사정권 시절인 1990년대, 각종 시위 현장에서 폭력적인 진압과 체포로 악명을 떨친 경찰 사복체포조의 별칭이다.

D+43 2025. 1. 15.

"우리는 이 자리에서 순교한다.
내일 오후 우리는 하늘에서 다 같이 만납시다."

_ 1월 14일 한남동 탄핵 반대 집회에서 생중계된 유튜브 채널 〈신의한수〉 중

오후 8시경, 윤석열 대통령이 조사를 받던 공수처 과천청사 인근 잔디밭에서 60대 남성 한 명이 분신을 시도, 전신에 중화상을 입는 사건이 발생한다. (1월 20일 사망) 이 남성은 이날 오전 윤 대통령이 체포된 한남동에서도 분신을 시도하다 경찰에게 제지당한 것으로 알려진다.

다음 날인 1월 16일, 사랑제일교회 전광훈 목사는 본인의 유튜브 채널을 통해 "지금은 때가 아니니까, 언제든 죽을 기회를 줄 테니 조금만 더 기다리라"며 극단적인 행동을 부추기는 듯한 발언을 한다.

극우 유튜버들은 분신 사건의 책임을 공수처로 돌린다. 유튜브 채널 〈김태우TV〉는 "공수처가 우리 일반 지지자까지 죽게 만드는 것이냐"라고 주장한다.

D+44 2025. 1. 16.

"선거연수원 체포 중국인 99명 주일미군기지 압송됐다."

_ 스카이데일리의 헤드라인

극우 성향의 매체인 스카이데일리는 이날 단독 기사를 통해, 12·3비상계엄 당시 수원선거연수원에서 계엄군과 미군에게 체포된 중국 국적자 99명이 평택항을 거쳐 오키나와 미군기지로 압송되었다고 보도한다. 이 기사 역시도 극우 유튜버들에 의해 빠르게 확대·재생산된다.

기사에 언급된 기관들은 기사의 내용을 전면 부인한다.

선관위는 다음 날 발표한 입장문을 통해 "당시 (수원선거연수원에는) 선관위 공무원을 대상으로 교육과정이 운영된 가운데, 공무원 및 외부 강사 96명이 숙박하고 있었고, 계엄군은 선거연수원청사 내로 진입하지도 않았다"고 반박한다.

주한미군도 공식 SNS를 통해 "(스카이데일리의 보도는) 모든 것이 거짓말이다"라고 밝힌다.

스카이데일리의 기사는 얼마 지나지 않아 가짜뉴스로 판명난다. 기사에 첨부된 중국 간첩들의 사진 또한 2012년 우리 영해를 침범했다가 나포된 중국 어부들의 사진을 교묘히 편집한 것으로 드러난다.

선관위 허위조작정보 유포 과정

2024년 12월 24일	시사인, "[단독] 12·3, 선관위 연수원에서 실무자민간인 90여명 감금 정황" 보도
12월 25일	유튜브 '신인균의 국방TV', "연수원 감금됐던 인물들 침묵 지키는 이유 한국인 아니거나 어딘가로 연행됐기 때문" ▶ 최초 '중국인' 언급하며 의혹제기
12월 26일	스카이데일리, "[김태연 칼럼]선관위연수원 중국인 해커부대 90명 누구인가" ▶ 선관위 직원 90여명 → 90명의 중국인 해커부대 변경
	FN투데이, "[황교안의 손편지]김태연 칼럼 사실이라면, 하늘이 놀라고 땅이 흔들릴 일" ▶ 90명 중국인說 확산
	유튜브 '보안사', "계엄 당일, 中전산 조작원 현행범 체포" ▶ 중국인 현행범 체포說 추가
12월 28일	유튜브 '보안사', "체포된 中전산 조작원 미국 정보 당국에 이송돼" ▶ 중국인 미국 이송說 추가
2025년 1월 2일	대한민국국가원로회 성명서, "中요원 90명, 미국 정보요원에게 수사 받고 있다고 한다" ▶ 중국인 미국 이송說 확산
	스카이데일리, 국가원로회 성명서 인용 보도 ▶ 중국인 미국 이송說 확산
1월 3일	유튜브 '강신업TV', 2일자 스카이데일리 인용 방송 ▶ 중국인 미국 이송說 확산
1월 16일	스카이데일리, "[단독] 선거연수원 체포 중국인 99명 주일미군기지 압송됐다" ▶ 中요원 90여명 → 中간첩 99명 변경 ▶ 미국 정보 당국 → 주일미군기지 변경
1월 18일	스카이데일리, "[단독] 선거연수원 체포 中간첩단 국내 여론조작 관여" ▶ 중국 간첩의 국내 여론조작說 추가
	시사인 "계엄일, 선관위 직원 등 90여명 감금 정황" → "계엄일 中간첩 99명 주일미군기지로 압송"

The JoongAng

중앙일보 기사에 등장하는 그래픽

1월 20일 중앙일보는 "'계엄 날, 90명 감금' 기사가… 9일 뒤 '中 간첩 압송' 둔갑했다[가짜뉴스 전말 추적]"라는 제목의 기사에서, 스카이데일리의 가짜뉴스가 어떤 과정을 거쳐 작성되었는지를 보도한다.

이후 스카이데일리 기사의 취재원이 한미 군사 정보와는 무관하며, 심지어 미국 입국 사실조차 없는 인물(일명 '캡틴코리아')이라는 사실이 밝혀진다. 그럼에도 극우 세력 내에 퍼진 '선관위 중국 간첩 침투설'은 좀처럼 사그라지지 않는다.

독일계 정치철학자 한나 아렌트는 "전체주의 지배에서 이상적인 피지배층은 사실과 허구의 차이와 참과 거짓의 차이를 더 이상 보지 못하는 사람들이다"라고 주장한 바 있다. (출처 〈전체주의의 기원 2〉)

편향된 정치관에 사로잡힌 극우 세력에게 사실과 허구, 참과 거짓은 중요하지 않았던 것이다.

D+47 2025. 1. 19.

> "국민저항권이, 이게 이제 시작이 됐기 때문에,
> 윤석열 대통령도 구치소에서
> 우리가 데리고 나올 수도 있어요."
>
> _ 세종대로에서 열린 탄핵 반대 집회에서 전광훈 목사의 연설 중

이틀 전인 1월 17일, 공수처는 윤석열 대통령에 대한 구속영장을 서부지법에 청구한다.

서부지법은 다음 날인 1월 18일 오후 2시부터 오후 6시 50분까지 윤 대통령에 대한 영장실질심사를 진행한다.

윤 대통령은 애초 영장실질심사에 불참하겠다는 입장을 뒤집고 서부지법에 직접 출석한다. 영장심사 판사는 윤 대통령에게 "비상입법기구란 것이 구체적으로 무엇입니까?"와 "계엄 선포 이후에 비상입법기구를 창설할 의도가 있었습니까?"라는 질문만 한 것으로 알려진다.

날이 바뀌어 1월 19일 오전 2시 50분경, 서부지법은 증거인멸의 우려가 있다며 윤 대통령에 대한 구속영장을 발부한다. 현직 대통령이 법원의 영장에 의해 구속된 것 역시도 헌정사상 최초의 일이다.

폭동은 이때부터 시작된다.

영장 발부 소식이 언론을 통해 알려진 오전 3시경, 서부지법 일대에 모여 구속 반대 시위를 벌이던 극렬 지지자들은 '국민저항권'을 주장하며 법원으로 몰려간다.

오전 3시 7분, 폭도로 돌변한 수백 명의 극렬 지지자들은 경찰의 경비가 상대적으로 느슨한 법원 후문으로 난입한다. 후문과 이어진 통로에 설치한 경찰의 방어선은 물리력으로 밀어붙이는 폭도들에 의해 돌파된다.

오전 3시 20분경, 법원 건물 내부로 들어간 폭도들은 1층 로비 유리문과 집기 등을 파손한다.

비슷한 시각, 건물 1층 유리창을 깨고 들어간 폭도들은 방제실을 점령하여 컴퓨터와 사무용품을 부수고 CCTV 서버를 파손하는 등 난동을 부린다.

극우 유튜버들은 각자의 유튜브 채널을 통해 폭동 과정을 생중계하는 한편, 주변 폭도들을 선동하고 폭력 행위에 직접 가담하기도 한다.

오전 3시 25분경, 법원 정문 현관이 건물 내부에 있던 폭도들에 의해 강제 개방된다. 현관을 지키던 경찰 병력은 안전을 고려해 일시적으로 철수한다. 당시 건물 내에 있던 법원 직원들은 1층 당직실에 숨거나 옥상으로 대피한다.

오전 3시 30분경, 폭도들 중 일부가 영장심사 판사의 집무실이 있는 7층으로 올라간다. 이들은 윤 대통령의 구속영장을 발부한 판사의 이름을 외치며 수색에 나선다. 여기에는 전광훈 목사의 사랑제일교회와 관련 있는 전도사도 포함된다.

오전 3시 32분, 경찰기동대가 법원으로 진입하지만, 건물 내외에 있던 폭도들의 저항으로 인해 진압에 어려움을 겪는다. 법원 외각에 포진한 시위대는 경찰의 지원 병력이 도착하는 것을 가로막는 등 진압을 방해한다.

오전 4시, 경찰은 서부지법에 대규모 병력을 투입하여, 법원 집기와 깨진 타일 등을 던지며 격렬히 저항하는 폭도들을 본격적으로 진압하기 시작한다.

오전 6시 8분, 경찰은 서부지법 인근 질서가 완전히 회복되었음을 밝힌다.

이로써 서부지법 폭동 사태는 3시간여 만에 종료된다.

법원이 폭도에 의해 습격, 점거당한 것은 사상 초유의 일이다. 그 과정에서 경찰 7명이 중상을 입었으며, 다수의 취재진이 폭행을 당하거나 장비를 탈취당하는 등 피해를 입었다. 이날 서부지법이 입은 피해 규모는 약 6~7억 원에 달하는 것으로 추정된다.

날이 밝은 뒤, 경찰과 검찰은 "서부지법 폭동 사태에 대해 엄정히 대응할 것"이며, "CCTV 및 각종 영상 분석을 통해 드러난 불법행위자 전원을 구속수사할 방침"이라고 밝힌다. 대법원도 천대엽 법원행정처장 명의로 "법치주의에 대한 도전은 안 된다"는 입장문을 발표한다.

서부지법 폭동 사태와 관련하여 입건된 피의자는 3월 19일 기준 140명이며, 이중 90명 이상이 구속된 상태다.

12·3비상계엄 사태 이후 시작된 극우 세력의 창궐은 이제 폭동을 일으키는 수준에까지 이르러 있었다.

5장.

심리 審理

1. [명사] 사실을 자세히 조사하여 처리함.
2. [명사] (법률) 재판의 기초가 되는 사실 관계 및 법률관계를 명확히 하기 위하여 법원이 증거나 방법 따위를 심사하는 행위.
3. [명사] (역사) 옥에 갇혀 있는 죄인을 임금의 명령으로 재심함.

D+42 2025. 1. 14.

"피청구인(윤석열 대통령) 측에서 변론개시 등에 대한 이의신청과 재판관 기피신청을 하였습니다. 재판관 회의가 소집되어 이에 대한 논의가 진행되고 있습니다."

_ 헌법재판소 공보관의 정기 브리핑 중

앞서 두 차례 변론준비기일을 통해 이후 변론에서 다룰 주장과 증거를 정리한 헌법재판소는 이날 오후 2시, 윤석열 대통령 탄핵심판 1차 변론을 연다. 하지만 윤 대통령이 불출석함에 따라 1차 변론은 4분 만에 종료된다.

한편, 대통령 측 대리인단이 신청한 정계선 재판관 기피신청은 평의에 참가한 재판관 7명의 만장일치로 기각된다.

윤석열 대통령 탄핵심판 절차

날짜	내용	윤석열 대통령 출석 여부	증인
24/12/14	*국회, 윤석열 대통령 탄핵소추안 가결 *헌법재판소, 탄핵소추의결서 접수(사건번호 2024헌나8) *윤석열 대통령 집무 정지		
24/12/27	1차 변론준비기일	불출석	
25/1/3	2차 변론준비기일	불출석	
25/1/14	1차 변론기일	불출석	
25/1/16	2차 변론기일	불출석	
25/1/21	3차 변론기일	출석	
25/1/23	4차 변론기일	출석	김용현
25/2/4	5차 변론기일	출석	이진우, 여인형, 홍장원
25/2/6	6차 변론기일	출석	김현태, 곽종근, 박춘섭
25/2/11	7차 변론기일	출석	이상민, 신원식, 백종욱, 김용빈
25/2/13	8차 변론기일	출석	조태용, 김봉식, 조성현
25/2/18	9차 변론기일	불출석	
25/2/20	10차 변론기일	출석	한덕수, 홍장원, 조지호
25/2/25	11차 변론기일(최종변론)	출석	
25/4/4	선고		

D+44 2025. 1. 16.

> "(비상사태 여부는) **국가원수로서 대통령이 가장 정확하게 판단할 수 있고, 국회나 법원이나 헌법재판소는 그것을 심판할 정보도 능력도 없습니다.**"
>
> _ 대통령 측 대리인 조대현 변호사의 발언 중

오후 2시, 윤석열 대통령 탄핵심판 2차 변론이 열린다.

국회 측은 계엄 포고령 작성 및 선포 등 다섯 가지 헌법 위반 행위를 탄핵 사유로 제시한다.

대통령 측 대리인단은 비상계엄 선포의 정당성을 주장하며, 비상계엄이 사법적 판단을 받지 않는 고도의 통치행위임을 강조한다. 그러면서 이날 보도된 스카이데일리의 가짜뉴스를 인용, 윤 대통령이 대국민담화에서 언급한 부정선거 음모론을 또다시 제기한다.

1차 때와 마찬가지로 윤 대통령이 출석하지 않은 가운데 진행된 2차 변론은 3시간 20분 만에 종결된다.

D+49 2025. 1. 21.

> "대한민국에서 국회와 언론은 대통령보다
> 훨씬 강한 초(超) 갑입니다."
>
> _ 윤석열 대통령의 발언 중

이날 열린 탄핵심판 3차 변론에는 윤석열 대통령이 출석한다. 현직 대통령이 피청구인 신분으로 헌법재판소에 출석한 것도 헌정사상 최초의 일이다.

이날 변론에서 문형배 재판관(헌법재판소장 권한대행)은 윤 대통령에게 두 가지를 질문한다. 첫째, 비상입법기구 구성을 지시하는 문건을 기재부장관에게 준 적이 있느냐, 둘째, 수방사령관과 특전사령관에게 국회의원을 끌어내라고 지시한 적이 있느냐. 윤석열 대통령은 두 가지 질문 모두에 대해 부인한다.

대통령 측 대리인단은 이날도 부정선거 의혹을 제기하며 비상계엄 선포의 정당성을 주장한다. 또한 비상계엄 당시 발령된 포고령은 계엄의 형식을 갖추기 위한 것일 뿐 실제 집행할 의도는 없었기 때문에 위헌이 아니라는 주장을 이어간다.

국회 측 대리인단은 비상계엄 선포 직후 중앙선관위에 군 병력이 진입하는 CCTV 영상을 증거로 제시하며 비상계엄이 사전에 모의되었음을 주장한다.
　증인신문 없이 진행된 3차 변론은 1시간 40분 만에 종료된다.
　경복궁과 인사동, 익선동 등 관광 명소 인근에 위치해 내외국인의 왕래가 많았던 헌법재판소 일대는, 이날부터 본격적으로 집결하기 시작한 극렬 지지자들로 인해 몸살을 앓게 된다.
　그 점을 의식한 듯, 윤 대통령은 이후 모든 변론기일에 모습을 드러낸다. 심지어 불출석으로 기록된 9차 변론 때도 헌법재판소에 들어간 뒤 바로 구치소로 복귀함으로써 반대 세력에게 핍박받는 듯한 연출을 이어간다.

D+51 2025. 1. 23.

"의원이 아니라 요원을 빼내라고 한 것을, 김병주 국회의원이 의원들을 끌어내라고 한 것으로 둔갑시킨 것이죠?"

(대통령 측 대리인 송진호 변호사)

"예, 그렇습니다."

(김용현 전 장관)

이날 열린 탄핵심판 4차 변론에는 내란주요임무종사자 등의 혐의로 구속기소된 김용현 전 국방부장관이 증인으로 출석한다.

김용현 전 장관은 "윤 대통령이 포고령의 국회 활동 제한 조항에 문제를 제기한 적은 없지만, 직접 검토한 점은 맞는다"고 시인한다.

비상계엄 선포의 절차상 문제점과 관련해서는 "국무위원 일부가 비상계엄 선포에 동의했으며, 국무총리와 행정안전부장관과 경찰청장에게도 비상계엄과 관련된 문건을 나눠주었다"고 증언한다. 이는 당시 소집된 국무위원들이 국회 및 수사기관에서 한 증언과 상충되는 발언이다.

또한 이미 알려진 체포 명단에 대해서는 "체포 명단이 아니며, 포고령을 위반할 우려가 있는 대상자를 몇 명 지목해 동정을 살피라고 지시한 것에 불과하다"고 의미를 축소한다.

김용현 전 장관은 대통령 측 신문에만 진술하고 국회 측 신문에는 진술하지 않겠다고 밝혔지만, 그럴 경우 증인의 신빙성을 의심받을 수 있다는 문형배 재판관의 지적에 입장을 바꾼다.

4차 변론은 4시간 22분 만에 종료된다.

D+63 2025. 2. 4.

"실제 아무런 일도 일어나지 않았는데 지시를 했니 지시를 받았니, 이런 얘기들이 마치 어떤 호수 위에 떠 있는 달그림자를 쫓아가는 것 같은 느낌을 많이 받았다."

_ 윤석열 대통령의 발언 중

이날 열린 탄핵심판 5차 변론에는 이진우 전 수방사령관과 여인형 전 방첩사령관, 홍장원 전 국정원1차장이 증인으로 출석한다.

김용현 전 장관과 함께 내란주요임무종사 등의 혐의로 구속기소된 이진우·여인형 사령관은 국회 측 대리인으로부터 비상계엄 당시 군 출동과 관련된 민감한 질문을 받을 때마다 "형사재판에서 불이익을 받을 수도 있다"는 이유로 답변을 거부한다. 이들은 헌법재판소에 출석하기 전 김용현 전 장관 측 변호인과 접견한 사실이 알려짐으로써 피의자 간 말 맞추기에 들어간 것이 아니냐는 의심을 받는다.

이날 마지막 증인으로 출석한 홍장원 전 차장은 비상계엄 선포 직후 대통령으로부터 정치인 등 체포 관련 지시를 받았다고 증언한다.

대통령 측 대리인은 "당시 윤 대통령이 잡아들이라고 지시한 대상은 '간첩'이었는데 증인이 잘못 이해한 것"이라고 반박한다.

윤 대통령도 직접 발언 기회를 얻어 "격려 차원에서 전화를 기왕한 김에 간첩 수사를 방첩사가 잘 할 수 있게 도와주라는, 계엄과 관계없는 얘기를 한 것"이라고 해명한다.

증인신문 과정에서 대통령 측 대리인단은 극우 유튜버들을 통해 제기된 홍장원 전 차장의 대북 공작금 횡령 의혹을 언급함으로써 증인의 신빙성을 공격한다. 홍장원 전 차장은 자신에게 제기된 의혹을 단호하게 부인한다.

5차 변론은 6시간 50분 만에 종료된다.

이날 변론에서 윤 대통령은 "실제 아무런 일도 일어나지 않았다"고 말했지만, 이 시점의 국민들은 자신들의 조국이 망가져 가는 것을 온몸으로 느끼고 있었다.

> **내란 청구서**
>
> 12·3비상계엄에서 비롯된 정치적 혼란은 한국 경제 전반에 복구하기 힘든 타격을 입혔다.
>
> 경기의 흐름을 종합적으로 보여주는 경기동행지수 순환변동치는 코로나19 극복 이후 줄곧 상승하다가 윤석열 정부에 접어든 2022년 9월 정점인 101.6을 찍고 3년째 하락, 비상계엄 선포 다음 달인 2025년 1월에는 98.4까지 떨어졌다.
>
> 경제에 대한 소비자들의 전체적인 인식을 나타내는 소비자심리지수도 2024년 11월 100.7에서 비상계엄 선포 뒤인 12월 88.2로 급락했다. 이를

뒷받침하듯, 1월 자영업자 수는 지난해 11월 570여만 명에 비해 20만 명 이상 감소한 550만 명으로 집계됐다. (3월 10일 통계청 자료)

아세안+3 거시경제조사기구는 2025년 한국 경제성장률 전망치(3월 21일 발표)를 기존 1.9%에서 1.6%로 하향 조정하면서, 그 주요 원인으로 '미국 관세'와 '12·3비상계엄'을 명시했다. 다만, 2024년 4분기 한국 경제성장률이 0.06%에 그친 것을 감안하면 그조차도 낙관적인 수치라는 평가가 나온다.

미국 경제지 〈포브스〉의 선임 칼럼니스트인 윌리엄 페섹(William Pesek)은 윤석열 대통령을 'GDP 킬러'로 칭하며 "투자자들이 아시아의 계엄령 국가를 생각할 때 인도네시아, 미얀마, 필리핀, 태국, 그리고 이제는 한국까지 떠올릴 겁니다. 이는 대단한 유산입니다, 윤 대통령님"이라고 비꼬기도 했다.

D+65 2025. 2. 6.

"(제가) '인원'이라고 얘기했다고 하는데, 저는 그냥 '사람'이라는 표현을 놔두고, 또 '의원'이면 '의원'이지 '인원'이라는 표현을 써본 적이 없습니다."

_ 윤석열 대통령의 발언 중

5차까지는 오후 2시에 시작했던 변론 시간이 6차부터는 오전 10시부터 종일로 연장된다.

이날 6차 변론에는 김현태 707특임단장, 곽종근 전 특전사령관, 박춘섭 대통령실 경제수석이 증인으로 출석한다.

대통령 측 증인으로 출석한 김현태 특임단장은 지난해 12월 9일 본인이 자청한 기자회견에서 한 발언을 번복한다.

김현태의 말 바꾸기

2024년 12월 9일 기자회견 발언	2025년 2월 6일 헌법재판소 증언
'국회의원들이 모이고 있다. 150명을 넘으면 안 된다. 들어가서 끌어낼 수 있겠느냐'는 지시를 들었다.	'국회의원'이나 '끌어내라'는 단어는 없었다.

국회에 인원 포박용 케이블타이를 가져갔다.	케이블타이는 출입구 봉쇄용이었다.
국회 봉쇄 지시를 받았다.	국회 봉쇄 지시는 국회의원 입금지가 아닌 적대적 세력의 국회 진입을 방어하는 뜻으로 이해했다.

이날 변론에서 김현태 특임단장이 "국회의원 출입을 막은 적이 없다"고 한 증언은 2025년 2월 19일 SBS 단독 보도를 통해 거짓임이 밝혀진다. SBS 보도에 따르면, 비상계엄 당시 707특임단이 운용하던 텔레그램 단체대화방에는 김현태 특임단장이 직접 "본회의장 막는 게 우선", "진입 시도 의원 있을 듯", "문 차단 우선" 등의 지시를 내린 것이 확인된다.

케이블타이의 용도가 출입구 봉쇄용이라는 증언 또한, 비상계엄 당시 국회로 진입한 707특임단이 취재 중이던 뉴스토마토 기자를 케이블타이로 포박하려 한 영상이 공개되면서 거짓으로 드러난다.

> **김현태**
> 출생년도, 졸업년도 부정확(47세~48세, 육군사관학교 55기~57기).
> 육군특수전사령부 707특수임무단 단장으로 근무.
> 2025년 2월 서울중앙지법에 내란중요임무종사 등의 혐의로 불구속기소되어 현재 재판 중.

다음 증인으로 출석한 곽종근 전 특전사령관은 앞서 국회 국방위원회에서 12·3비상계엄과 관련 양심선언을 함으로써 대통령 측 대리인단으로부터 집중 공격을 받을 것이 예고된 바 있다.

곽종근 전 특전사령관이 대통령으로부터 국회 본회의장 안에 있는 인원을 끌어내라는 지시를 받았다고 증언하자, 피청구인 측 좌석에 앉아 있던 윤 대통령이 직접 반박에 나선다. 윤 대통령은 우선 특전사령관과 통화한 것은 당시 국회 상황이 혼잡해서 안전 문제에 대해 확인하려는 목적이었다고 해명한 뒤, 자신은 '사람'이라는 표현을 두고 '인원'이라는 말을 써본 적이 없다고 주장한다.

그러나 이 발언을 한 지 2분도 지나지 않아 "그 안에는 약 15명, 20명이 안 되는 인원이 들어갔고…", "7층 건물 안에도 굉장히 많은 인원이 있다는 것을 잘 알고 있습니다" 등 '인원'이라는 단어를 네 차례나 언급함으로써 시청하는 국민들을 쓴웃음 짓게 만든다.

윤 대통령은 자신에게 불리한 증언을 한 홍장원 전 국정원1차장과 곽종근 전 특전사령관을 묶어 "내란 프레임과 탄핵 공작이 시작된 것"이라고 주장하기도 한다.

참고로 곽종근 전 특전사령관은 내란과 관련해 구속된 피의자 중 유일하게 "혐의 사실을 모두 인정하고 본인의 죗값을 받겠다"고 밝힌 바 있다.

마지막 증인으로 출석한 박춘섭 대통령실 경제수석은 "야당의 줄 탄핵과 예산의 일방 삭감 등이 종합적으로 (비상계엄의) 원인이 됐을 것으로 판단한다"라면서, 야당에 의해 삭감된 '대왕고래 프로젝트(동해 석유·가스전 시추)' 예산을 예로 든다. 하지만 비슷한 시각, 헌법재판소 밖에서는 '대왕고래 프로젝트'의 경제성이 미비하다는 산업자원부의 발표가 보도되고 있었다.

6차 변론은 8시간 10분 만에 종결된다.

한편, 재판부는 직권으로 수방사령부 제1경비단장인 조성현을 증인으로 채택하겠다고 발표한다. 5차 변론에 증인으로 출석한 이진우 전 수방사령관이 국회 측 신문 대부분에 답변을 거부한 탓으로 해석된다.

D+70 2025. 2. 11.

> "사전 투표함의 보관 장소를 CCTV로 24시간 공개하거나 개표 과정을 감시하는 수검표를 도입해왔는데도 계속 부정선거라 생각하는 국민들이 있어 안타깝다."
>
> _ 김용빈 중앙선관위 사무총장의 증언 중

오전 10시, 탄핵심판 7차 변론이 열린다. 이날 변론에는 이상민 전 행정안전부장관, 신원식 대통령실 국가안보실장, 백종욱 전 국정원3차장, 김용빈 중앙선관위 사무총장이 증인으로 출석한다.

이상민 전 행정안전부장관은 비상계엄 당일 대통령실에서 벌어진 국무위원들의 모임이 국무회의로서의 요건을 갖추었다고 주장한다.

언론사에 단전·단수를 지시한 혐의에 대해서는, 비상계엄 선포를 만류하기 위해 들어간 대통령 집무실에서 단전·단수 내용이 적힌 쪽지를 몇 장 보았고, 이후 계엄 포고령이 선포된 직후 경찰청장과 소방청장에게 전화한 적은 있다고 시인하면서도 단전·단수를 지시하지는 않았다고 부인한다. 다만, 구체적인 통화 내용에 대해서는 형사재판을 이유로 답변하지 않는다.

신원식 대통령실 국가안보실장은 국방부장관 재직 중이던 2024년 3월, 윤석열 대통령, 김용현 당시 경호처장, 여인형 당시 방첩사령관과 가진 삼청동 안가 모임에서 대통령이 비상조치와 관련된 내용을 언급했음을 시인한다.

부정선거 관련 증인으로 출석한 백종욱 전 국정원3차장은 "(중앙선관위 서버) 점검 당시 보안 관리가 부실했고, 인터넷망과 업무망, 선거망이 분리되지 않아 외부 침투 가능성이 있었다"고 주장한다.

이 주장에 대해, 다음 증인으로 출석한 김용빈 중앙선관위 사무총장은 "(점검 당시에는 국정원의 요구에 의해) 모의 해킹 환경을 구성한 것이고, 실제 상황에선 데이터 조작이 불가능하다"고 반박한다.

국정원은 총선 전인 2024년 1월과 3월 중앙선관위에 대한 보안 점검을 실시했고, '보안 취약점 중 95%가량이 조치 완료되었다'는 내용의 보고서를 작성하여 대통령에게 보고한 바 있다. 이 점을 고려할 때 윤 대통령 본인도 부정선거의 가능성이 희박하다는 사실을 모르지 않았던 것으로 추측된다.

한편, 이날 발언 기회를 얻은 윤 대통령은 비상계엄 당시 군인이 국민을 억압하거나 공격을 가한 사실은 없다면서 "오히려 질서 유지를 하러 간 군인이 시민에게 폭행당하는 상황이었다"는 적반하장식 주장을 펼치기도 한다.

7차 변론은 10시간 만에 종료된다.

D+72 2025. 2. 13.

> "저는 의인도 아닙니다. 저는 1경비단장으로서 제 부하들의 지휘관입니다. 제가 아무리 거짓말을 해도 제 부하들은 다 알고 있습니다. 그렇기 때문에 저는 일체 거짓말할 수도 없고 해서도 안 된다고 생각합니다."
>
> _ 조성현 수방사 제1경비단장의 증언 중

이날 8차 변론에는 조태용 국정원장, 김봉식 전 서울경찰청장, 조성현 수방사 제1경비단장이 증인으로 출석한다.

대통령 측 대리인단은 조태용 국정원장에 대한 신문을 통해, 앞선 5차 변론에서 대통령에게 불리한 증언을 한 홍장원 전 국정원1차장의 신빙성을 공격하는 데 주력한다. 윤석열 대통령도 직접 나서서 "(홍장원 전 차장의 전화를) 딱 들어보니 술을 마신 것 같았다. 나도 반주를 즐겨서 딱 알았다"고 거든다.

국회 측 대리인단은 조태용 국정원장이 비상계엄 선포를 전후해 김건희 여사와 문자메시지를 주고받은 사실을 밝히며 내용을 추궁하지만, 조태용 국정원장은 기억나지 않는다고 답변을 피한다.

조태용 국정원장과 마찬가지로 대통령 측 증인으로 출석한 김봉식 전 서울경찰청장은 "비상계엄 당시 정치인 등 주요 인사 체포나 국회 봉쇄에 관한 지시를 받은 사실이 없었다"고 증언한다. 그리고 비상계엄 선포 직전 삼청동 안가 모임에서 김용현 전 국방부 장관에게 받은 문건에는 '22:00 국회, MBC, 여론조사꽃', '23:00 민주당사' 등이 적혀 있었다고 증언한다.

재판부 직권 증인으로 출석한 조성현 수방사 제1경비단장은 비상계엄 당시 이진우 전 수방사령관으로부터 "본청 안으로 들어가라", "국회의원을 끌어내라"는 명확한 지시를 받았다고 증언한다. 이는 '비상계엄으로 국회를 무력시킬 의도가 없었다'는 대통령 측의 주장을 무너뜨릴 수 있는 결정적인 증언이기도 하다.

대통령 측 대리인단은 "사령관으로부터 받은 지시가 불법이라 이행하지 않은 것처럼, 의인처럼 행동하고 있다"며 비아냥거렸지만, 조성현 단장은 당당한 자세를 잃지 않는다.

8차 변론은 7시간 30분 만에 종료된다.

D+77 2025. 2. 18.

"피청구인의 행위는 중대한 헌법 위반 행위이며, 국민이 자신에게 부여한 신뢰를 배신하는 행위입니다. 피청구인의 헌법 위반 행위는 단지 몇 개의 헌법 규정을 위반한 행위가 아닙니다. 그것은 절대권력을 만들어내기 위한 행위였고, 민주주의 자체를 해체시키려고 한 행위였습니다. 피청구인은 민주주의, 법치주의, 헌정 수호, 국민의 자유와 안정 등 모든 헌법 수호의 관점에서 파면되어야 함이 마땅합니다."

_ 국회 측 대리인 김진한 변호사의 변론 중

9차 변론은 별도의 증인신문 없이 국회 측과 대통령 측이 각각 2시간씩 탄핵심판의 쟁점을 정리하고 그동안 다루지 못한 증거를 제시하는 것으로 진행된다.

국회 측은 탄핵소추 사유로 제시한 다섯 가지 항목 중 앞선 변론에서 다루었던 한 가지를 제외한 네 가지에 대해 요점별로 설명한다.

대통령 측은 주어진 2시간의 대부분을 부정선거와 중국 간첩 의혹을 제기하는 데 사용한다.

양측은 국회 측이 '소추 사유 입증을 위한 증거'로 제시한 조지호 전 경찰청장과 여인형 전 방첩사령관의 피의자 신문조서 채택을 두고 첨예하게 대립하기도 한다.

이날 윤석열 대통령은 헌법재판소에 도착한 뒤 바로 구치소로 복귀함으로써 변론에는 불출석한 것으로 기록된다.

D+79 2025. 2. 20.

> "여인형이 뭘 부탁도 안 하는데 대통령이 도와주라고 그랬다고 해서… 이렇게 엮어 가지고 대통령의 체포 지시라고 이거를 만들어냈다는 게 핵심입니다."
>
> _ '홍장원 메모'에 대한 윤석열 대통령의 발언 중

10차 변론에는 한덕수 국무총리, 홍장원 전 국정원1차장, 조지호 전 경찰청장이 출석한다.

한덕수 국무총리는 대부분의 질문에 대해 "개인이 판단할 문제가 아니라 수사 절차와 사법 절차를 통해 판단되어야 한다"면서 특유의 모호한 화법으로 책임 있는 답변을 피한다.

특히 12·3비상계엄 선포 당시 포고문을 받아 양복 주머니에 넣어 간 것 등 본인에게 불리한 질문에는 "전혀 기억나지 않는다"고 변명한다. 그러면서도 당시 대통령실에서 열린 국무회의는 "통상의 국무회의와는 매우 달랐고 실체적, 형식적 흠결이 있었다"고 진술함으로써, 내란 동조 의혹에서 벗어나는 데만 주력한다.

이번 탄핵심판에서 유일하게 두 차례 증인으로 출석한 홍장원 전 차장은 정치인 등 체포 대상 명단이 적힌 메모의 원본을 제시한

다. 대통령 측은 국정원 내 CCTV를 증거로 제출하며 '홍장원 메모'의 신빙성을 흔드는 데 주력한다.

홍장원 전 차장은 메모 작성 시간과 장소에 혼선이 있음을 인정하면서도, 통화 내용에 대한 진술에는 변화가 없음을 분명히 밝힌다. 이에 대통령 측은 홍장원 전 차장이 야당의 청탁을 받아 탄핵 공작을 벌인 것이라고 몰아세운다.

병보석으로 입원 치료 중인 조지호 전 경찰청장은 세 번째 소환만에 탄핵심판의 증인으로 출석하여 민감한 질문 대부분에 답변을 거부한다. 다만 "변호인 입회하에 검찰 조사를 받았느냐"는 국회 측 질문에 "네"라고 대답하고, "사실대로 답했느냐"는 질문에는 "조서별로 다 서명 날인을 했다"고 밝힌다.

조지호 전 경찰청장은 검찰에서 "(12·3비상계엄 당시) 윤 대통령이 '조 청장, 국회에 들어가는 국회의원들 다 잡아. 체포해. 불법이야'라고 했다"고 진술했고, 국회 측은 앞선 9차 변론에서 이런 내용의 피의자 신문조서를 공개한 바 있다.

10차 변론은 6시간 만에 종료된다.

D+84 2025. 2. 25.

"존경하는 재판장님, 피청구인은 자유민주주의를 무너뜨리는 언동을 하면서 자유민주주의의 수호를 말했습니다. 헌법을 파괴하는 순간에도 헌법 수호를 말했습니다. 이것은 아름다운 헌법의 말, 헌법의 풍경을 오염시킨 것입니다.

제가 좋아하는 노래 가사에 이런 구절이 있습니다. 세상 풍경 중에서 제일 아름다운 풍경, 모든 것들이 제자리로 돌아가는 풍경…. 이 노랫말처럼 모든 것들이 제자리로 돌아가고 우리도 하루빨리 평온한 일상으로 돌아갈 수 있기를 소망합니다.

저는 그 첫 단추가 권력자가 오염시킨 헌법의 말들을 그 말들이 가지는 원래의 숭고한 의미로 돌려놓는 데서 시작되어야 한다고 믿습니다. 국민과 함께 이 사건 탄핵 결정문에서 피청구인이 오염시킨 헌법의 말과 헌법의 풍경이 제자리를 찾는 모습을 꼭 보고 싶습니다."

_ 국회 측 대리인 장순욱 변호사의 최후진술 중

11차 변론에서는 국회 측과 대통령 측이 최종 변론을 펼친다.

피청구인인 윤석열 대통령도 67분간의 최후진술을 통해 "(12·3비상계엄은) 무력으로 국민을 억압하는 계엄이 아니라 계엄의 형식을 빌린 대국민 호소였다"고 해명하면서, '북한'을 15회, '간첩'을 25회나 언급하며 극우 세력이 주장하는 논리를 그대로 옮긴다.

양측의 최후진술이 끝난 뒤, 재판부는 윤석열 대통령 탄핵심판 변론 절차가 종결되었음을 선포한다. 이어 재판관 평의에서 충분한 논의를 거친 뒤 선고 날짜를 공지하겠다고 밝힌다.

D+92 2025. 3. 1.

> "공수처! 선관위! 헌법재판소!
> 불법과 파행을 자행하고 있습니다!
> 이 모두 때려 부숴야 됩니다! 쳐부수자!"
>
> _ 삼일절 광화문 탄핵 반대 집회에서 국민의힘 서천호 의원의 발언 중

윤석열 대통령에 대한 탄핵심판이 진행되는 동안 헌법재판소를 위협하는 극우 세력의 행태는 점점 더 과격해진다. 여기에는 국민의힘과 대통령 측 대리인단의 동조 및 선동이 큰 역할을 한다.

헌법재판소를 위협하는 움직임

2025년 1월 22일, "문형배 권한대행은 이재명 대표와 절친이다.", "이 대표 모친이 돌아가셨을 때 상가에 방문했고 이를 자랑 삼아 헌재 관계자들에게 얘기할 정도로 이 대표와 가까운 사이." (국민의힘 권선동 원내대표)
→ 허위 사실로 밝혀짐

2025년 1월 28일, "헌법재판관의 편향성 우려가 한계를 넘었다." (국민의힘 주진우 의원)

2025년 1월 28일, "(문형배 권한대행이 2010년 본인의 블로그에 쓴 글을 문제 삼으며) 이 글은 북한이 주장하는 '북침론'과 궤를 같이한다." (국민의힘 박수영 의원)

→ 문맥 오독으로 밝혀짐

2025년 2월 1일, "재판부의 권위와 재판이 공정하다는 신뢰는 내부에서 문제없다고 강변해서 얻어지는 것이 아니라 외부에서 인정해야 하는 것." (대통령 변호인단)

2025년 2월 1일, "국민들이 헌재를 휩쓸 것이고, 모든 책임은 불의한 재판관들에게 돌아갈 것입니다." (한국사강사 전한길)

2025년 2월 5일, "만약 헌법재판소가 주권자인 국민의 뜻을 거슬러 대통령을 탄핵한다면, 국민은 헌법재판소를 두들겨 부수어 흔적도 없애버려야 합니다." (국가인권위원회 김용원 상임위원)

2025년 2월 10일, "헌법재판소와 사법부 등에 윤 대통령에 대한 방어권을 보장할 것 등을 권고함." (국가인권위원회)

2025년 2월 12일, "(문형배 권한대행이) 음란물이 공유되고 있는 동문 카페에 가입해서 글도 올리고 했던 것이 확인됐다." (유튜브 채널 〈고성국TV〉)
→ 합성·조작으로 밝혀짐

2015년 2월 13일, "해당 커뮤니티(문형배 권한대행의 동문 카페)에는 '사법부 최고 존엄도 거부하기 힘듦… 여고생 XX는 못 참지'라는 내용의 미성년자 음란물까지 게시되었으며 문형배 재판관은 해당 게시물에 직접 댓글까지 달았다." (국민의힘 박민영 대변인)
→ 합성·조작으로 밝혀짐

2015년 2월 17일, 문형배 권한대행의 자택 앞에서 극우 단체 중 하나인 부정선거부패방지대(대표 황교안 전 총리) 시위 시작

> 2025년 2월 22일, "탄핵 인용되면 그야말로 한강이 피로 물드는 내전이 발생할 수밖에 없다는 분위기가 만들어져야 하는 것이다." (유튜버 한정석)

그런 가운데, 삼일절 서울 광화문과 여의도에서는 탄핵에 반대하는 극우 세력의 대규모 집회가 열린다. 사랑제일교회 전광훈 목사가 주도하는 광화문 집회에 연사로 나선 국민의힘 서천호 의원은 현역 의원으로는 처음으로 헌법재판소에 대한 물리적 공격을 공개적으로 선동한다.

참고로 서천호 의원은 경찰 및 국정원에 재직하던 시절 '국정원 댓글조작 사건'으로 징역 2년 6개월, '채동욱 검찰총장 사찰 사건'으로 징역 1년에 집행유예 2년, '한진중공업 희망버스 여론조작 사건'으로 징역 6개월에 집행유예 1년을 선고받았지만, 윤석열 정부 출범 이후 연달아 특별사면되어 22대 국회의원에 당선된 인물이기도 하다.

극우 집회의 앞줄에서 국민의힘 의원들의 얼굴을 보는 것은 더 이상 특별한 일이 아니었다. 언제부터인가 국민의힘은 극우 세력과 한 몸으로 움직이고 있었다.

6장.

법비 法匪

[명사] 법을 악용하여 사적인 이익을 취하는 무리.

D+94 2025. 3. 7.

형사소송법 제93조
구속의 사유가 없거나 소멸된 때에는 법원은 직권 또는 검사, 피고인, 변호인과 제30조 제2항에 규정한 자의 청구에 의하여 결정으로 구속을 취소하여야 한다.

이날 법원은 내란 우두머리 혐의를 받는 윤석열 대통령의 구속취소 신청을 인용한다.

서울중앙지법 형사합의25부(부장판사 지귀연)는 2025년 2월 7일 구속 상태가 부당하다고 주장하며 윤 대통령이 낸 구속취소 청구를 받아들인다. 법원은 윤 대통령이 구속기간이 만료된 상태에서 기소됐다고 봐야 한다고 판단했다. 구속기간을 날이 아닌 시간으로 계산하는 것이 타당하다는 이유에서였다.

그러나 이 결정문에는 상당한 무리가 있다.

형사소송법 제214조의2 제13항은 "법원이 수사 관계 서류와 증거물을 접수한 때부터 결정 후 검찰청에 반환된 때까지의 기간은 제200조의2 제5항(제213조의2에 따라 준용되는 경우를 포함한다) 및 제200조의4 제1항을 적용할 때에는 그 제한 기간에 산입하지 아니하고, 제

200조·제203조 및 제205조를 적용할 때에는 그 구속기간에 산입하지 아니한다"고 나와 있다. 검찰의 실무 관행에서 '때'를 '시간'으로 해석한 적은 헌정사상 단 한 번도 없었다. 그런데 윤 대통령이 그 해석의 최초 적용자가 된 것이다.

또한 형사소송법 제201조의2 제7항에는 "피의자심문을 하는 경우 법원이 구속영장청구서·수사 관계 서류 및 증거물을 접수한 날부터 구속영장을 발부하여 검찰청에 반환한 날까지의 기간은 제202조 및 203조의 적용에 있어서 그 구속기간에 산입하지 아니한다"는 법조문도 있다. '날'은 '일(日)'이지 '시간'이 아니다.

그런데 이날 결정문에는 구속 전 피의자심문의 '날'도 '시간'으로 계산했다. 지귀연 판사의 계산으로는 2025년 1월 26일 오전 9시 7분경이 구속만료 시점인데, 공소가 제기된 시점이 2025년 1월 26일 오후 6시 52분경이기 때문에 구속이 이미 만료된 상태라고 해석한 것이다.

이 대목에서 한 가지 의심할 만한 부분이 생긴다.

공수처가 윤 대통령의 내란죄 사건을 검찰에 이첩한 시점은 구속만료 날짜보다 사흘 앞선 2025년 1월 23일이었다. 피의자인 윤 대통령이 공수처의 수사에 어떠한 협조도 하지 않았기 때문에 기소권이 있는 검찰에 사건을 일찌감치 넘긴 것이다.

원래 검찰은 이 시점에 구속기간을 연장하여 윤 대통령에 대한 추가 조사를 한 뒤 기소할 계획이었다. 하지만 법원이 구속기간 연장을 불허한다. (1월 24일) 독립된 수사기관인 공수처의 수사 결과를 검찰이 보완할 권한이 없다는 이유에서였다.

그런데 검찰은 법원의 판단을 받아들여 곧바로 기소하는 대신, 구속기간 연장을 재신청한다. (1월 25일) 법리적 판단을 바탕으로 구속기간 연장을 불허한 법원이 검찰의 재신청을 받아들일 가능성은 당연히 높지 않았다. 법원은 이번에도 구속기간 연장을 불허한다. (1월 25일) 검찰이 이때라도 기소에 나섰다면, 내란 우두머리 혐의자가 석방되는 어처구니없는 사태는 벌어지지 않았을 것이다.

이때 등장한 인물이 바로 심우정 검찰총장이다. 비상계엄이 해제된 뒤로 특별한 동정을 보이지 않던 심우정 검찰총장이 윤 대통령 구속만료를 코앞에 둔 시점에 갑자기 등장하여 전국검사장회의를 소집한 것이다. (1월 26일 오전 10시) 대체 무엇을 논의하기 위한 회의인지 짐작도 하기 힘든 이 회의는 오후까지 이어지고, 결국 윤 대통령의 기소는 1월 26일 오후 6시를 넘겨서야 이루어지게 된다.

정리하면, 윤 대통령의 구속기간에 대한 계산 착오는 지귀연 판사 개인의 판단과는 별개로, 심우정 검찰총장을 포함한 검찰 수뇌부의 의도가 개입되었다는 의심이 생기지 않을 수 없다는 뜻이다.

이는 심우정 검찰총장의 다음 행보에서도 확인된다.

D+95 2025. 3. 8.

"법원의 구속취소 결정이 있더라도 (윤석열 대통령이) 바로 석방되는 것은 아니다. 기소청인 서울중앙지검 검사가 형사소송법 97조 4항과 405조에 의해서 7일 내 즉시항고를 할 수 있고, 즉시항고를 포기하거나 기간 내 항고를 않을 때 석방된다."

_ 대통령 변호인단의 석동현 변호사가 기자들에게 보낸 문자메시지

이날 오후, 검찰은 윤석열 대통령의 구속을 취소한 법원의 판단에 대해 즉시항고를 하지 않고 윤 대통령에 대한 석방지휘서를 서울구치소로 보낸다. 이에 따라 윤 대통령은 지난 1월 15일 내란 우두머리 혐의로 한남동 관저에서 체포된 지 52일 만에 석방된다.

윤 대통령은 구치소 입구에서 환한 미소를 지으며 주먹을 불끈 쥐어 올림으로써 태극기와 성조기를 흔드는 지지자들에게 답례한다. 마치 개선장군의 모습을 보는 듯했다.

심우정 검찰총장은 검찰의 즉시항고 포기가 자신의 결정이며, 책임도 자신이 지겠다는 뜻을 밝힌다. 그러면서도 야당의 사퇴 요구에 대해서는 일축한다.

더불어민주당 이재명 대표는 "내란 수괴가 희한한 법 해석을 통해 구속을 면했다는 사실이 여전히 믿기지 않는다. 사형 또는 무기

징역에 해당하는 내란 수괴가 절차상 문제가 있어서, 특히 산수 문제 때문에 석방돼야 한다는 걸 어떤 국민이 쉽게 납득할 수 있겠나?"면서, "검찰이 이번 내란 사태의 주요 공범 중 하나라는 사실을 은연중에 보여준 것이다"라고 강도 높게 비판한다.

12·3비상계엄 해제 이후 검찰, 특히 심우정 검찰총장이 보인 행동에는 미심쩍은 구석이 많았다.

비상계엄 당일과 다음 날, 내란의 주역 중 한 명인 김용현 전 장관과 통화를 하거나 시도한 흔적이 있었고, 김선호 국방부장관 대행에게 전화를 걸어 김용현 전 장관의 비화폰 번호를 물은 사실이 확인되기도 했다.

비상계엄 선포 직후인 2025년 12월 4일 오전 0시 37분경에는 대검찰청 과학수사부 박 모 부장검사와 방첩사 송 모 대령이 통화를 한 사실도 밝혀졌다. 검찰과 방첩사가 비상계엄과 관련된 모종의 작전을 공조하려는 시도가 아니었는지 의심되는 대목이다.

경찰은 비화폰 서버 기록 삭제를 지시한 김성훈 경호처 차장에 대한 구속영장을 청구했지만, 검찰은 세 차례나 반려했다. 이에 경찰은 서울고등검찰청에 영장심의를 신청했고, 영장심의위원회에서는 3월 6일자로 '해당 영장청구는 적정하다'는 결론을 낸 바 있다. 그러나 다음 날인 3월 7일 윤 대통령의 구속취소가 결정됨으로써 김성훈 등 경호처 핵심 피의자에 대한 구속수사는 또 한 번 미뤄지게 된다.

12·3비상계엄과 관련된 비화폰 서버를 악착같이 지키려는 경호처 수뇌부, 그들에 대한 강제수사에 거듭 제동을 건 검찰, 영장청구가 적정하다는 영장심의위원회의 결론 직후에 나온 윤 대통령의 구속취소 결정, 그리고 심우정 검찰총장의 즉시항고 포기까지. 이 일련의 흐름을 우연으로 보기는 어렵다.

법비들이 반격에 나선 것이다. 자신들의 정점이자 주군인 법괴(法怪, 법 괴물)를 세상에 풀어놓기 위해.

심우정

1971년 충남 공주 출생(54세).
1995년 서울대학교 공법학과 졸업.
1994년 제36회 사법시험 합격.
2000년부터 검찰 및 법무부 요직에 근무.
2022년~2023년 인천지방검찰청 검사장.
2024년 1월~2024년 9월 법무부 차관.
2024년 9월~현재 대한민국 제46대 검찰총장.

특이사항

- 민선 1~3기 충남도지사와 17, 18대 국회의원(자유선진당)을 지낸 심대평의 장남.
- 인천지방검찰청 검사장 재직 중 인천세관 마약 밀수 사건을 축소·은폐한 의혹이 있음.
- 2024년 딸의 햇살론(서민을 위한 금융상품) 특혜 대출 의혹이 있음. 당시 심 총장의 딸은 8천여만 원 상당의 외국 주식을 보유하고 있었으며 공개된 가족 재산은 108억 원이 넘음.

- 2025년 딸의 국립외교원 특혜 채용 의혹이 있음.
- 추가로 아들의 장학금 특혜 수령 논란도 있음. (문과생이 이과생 지원 목적의 장학금 수령 대상으로 선정됨)

D+99 2025. 3. 12.

> "(윤석열 대통령의 구속취소에 대해서는) **즉시항고해서 상급심의 판단을 받는 게 필요하다는 생각을 가지고 있다. 즉시항고 기간은 금요일까지 아직 남아 있다.**"
>
> _ 국회 법사위에서 천대엽 법원행정처장의 발언 중

> "**시간 기준으로도 47분 남아 있다.**"
>
> _ 국회 법사위에서 오동운 공수처장의 발언 중

서울중앙지법이 내린 구속취소 결정에 대한 즉시항고 기간은 7일이다.

이날 국회 법사위에서 열린 현안 질의에서 천대엽 법원행정처장은 "검찰이 앞서 즉시항고했던 사건 3건도 신병을 석방한 뒤에 즉시항고가 진행되어, 이번에도 즉시항고를 통해 논란이 해소돼야 한다"는 입장을 밝힌다.

법사위에 출석한 오동운 공수처장도 "윤 대통령 측에서 청구한 체포적부심에 따라 수사 기록이 법원에 머문 10시간 32분을 합하면 구속기간 만료는 1월 26일 저녁 7시 39분이고, 기소는 이전인 저녁 6시 52분 이루어졌다"면서, "가장 보수적으로 계산해 '시간' 기준으로도 47분 전에 기소를 완료했다"고 주장한다. 또한 "형사소송법에 따르면, 체포적부심과 구속적부심 구분 없이 기록이 법원에 머문 시간은 구속기간에 산입하지 않는 것으로 명확히 규정되어 있다"면서, "재판부의 판단이 법 왜곡이 아니라고 평가받으려면 형사소송법 해당 규정 어느 부분이 불분명한지를 해명해야 한다"고 지적한다.

김석우 법무부장관 직무대행 또한 "(법원의 윤 대통령 구속취소 결정이) 부당하다고 생각한다"고 밝힌다.

이러한 논란은 대검찰청이 일선 검찰에 "구속기간을 기존처럼 '날'로 산정하라"는 지침을 내려보낸 사실이 알려지면서 더욱 커진다. 이는 윤 대통령 단 한 사람에게만 '시간'으로 산정하는 것을 묵인하겠다는 뜻이기 때문이다.

'모든 국민은 법 앞에 평등하다'는 대한민국헌법 제11조 제1항이 법비들에 의해 더럽혀지고 있었다.

윤석열 대통령 구속취소 관련 법조계의 반발

"이번 결정대로 하면 피의자 측에서 구속적부심을 반복해서 사실상 구속기간의 상당 부분을 무력화시키는 경우까지 발생할 수 있다." (김도균 부산지방법원 부장판사)

"지금의 구속기간 산입 등 법 해석 논란이 이해가 되지 않지만, 향후 일선의 업무 혼란을 정리하는 차원에서라도 일반항고를 통해 상급심의 판단을 받아야 한다고 생각한다." (김종호 서울중앙지검 부장검사)

"'즉시항고를 포기해야 한다'는 대검의 입장에 대해서는 그 논거를 떠올리기 쉽지 않다. 실정법에 규정된 절차를 집행 담당자가 지레 위헌 논란을 염두에 두어 그 절차를 이용하지 않는다는 것은 쉽게 이해되지 않는다." (박철완 광주고등검찰청 검사)

> "지금이라도 즉시항고, 최소한 항고라도 해야 검찰의 남은 명예를 추스를 수 있지 않겠나?" (임은정 대전지방검찰청 부장검사)

법조계의 반발과 국민들의 우려에도 대검찰청은 단지 '검토 중'이라고만 밝힌다.

7장.

인고 忍苦

[명사] 괴로움을 참음

D+100 2025. 3. 13.

"국회 탄핵소추의 주요 목적은 법적 책임을 추궁하고 비슷한 위반 행위를 예방해 헌법을 수호하기 위한 것이고, 설령 부수적으로 정치적 목적이 내포돼 있다고 하더라도 탄핵소추권 남용으로 단정할 수는 없다."

_ 최재해 감사원장과 이창수 등 검사 3인 탄핵심판에 대한 헌법재판소의 기각 결정문 중

이날 헌법재판소는 2024년 12월 5일 국회에서 탄핵소추된 최재해 감사원장과 이창수 등 검사 3인에 대한 탄핵심판 결과를 선고한다. 결과는 재판관 전원일치로 기각.

헌법재판소는 최재해 감사원장에 대해 국회 측이 명시한 파면 사유가 대부분 "위법하지 않다"고 보았다.

전현희 전 국민권익위원장에 대한 표적감사 의혹에 대해서는 "권익위 행정사무에 관한 감찰도 있었기 때문에 사퇴를 압박하기 위한 감사로 보기 어렵다"고 했고, 대통령실 관저 이전 부실감사 의혹에 대해서도 "근거가 부족하다"고 판단했다.

감사원의 전자문서 시스템을 변경해 주심위원의 열람 없이도 감사보고서를 시행할 수 있도록 한 점, 국회의 현장검증 당시 감사위원회 회의록 열람을 거부한 점 등에 대해서는 위법성을 인정했지만

"파면의 사유까지는 되지 않는다"고 보았다.

김건희 여사의 도이치모터스 주가조작 연루 의혹을 제대로 수사하지 않았다는 이유로 탄핵소추된 이창수 등 검사 3인의 파면 사유 또한 "모두 위법 행위가 아니다"라고 판단했다.

김 여사가 검찰에 직접 출석해 조사받지 않은 것과 관련해서는 "현직 대통령 배우자를 소환조사하는 데는 경호상 어려움이 있을 수 있고, 전례에 비춰볼 때 대통령경호처 부속 청사에서 조사한 것은 부당하게 편의를 제공한 것은 아니다"라고 보았다.

수사심의위원회의 의견을 듣지 않은 부분도 "수사심의위를 통한 의견 청취는 임의적인 절차고, 수사심의위 소집 여부는 검찰총장의 재량 사항"이라며, "이들 검사 3인은 수사심의위 소집 권한이 없기 때문에 재량을 남용했다고 볼 수 없다"고 판단했다.

다만, 윤 대통령 측에서 비상계엄 선포의 이유로 내세운 '국회의 탄핵소추권 남발로 인한 국정 마비'의 주장에 대해서는 "탄핵소추권 남용으로 단정할 수 없다"고 밝혔다.

이날은 12·3비상계엄이 선포된 지 백 일째 되는 날이었다. 온 국민은 여전히 그날 밤 느꼈던 공포에서 헤어 나오지 못하고 있었다. 민생 경기는 최악으로 가라앉았고, 국민들의 삶은 갈수록 피폐해지고 있었다. 하지만 윤 대통령 탄핵심판에 대한 헌법재판소의 선고 일정은 여전히 오리무중이었다. 이 와중에 검찰은 윤 대통령 구속취소에 대한 즉시항고 포기 결정을 유지하겠다고 밝힌다.

D+101 2025. 3. 14.

> "피청구인(최상목 권한대행)이 청구인(국회)이 선출한 재판관 중 2인만을 임명하고 현재까지 마은혁을 임명하지 아니한 부작위는 헌법에 의하여 부여된 청구인의 재판관 선출을 통한 헌법재판소 구성권을 침해한 것이다."
>
> _ '대통령권한대행의 국회 선출 재판관 임명 부작위 사건'에 대한 헌법재판소 결정문 중

이날 최상목 권한대행은 국무회의를 주재하며 "헌재의 중요 결정을 앞두고 탄핵 찬반 양측 간 갈등이 격화하며 돌발 사고와 물리적 충돌 등에 대한 국민들의 우려가 커지고 있다"면서, "어떠한 결정에도 결과를 존중하고 수용해주실 것을 국민들께 다시 한번 간곡히 호소드린다"고 말한다.

행정부를 대표하는 수장으로서 헌법재판소의 결정을 존중하고 수용하자는 주장은 당연한 발언이지만, 그 발언이 헌법재판소의 위헌 결정에도 불구하고 마은혁 재판관의 임명을 16일째 미루고 있는 최상목 권한대행의 입에서 나오니 대단히 이상하게 들릴 수밖에 없다.

헌법재판소법 제67조(결정의 효력) 제1항에 따르면 "헌법재판소의 권한쟁의심판의 결정은 모든 국가기관과 지방자치단체를 기속한

다"고 되어 있다. '기속한다'는 '얽어매어 묶다'라는 뜻으로 예외 없이 강제 적용되는 것을 의미한다.

그러나 최상목은 권한대행직을 마치는 시점까지도 위헌적인 부작위를 이어간다.

D+105 2025. 3. 18.

> "내란 세력은 악을 몽상만 하고 있었던 것이 아니다.
> 꼼꼼하게 미리 준비했다."
>
> _ 더불어민주당 추미애 의원이 본인의 SNS에 남긴 글 중

이날 MBC는 단독 보도를 통해, 군이 12·3비상계엄을 앞두고 '종이관(골판지로 만든 관)'의 대량 구매를 타진하고 '영현백(시신을 임시로 보관하는 가방)'을 3천 개 넘게 실제 구입한 사실을 전한다.

영현백 (출처 MBC)

12·3비상계엄을 석 달여 앞둔 2024년 8월 22일, 2군단사령부 소속 군무원이 서울의 종이관 제조업체에 연락하여 "군부대에서 근무 중인데 영현(시신) 이동 보관 업체를 알아보고 있다", "제작 소요 시간, 운송 시 한 번에 몇 개까지 가능한가", "사망자가 예를 들어 3천 개가 필요하다, 1천 개를 구매할 경우 개당 얼마인가" 등을 문의한다. 다만, 구매 계획을 구체화해서 보고하겠다고 한 군무원은 그 후 연락이 오지 않았고, 해당 업체도 종이관을 보내지는 않았다고 한다.

군 관계자에 따르면, 군이 시신 처리를 위해 민간 업체에서 관을 사들인 전례는 지난 5년간 없었고, 창군 이래로도 한 번도 없을 것이라고 한다.

또 육군이 실제로 영현백을 대량으로 사들인 사실도 추가로 확인되었다. 지난해 1월 1883개였던 육군의 영현백이 1년 내내 비슷한 수준을 유지하다 12월에 돌연 4940개로 크게 늘어난 것이다. 평소 보유량의 두 배 가까운 수량을 갑자기 구입한 것인데, MBC가 기록을 확인한 2021년 이후 육군이 이렇게 많은 영현백을 보유한 적은 없었다. 때문에 12·3비상계엄 선포를 전후해 군이 다수의 시신 발생을 대비한 것이 아니냐는 의혹이 제기된다.

앞서 살펴본 '노상원 수첩'에는 총 다섯 가지 '수거 대상 처리 방안'이 적혀 있다.

① GOP 선상에서 피격
② DMZ 공간
③ 바닷속
④ 연평도 등 무인도
⑤ 민통선 이북

아마도 북한과 인접한 지역에서 '수거 대상을 살해하겠다'는 계획으로 추정된다.

끔찍한 상상이지만, 12·3비상계엄이 성공했다고 가정해보자. '노상원 수첩'에 오른 수거 대상들을 군대 내 구금 시설에서 독극물이나 가스 등의 방법으로 살해한 후, 육군에서 확보한 영현백에 담아 GOP 등 민간인 출입금지 구역에 유기하면 그 죽음은 미제에 빠질 수밖에 없다. 북한과 인접한 연평도 해역에 수장하거나 혹은 서해의 무인도에 파묻는 방식 모두 '노상원 수첩'에 적혀 있는 내용이다.

이 수첩이 처음 공개되었을 때는, 불명예스럽게 전역한 전직 정보사령관의 과대망상 정도로 치부한 사람이 많았던 것도 사실이다. 그러나 이날 공개된 MBC 보도는 그것이 단지 망상이 아니었음을 보여준다.

종이관 구매를 민간 업체에 타진한 2군단에서는 2024년 4월과 11월에 계엄 담당 군무원 채용 공고를 낸 바 있다. 공교롭게도 '노상원 수첩'에 수거 대상들의 구금 지역으로 기재된 '오음리'에는 2

군단 산하 702특공연대가 주둔 중이다. '오음리'는 북한과 인접한 지역이기도 하다.

이날 MBC 보도에 대해, 육군은 3월 20일 브리핑을 통해 "작년 12월에 납품된 영현백은 지난 2022년 합참 지침에 의거해서 반영된 것으로 군의 정상적인 납품 활동"이라고 반박한다.

그러나 20여 일 뒤인 4월 11일 JTBC는 육군이 2024년 10월 작성한 문건을 추가로 공개하며, 육군이 브리핑을 통해 설명한 계획 물량에 더해 9620개의 영현백을 추가로 준비할 계획이 있었음을 밝힌다. 이는 '노상원 수첩'에 등장하는 '5천~1만 명'과 맞아떨어지는 수치이다.

D+111 2025. 3. 24.

"(내란죄 상설특검 추천 의뢰와 관련해서) 특검법의 '지체 없이'의 의미나 기준에 대한 별도 규정이 없고 학설, 판례도 없다."

"(헌법재판관 임명과 관련해서) 정치적 갈등이 지속되고 법리적 논란이 있었다는 상황을 감안할 때 위헌, 위법적인 행위가 국민의 신임을 배반했다고 단정지을 수 없다."

_ 한덕수 권한대행 탄핵심판에 대한 헌법재판소의 기각 결정문 중

이날 헌법재판소는 한덕수 국무총리 겸 대통령권한대행에 대한 탄핵안을 기각한다. (기각 5명, 인용 1명, 각하 2명)

먼저 헌법재판소는 탄핵 절차에는 문제가 없다고 판단했다.

앞서 우원식 국회의장은 대통령권한대행을 맡고 있던 한덕수 국무총리에 대한 탄핵소추안을 의결하면서 의결정족수를 대통령 기준(200석)이 아닌 국무위원 기준(151석)으로 적용한 바 있다. 이에 대해 재판관 6명은 "헌법 제71조가 규정하는 대통령권한대행은 헌법과 법령상으로 대행자에게 미리 예정된 기능과 과업의 수행을 의미하는 것이지, 이로써 '권한대행' 또는 '권한대행자'라는 지위가 새로이 창설되는 것이라 볼 수 없다"면서, "탄핵소추에는 본래의 신분상 지위에 따라 의결정족수를 적용함이 타당하다"고 보았다.

다만, 정형식·조한창 재판관은 탄핵안 가결에 필요한 의결정족

수를 충족하지 못했다고 보았다. 두 재판관은 "대통령의 권한을 대행하는 국무총리에 대한 탄핵소추는 대통령만큼이나 신중하게 행사되도록 해석해야 한다"며 각하 의견을 냈다.

탄핵 기각 의견을 낸 재판관은 문형배·이미선·김형두·정정미·김복형, 총 5명이다. 이들은 내란 공모, 내란 상설특검 임명 회피, 김건희 특검법 거부, 한동훈 국민의힘 전 대표와의 공동 국정 운영 시도 등 네 가지 탄핵소추 사유에 대해 "헌법 또는 법률 위반을 인정할 수 없다"고 판단했다.

헌법재판소 8인의 재판관 중 정계선 재판관만이 유일하게 인용 의견을 냈다. 정계선 재판관은 "한 총리는 대통령의 직무정지라는 상황에서 불필요한 논란을 최소화하고 국가적 혼란을 신속하게 수습해야 할 의무가 있음에도 헌법과 법률 위반 행위로 논란을 증폭시켰다"면서, 한 총리가 헌법재판관을 임명하지 않은 점과 내란 상설특검을 임명하지 않은 점이 직에서 파면시킬 만큼 중대하다고 판단했다.

헌법재판소가 국회의 탄핵안을 기각함으로써 한덕수 국무총리는 87일 만에 직무에 복귀한다. 그러면서도 헌법재판소가 앞서 위헌 판단을 내린 마은혁 헌법재판관 임명 부작위 건에 대해서는 아무런 입장도 밝히지 않는다.

이날 헌법재판소의 판결은 국민들의 불안감을 증폭시킨다. 헌법재판소가 지난해 12월 31일 밝힌 "대통령 탄핵심판을 최우선으로 처리하겠다"는 약속을 어기면서까지 한덕수 권한대행에 대한 탄핵심판을 먼저 처리했기 때문이다. 이는 12·3비상계엄 이후 헌법재판소가 유지해온 선입선출(先入先出: 먼저 들어온 사건을 먼저 처리함) 원칙을 깨트린 것이기도 하다.

참고로 윤석열 대통령의 탄핵소추안은 12월 14일, 한덕수 권한대행의 탄핵소추안은 12월 27일에 가결되었다.

D+114 2025. 3. 27.

데드락(Deadlock)은 컴퓨터 과학에서 둘 이상의 프로세스나 스레드가 서로 자원을 점유한 채, 상대방이 점유하고 있는 자원을 기다리면서 영원히 진행할 수 없는 상태이다. 즉 교착 상태를 의미한다.

_ 출처 챗GPT

SBS의 임찬종 기자는 이날 저녁 뉴스에서 "헌법재판소가 선고를 안 하는 것이 아니라 못 하고 있는 상황이라는 추정도 하나의 가능성으로 제기되고 있다"고 보도한다.

"일단 선고가 계속 지연되고 있는 상황에 비춰볼 때, 지금 시점에 재판관들 사이에 이견이 있을 가능성은 높습니다. 하지만 전원일치 결정 의무는 없기 때문에 사실 이견이 있으면 있는 대로 헌재는 결정을 선고할 수 있습니다. 그런데도 선고가 이렇게까지 늦어지는 건 8인 재판관 체제에서 탄핵심판 결정을 선고하기가 사실상 어려운 유일한 경우인 5대3 교착 상태, 즉 '인용 5명' 대 '기각 또는 각하 3명'으로 의견이 갈라져 있는 상황 때문일 가능성이 있습니다." (임찬종 기자)

윤석열 대통령이 파면되기 위해서는 재판관 6인의 인용이 필요하다. 그런데 현재의 8인 체제에서 '인용 5' 대 '기각 또는 각하 3'의 상태라면 아홉 번째 재판관이 임명될 경우 선고 결과가 바뀔 수 있기 때문에, 헌법재판소로서는 이러지도 저러지도 못하고 아홉 번째 재판관의 임명만을 기다릴 수밖에 없다는 뜻이다.

임찬종 기자의 추측성 보도는 SNS와 각종 커뮤니티, 유튜브 등을 통해 급속도로 퍼져 나간다. 보수 성향의 정형식·조한창·김복형 재판관이 기각 결정을 내렸기 때문에 헌법재판소가 선고를 못하고 있다는 이른바 '데드락설(說)'은 이후 며칠간 기정사실로 자리 잡는다.

'데드락설'의 여파는 여기서 그치지 않는다. 4월 18일 문형배·이미선 두 재판관의 임기가 끝나고 한덕수 권한대행 체제에서 새로운 헌법재판관을 임명하면 윤석열 대통령 탄핵심판이 기각 또는 각하로 결론날 것이라는 위기감을 몰고 온다.

이에 진보 성향의 유튜브 채널 중 일부는 야권을 향해 "모든 국무위원들을 탄핵해서 마은혁 재판관이 거부권 없이 자동 임명되도록 만들자"라거나, "문형배·이미선 두 재판관의 임기를 연장하는 법안을 제출한 뒤 역시 거부권을 행사하지 못하도록 모든 국무위원들을 탄핵하자"라는 등 과격한 수단을 요구하기도 한다.

입법부가 행정부의 기능을 마비시키는 것은 삼권분립의 원칙에 맞지 않을뿐더러 위헌의 소지도 있다. 그럼에도 윤 대통령의 복귀를 막기 위해서는 수단과 방법을 가리지 말아야 한다는 목소리기

점점 힘을 얻었다. 탄핵에 찬성하는 이들끼리 갑론을박을 벌이는 와중에도 헌법재판소는 철통같은 경비 속에서 묵묵부답으로 일관할 따름이었다.

    상식이 패배할지도 모른다는, 민주주의가 패배할지도 모른다는 끔찍한 상상이 국민들의 머릿속에서 고개를 들기 시작했다.

8장.
염원 念願
[명사] 마음에 간절히 생각하고 기원함. 또는 그런 것.

D+112 2025. 3. 25.

"피소추인 윤석열의 대통령직 파면에 대한 헌법재판소의 탄핵 선고가 이유 없이 지연되고 있습니다. 2024년 12월 3일 불법 비상계엄 이후 백일이 넘는 동안 시민의 일상은 무너지고 대한민국의 민주주의는 위기를 맞고 있습니다. 저희는 당일 자행된 반헌법이고 불법인 행위들을 똑똑히 보았습니다. 피소추인 윤석열의 대통령직 파면은 당연한 일입니다. 더는 지체되어서는 안 되며, 파면 외 다른 결정은 있을 수 없고 있어서도 안 됩니다."

_ 피소추인 윤석열의 파면을 촉구하는 작가 414명의 성명 중

헌법재판소의 선고 지연을 참다못한 작가 414명은 이날 광장으로 나와 '한 줄 성명' 형식의 시국선언을 발표한다. 시, 소설, 동화, 아동문학, 에세이, 그림책, 만화, 평론 등 장르를 망라한 그들의 목소리에는 문학의 언어로 승화된 작가 개개인의 절절한 심정이 담겨 있었다.

'지면 관계상'이라는 구차한 이유로 전부 소개하지 못하는 점을 사과드린다.

"어린이들에게 마음껏 읽고, 쓰고, 생각할 수 있는 미래를 선물하고 싶습니다."_강인송, 아동문학가

"탄핵 인용 외에 마감은 없다!"_고운기, 시인

"민주주의가 의심받는 날이 올지 꿈에도 몰랐습니다. 이리도 오래 지체될 지도 몰랐습니다. 파면 외에 다른 선택지가 있다고 생각해본 적도 없습니다. 이젠 제발 일상이 회복된 삶을 살고 싶습니다." _구선아, 에세이 작가

"아누야, 바르고 옳은 일은 바르고 옳은 일일 뿐이야. 그뿐이야."
_김나영, 문학평론가

"내일 같이 목이나 매세. 파면을 안 한다면 말이야. 윤석열을 파면하면? 그럼 사는 거지." _김승일, 시인

"2024년 12월 3일 밤의 망령이 시간을 붙들고 있습니다. 대한민국에 다음 날이 오지 않고 있습니다. 대통령 윤석열의 탄핵 선고로부터 비로소 멈춘 시간이 흐르고 내일의 일상으로 이어집니다. 민주주의의 역사 앞에서 헌법재판소는 지체 없이 선고하십시오. 윤석열을 파면한다."
_김행숙, 시인

"찬란한 파면의 봄을 기다립니다!" _문봄, 동시 작가

"그는 앞발에 채찍을 들고 있었다." _문지혁, 소설가

"헌법을 위반하고, 국회에 군대를 보냈으며, 국민을 억압하고 처단하려 시도한 이가 버젓이 밖을 활보하고 있는 지금, 대한민국은 여전히 내란의 한가운데를 지나고 있다. 내란 수괴 대통령 윤석열을 즉각 파면하라. 헌재는 국민을 보호하고 민주주의를 회복하라." _박현옥, 소설가

"나는 그날 총구가 누구를 향해 있는지 봤다. 우리가 맞서 싸우기를 그만두는 순간 비로소 학살이 시작될 것이다." _백민석, 소설가

"한 손에는 정의, 한 손에는 상식, 두 주먹을 꼭 쥐고 외치는 우리의 마음." _백은선, 시인

"주장이 사실을 바꿀 수 없습니다." _윤해서, 소설가

"우리는 모두 각자의 자리에서 이 무도한 시절을 조용히 견디고 있습니다. 매일 되뇝니다. 이 마당에 책이 뭐람, 작업이 뭐람, 예술이 뭐람! 온 마음으로 지켜온 민주주의, 상식적인 매일의 삶, 그리고 우리 모두를 위해 피소추인 윤석열의 대통령직 파면을 즉각 촉구합니다!"
_이수지, 그림책 작가

"해마다 봄이 오면 이 역사를 한 사람씩 기억하고 노래할 것이다."
_이재훈, 시인

"진짜 같은 소설을 쓰고 싶은 것이지, 소설 같은 일이 진짜 벌어지는 나라에서 살고 싶은 것이 아니다. 소설도 누가 이렇게 써봐라, 편집자가 가만두나. 벌써 교정, 교열했지."_임현, 소설가

"뜬금포 계엄령으로 민주주의를 우롱하고 국민과 국가를 공포와 혼란의 상태로 밀어 넣은 무책임한 대통령, 내란 수괴 윤석열을 당장 파면하라."
_재수, 만화가·에세이 작가

"그 거리에, 그 빛에, 그 함성에, 그 노래에, 그 깃발에, 그 발걸음에, 그 트랙터에, 그 버스에, 그 유리창에, 그 고개에, 그 은박지에, 그 눈발에, 그 밤에, 그 바람에, 그 꽃망울에, 그 눈물에, 그 웃음에, 그 아침에, 그 하늘에… 우리는 쓴다, 그 너머를. 당신들은 주문하라, 파면을."
_최규승, 시인

"훼손되지 말아야 할 생명, 자유, 평화의 가치를 믿습니다. 파면은 보편적 가치를 지키는 일입니다."_한강, 소설가

D+113 2025. 3. 26.

"'행위'가 아닌 '인식'에 관한 발언이므로 처벌할 수 없다."

_ 이재명 대표의 공직선거법 위반 사건 2심 판결문 중

이날 더불어민주당 이재명 대표는 본인과 관련된 공직선거법 위반 사건 2심에서 무죄를 선고받는다. 1심에서 유죄를 선고받음으로써 피선거권이 박탈(향후 10년간 출마 불가)당할 위기에 놓였던 이재명 대표로서는, 조기대선 가능성이 높은 상황에서 최대 걸림돌이었던 사법 리스크를 덜게 된 것이다.

2024년 11월, 1심 재판부는 경기도 성남시 분당구 백현동 부지 용도변경과 관련해 "국토교통부의 협박이 있었다"고 한 발언과 "고 김문기 전 성남도시개발공사 개발사업1처장과 골프 친 사진은 조작되었다"는 이재명 대표의 발언을 선거에 당선될 목적으로 허위사실을 공표한 것으로 판단하여 공직선거법 유죄(징역 1년에 집행유예 2년)를 선고한 바 있다.

1심 재판부의 판결에는 비판이 뒤따랐다.

우선 공직선거법은 낙선자를 대상으로 적용된 경우가 거의 없다. 반대로 당선자의 위법 여부를 따짐으로써 당선의 정당성을 판단하는 경우가 대부분이다. 또한 이재명 대표의 발언은 상대 후보를 낙선시키기 위해 허위 비방을 한 것이 아니라 본인의 인식에 대해 말한 것에 불과하다. 때문에 윤석열 대통령이 대선 경쟁 후보였던 이재명 대표에 대한 정치보복에 나섰다는 의혹이 불거졌다.

하지만 이날 열린 2심 재판부(서울고등법원 형사6-2부)는 1심에서 유죄로 판단한 두 발언을 포함, 검찰이 혐의를 적용한 이재명 대표의 모든 발언에 대해 "허위사실공표죄로 처벌할 수 없다"고 판단했다.

먼저 1심에서 유죄 판결을 받았던 골프 사진 조작 발언과 관련해 재판부는 "이 사진은 원본이 아니다. 원본은 4명을 포함해 해외 출장을 같이 간 10명이 앉거나 서서 찍은 사진"이라며, "국민의힘 소속 의원에 의해 (이재명 대표가) 김 전 처장과 골프 친 거란 증거 또는 자료로 제시됐는데, 해외 어디선가 10명이 한꺼번에 사진을 찍은 거라 골프를 함께 친 증거가 될 수 없고 원본 일부를 떼어낸 거라서 조작된 거라 볼 수 있다"고 밝혔다. 그러면서 "따라서 이를 해명하며 나온 (이재명 대표의) 발언은 사진이 조작됐으므로 골프를 같이 친 게 아니라는 의미로 해석될 여지가 있다"고 덧붙였다.

애초 국민의힘 박수영 의원은 이재명 대표 등 10명이 찍은 단체 사진을 4명만 나오도록 잘라서 증거로 제시한 바 있다. 2심 재판부는 판결문을 통해 그 행위가 조작임을 적시한 것이다.

백현동 부지 용도변경과 관련해서도 "증거를 종합하면 (이재명 대표의) 백현동 발언의 의미는 국토부의 법률 요구에 따라 어쩔 수 없이 용도지역을 변경했다는 것이지, 이를 의무 조항에 근거해 피고인이 불가피하게 용도지역을 변경했다는 것으로 해석할 수 없다"고 판단했다.

　법원을 나온 이재명 대표는 검찰을 향해 "자신들의 행위를 되돌아보고 더 이상 이런 공력을 낭비하지 말아야 한다"고 질책한 뒤, 곧바로 안동 산불 피해 현장으로 이동한다.

D+117 2025. 3. 30.

> "위기의 대한민국을 위한 갈급한 마음을 가지고 헌법재판소에 호소합니다. 되어야 할 일은 빠르게 되도록 하는 일이 정의의 실현이며 양심의 회복입니다. 우리 안에 저 깊숙이 살아 있는 정의와 양심의 소리를 듣는다면 더 이상 지체할 이유가 없을 것입니다. 프란체스코 교황님은 '고통에는 중립이 없다'라고 말씀하셨습니다. 이와 마찬가지로 정의에는 중립이 없습니다. 우리 헌법이 말하는 정의의 판결을 해주십시오."
>
> _ 2025년 3월 21일, 유흥식 추기경이 바티칸 교황청에서 보내온 호소문 중

2024년 11월 28일, 천주교 사제 1466명은 〈어째서 사람이 이 모양인가!〉라는 제목의 시국선언문을 발표하며 윤석열 대통령에 대한 탄핵을 촉구한 바 있다.

사제들은 시국선언문을 통해 윤 대통령을 "거짓의 사람", "어둠의 사람", "폭력의 사람", "분열의 사람", 나아가 성경에서 말하는 "끔찍하고 무시무시하고 아주 튼튼한 네 번째 짐승(다니 7,7)"에 비유하면서, "그가 세운 유일한 공로가 있다면 '하나'의 힘으로도 얼마든지 '전체'를 살리거나 죽일 수 있음을 입증한 것"이라고 지적했다. 윤 대통령은 이 시국선언문이 발표된 지 6일 만에 비상계엄을 선포하고 위헌적인 포고령을 발령함으로써 사제들의 지적이 정확했음을 스스로 입증한 셈이 되었다.

첫 번째 시국선언으로부터 석 달여가 지난 2025년 3월 30일, 천

주교 교구장 6명을 포함한 사제와 수도자 3462명은 다시 한 번 시국선언문을 발표한다.

사제들은 〈헌법재판소는 국민에게 승복하라!〉는 제목의 이번 시국선언문에서 "군경을 동원해 국회와 선관위를 봉쇄 장악하고 정치인과 법관들을 체포하려 했던 위헌·위법 행위를 단죄하는 것이, 명백한 사실도 부인하고 모든 책임을 아랫사람에게 돌리는 자의 헌법 수호 의지를 가늠하는 것이, 그를 어떻게 해야 국익에 부합하는지 식별하는 것이, 그렇게 어려운 일입니까?"라고 헌법재판소를 질타한다. 그러면서 "한참 늦었으나 이제라도 정의로운 판결을 내리십시오. 헌법재판소의 주인인 국민의 명령입니다"라고 촉구한다.

다음 날인 3월 31일, 국회 측 대리인단은 유흥식 추기경과 천주교 사제 3천여 명, 한강 작가를 포함한 작가 4백여 명 등이 발표한 시국선언문과 공동성명을 담은 467쪽 분량의 참고자료를 헌법재판소에 제출한다.

D+119 2025. 4. 1.

사건: 2024헌나8 대통령(윤석열) 탄핵
청구인: 국회
피청구인: 대통령 윤석열
위 사건에 관하여 아래와 같이 선고 기일이 지정되었음을 알려드립니다.
일시: 2025년 4월 4일(금) 11:00
장소: 헌법재판소 대심판정

이날 헌법재판소는 윤석열 대통령 탄핵심판에 대한 선고 일정을 공지한다.

비상계엄의 탈을 쓴 내란이 일어난 지 벌써 넉 달, 그날 이후 대한민국 국민들이 겪어야 했던 분노와 혼란과 인고의 시간들이 마침내 하나의 열망으로 수렴한다.

D+120 2025. 4. 2.

> "특히 부산과 거제 시민 분들께서
> 놀라운 선택을 해주셨습니다.
> 변화에 대한 뜨거운 열망이 한데 모인 결과라 믿습니다."
>
> _ 4·2재보궐선거에 대한 더불어민주당 이재명 대표의 소감 중

윤석열 대통령 탄핵 선고를 이틀 앞두고 치러진 4·2재보궐선거에서 더불어민주당은 기초단체장 5곳 중 3곳을 가져가는 등 국민의힘에 압승을 거둔다.

먼저 부산시교육감 재보궐선거에서는 진보 성향의 김석준 후보가 51.1%의 득표율로 보수 성향의 정승윤 후보(40.2%)와 최윤홍 후보(8.7%)를 따돌리고 당선된다. 야당이 압승을 거둔 지난 2024년 총선에서도 부산의 경우는 총 18석 중 1석만 차지하는 데 그쳤는데, 이번 재보궐선거에서는 그 판도가 완전히 뒤집힌 것이다.

국민의힘의 텃밭이라고 할 수 있는 경남 거제시장 재보궐선거에서도 더불어민주당 변광용 후보가 56.0%를 득표해 38.1%에 그친 국민의힘 박환기 후보를 크게 제치고 당선된다.

충남 아산시장 재보궐선거에서는 57.5%의 득표율을 보인 더불

어민주당 오세현 후보가 39.9%를 득표한 국민의힘 전만권 후보를 여유 있게 제치고 당선된다.

국민의힘 후보가 출마하지 않은 서울 구로구청장 선거에서는 더불어민주당 장인홍 후보가 56.0%의 득표율로 32.0%의 자유통일당 이강산 후보를 압도하고 당선된다. 이강산 후보의 경우, 내란 옹호에 앞장서온 국민의힘 윤상현 의원이 지원유세에 나섬으로써 사실상 국민의힘 후보라는 평가를 받기도 했다.

다만, 전통적으로 더불어민주당이 강세인 전남 담양군수 재보궐선거에서는 조국혁신당 정철원 후보가 51.82%를 득표해 48.17%의 더불어민주당 이재종 후보를 꺾는 이변을 일으킨다.

이날 전국 17곳에서 동시에 진행된 광역·기초의원 재보궐선거에서는 더불어민주당 9명, 국민의힘 6명, 무소속 2명이 당선된다. 여기서 눈여겨볼 점은 경기도의원 2석(성남과 군포)을 더불어민주당이 모두 차지함으로써 여야 동석 구도(국민의힘 76석 대 더불어민주당 76석)가 깨지고 야당의 단독 의결이 가능하게 되었다는 것이다.

이날 재보궐선거의 결과는 이틀 뒤에 있을 윤 대통령 탄핵심판에 대한 민심을 확인하는 바로미터라는 평가도 나온다.

9장.

파면 罷免

1. [명사] 잘못을 저지른 사람에게 직무나 직업을 그만두게 함.
2. [명사] (법률) 징계 절차를 거쳐 임면권자의 일방적 의사에 의하여 공무원 관계를 소멸시키거나 관직을 박탈하는 행정 처분.

D+122 2025. 4. 4.

"피청구인을 파면함으로써 얻는 헌법 수호의 이익이 대통령 파면에 따르는 국가적 손실을 압도할 정도로 크다고 인정됩니다."

_ 헌법재판소의 대통령 윤석열 탄핵심판 결정문 중

이날 헌법재판소는 윤석열 대통령에 대한 탄핵소추안을 재판관 8인 전원일치로 인용한다.

헌법재판소는 우선 탄핵소추안의 적법 요건과 관련하여 법적·절차적 문제가 있다는 대통령 측 대리인단의 주장들을 법리에 따라 조목조목 반박한다.

> **대통령 측이 주장한 탄핵소추안의 법적·절차적 문제점**
> ① 계엄 선포는 사법 심사의 대상이 되지 않는다.
> ② 국회 법사위의 조사 없이 탄핵소추안을 의결한 것은 절차적 문제점이 있다.
> ③ 국회의 탄핵소추안 의결이 일사부재의 원칙에 위반된다.
> ④ 비상계엄이 단시간 안에 해제되었고 이로 인한 피해가 발생하지 않았으므로 보호 이익이 흠결되었다.
> ⑤ 국회가 탄핵소추안에서 내란죄 등 형법 위반 행위로 구성하였던 것을

탄핵심판 청구 이후 헌법 위반 행위로 포섭하여 주장한 것은 부적법하다.
⑥ 국회가 대통령의 지위를 탈취하기 위해 탄핵소추권을 남용하였다.

다음으로 국회 측이 제시한 윤석열 탄핵소추 사유 다섯 가지를 하나하나 밝히며, 모든 사항에서 윤 대통령의 위헌·위법 행위가 있었음을 인정한다.

국회 측이 제시한 탄핵소추 사유
① 비상계엄 선포의 위헌성
② 포고령(1호)의 위헌·위법성
③ 군대와 경찰을 동원한 국회 봉쇄 시도
④ 군대를 동원한 중앙선관위 압수수색
⑤ 법조인 체포조 운용 지시

이 같은 법 위반 행위가 피청구인을 파면할 만큼 중대한 것인지에 대한 헌법재판소의 최종 판단은, 이날 재판정에서 낭독된 결정문 중 일부를 인용함으로써 대신하고자 한다.

피청구인(윤석열)은 국회와의 대립 상황을 타개할 목적으로 이 사건 계엄을 선포한 후 군경을 투입시켜 국회의 헌법상 권한 행사를 방해함으로써 국민주권주의 및 민주주의를 부정하고, 병력을 투입시켜 중앙선관위를 압수수색하도록 하는 등 헌법이 정한 통치 구조를 무시하였으며, 이 사건 포고령을 발령함으로써 국민의 기본권을 광범위하게 침해하였습니다.

이러한 행위는 법치국가 원리와 민주국가 원리의 기본원칙들을 위반한 것으로서, 그 자체로 헌법질서를 침해하고 민주공화정의 안정성에 심각한 위해를 끼쳤습니다.

한편, 국회가 신속하게 비상계엄 해제 요구 결의를 할 수 있었던 것은 시민들의 저항과 군경의 소극적인 임무 수행 덕분이었으므로, 이는 피청구인의 법 위반에 대한 중대성 판단에 영향을 미치지 않습니다.

대통령의 권한은 어디까지나 헌법에 의하여 부여받은 것입니다. 피청구인은 가장 신중히 행사되어야 할 권한인 국가긴급권을 헌법에서 정한 한계를 벗어나 행사하여 대통령으로서의 권한행사에 대한 불신을 초래하였습니다.

피청구인이 취임한 이래 야당이 주도하고 이례적으로 많은 탄핵소추로 인하여 여러 고위 공직자의 권한행사가 탄핵심판 중 정지되었습니다. 2025년도 예산안에 관하여 헌정사상 최초로 국회 예산결산특별위원회에서 증액 없이 감액에 대해서만 야당 단독으로 의결하였습니다. 피청구인이 수립한 주요 정책들은 야당의 반대로 시행될 수 없었고, 야당은 정부가 반대하는 법률안들을 일방적으로 통과시켜 피청구인의 재의요구와 국회의 법률안 의결이 반복되기도 하였습니다.

그 과정에서 피청구인은 야당의 전횡으로 국정이 마비되고 국익이 현저히 저해되어가고 있다고 인식하여 이를 어떻게든 타개하여야만 한다는 막중한 책임감을 느끼게 되었을 것으로 보입니다.

피청구인이 국회의 권한행사가 권력남용이라거나 국정 마비를 초래하는 행위라고 판단한 것은 정치적으로 존중되어야 합니다.

그러나 피청구인과 국회 사이에 발생한 대립은 일방의 책임에 속한다고 보기 어렵고, 이는 민주주의 원리에 따라 해소되어야 할 정치의 문제입니다. 이에 관한 정치적 견해의 표명이나 공적 의사결정은 헌법상 보장되는 민주주의와 조화될 수 있는 범위에서 이루어져야 합니다.

국회는 소수의견을 존중하고, 정부와의 관계에서 관용과 자제를 전제로 대화와 타협을 통하여 결론을 도출하도록 노력하였어야 합니다. 피청구인 역시 국민의 대표인 국회를 협치의 대상으로 존중하였어야 합니다.

그럼에도 불구하고 피청구인은 국회를 배제의 대상으로 삼았는데, 이는 민주정치의 전제를 허무는 것으로 민주주의와 조화된다고 보기 어렵습니다. 피청구인은 국회의 권한행사가 다수의 횡포라고 판단했더라도, 헌법이 예정한 자구책을 통해 견제와 균형이 실현될 수 있도록 하였어야 합니다.

피청구인은 취임한 때로부터 약 2년 후에 치러진 국회의원선거에서 피청구인이 국정을 주도하도록 국민을 설득할 기회가 있었습니다. 그 결과가 피청구인의 의도에 부합하지 않더라도 야당을 지지한 국민의 의사를 배제하려는 시도를 하여서는 안 되었습니다.

그럼에도 불구하고 피청구인은 헌법과 법률을 위반하여 이 사건 계엄을 선포함으로써 국가긴급권 남용의 역사를 재현하여 국민을 충격에 빠트리고, 사회·경제·정치·외교 전 분야에 혼란을 야기하였습니다. 국민 모두의 대통령으로서 자신을 지지하는 국민을 초월하여 사회공동체를 통합시켜야 할 책무를 위반하였습니다. 군경을 동원하여 국회 등 헌법기관의 권한을 훼손하고 국민의 기본적 인권을 침해함으로써 헌법 수호의 책무를 저버리고 민주공화국의 주권자인 대한국민의 신임을 중대하게 배반하였습니다.

결국 피청구인의 위헌·위법 행위는 국민의 신임을 배반한 것으로 헌법 수호의 관점에서 용납될 수 없는 중대한 법 위반 행위에 해당합니다.

피청구인의 법 위반 행위가 헌법질서에 미친 부정적 영향과 파급효과가 중대하므로, 피청구인을 파면함으로써 얻는 헌법 수호의 이익이 대통령 파면에 따르는 국가적 손실을 압도할 정도로 크다고 인정됩니다.

이에 재판관 전원의 일치된 의견으로 주문을 선고합니다. 탄핵 사건이므로 선고 시각을 확인하겠습니다. 지금 시각은 오전 11시 22분입니다.

주문. 피청구인 대통령 윤석열을 파면한다.

이것으로 선고를 마칩니다.

대통령 윤석열을 파면한다는 문형배 재판관의 주문이 울린 순간, 헌법재판소가 위치한 안국역 일대에서 함성이 터져 나온다. 가정에서, 학교에서, 직장에서, 혹은 다른 어느 곳에서든, TV 생중계를 시청하며 마음 졸이던 국민들은 두 주먹을 움켜쥐며 기쁨과 안도의 탄성을 토한다.

2025년 4월 4일로 일단락될 이 일지를 요약하면 다음과 같다.

"윤석열은 헌법을 쓰러뜨리려고 했다. 그러나 헌법이 윤석열을 쓰러뜨렸다."

여기서 잠시 펜을 멈추고 주위를 돌아본다.

그리고 우리 모두에게 질문 하나를 던진다.

"내란은 종식되었는가?"

4부
We will...

우리는 무엇을 해야 하는가

1장. **불복**不服

[명사] 남의 명령·결정 따위에 대하여 복종·항복·복죄(服罪) 따위를 하지 아니함.

3부를 마치며 던진 질문, "내란은 종식되었는가?"에 대답한다.
"내란은 종식되지 않았다."
질문을 달리해 본다.
"내란은 종식될 것인가?"
이 질문에 대한 대답은 "아니다" 그리고 "그렇다"이다.
가운데 접속사가 '혹은(or)'이 아니라 '그리고(and)'인 점에 주목하기 바란다. 모순된 두 대답이 '그리고'로 연결될 수밖에 없는 이유는 4부 말미에 설명하고자 한다. 헌법재판소 선고로 일단락된 이 일지 뒤에는 일지 형식으로 묶기 힘든 몇 가지 이야기들이 남아 있기 때문이다.

대통령직에서 파면된 윤석열은 국가가 대통령에게 제공한 관저에서 1주일가량 더 머물렀다.

윤석열과 그 측근들이 헌법재판소의 판결에 승복했다는 소식은 들을 수 없었다. 오히려 비탄에 빠진 본인의 지지자들을 격려하고 부추기는 메시지들을 냈다는 소식만 들릴 뿐이었다. 사실 12·3비상계엄이 실패로 끝난 뒤로 그들에게서 반성의 기미를 찾아낸 사람은 없었기에, 실망한 사람도 없었다.

서초동 사저로 돌아간 윤석열이 발한 일성은 허세에 가득한 그의 정신세계를 가감 없이 보여준다.

"다 이기고 돌아왔다."

양보와 타협을 패배로 여기며 살아온 자에게 진짜 패배는 더더욱 받아들일 수 없는 항목이었던 것이다. 그러나 본인의 허세와 무관하게 윤석열이 패배한 것은 엄연한 사실이다.

영화 〈반지의 제왕〉에 등장하는 마왕 사우론은 절대반지를 파괴당하자 허망하게 무너져 내렸다. 윤석열은 대통령직에서 파면당했다. 법비들과의 연결고리가 끊어진 것은 아니어서 영화 속 사우론보다 조금 더 버틸 수 있을지언정, 그의 몰락은 예정된 것이나 다름없다.

이후 내란 우두머리의 혐의로 형사재판을 받는 와중에도 신당 창당을 시도하는 등 정치적 건재함을 과시하기 위해 애쓰고는 있지만, 발악이 길어질수록 본인의 추함만 부각될 뿐이다. 절대반지가 용암에 떨어진 순간 섬광과 함께 소멸한 사우론의 깔끔한 최후를, 윤석열은 오래오래 부러워하게 될 것이다.

윤석열이라는 인물에 대한 직접적인 언급은 여기서 마친다.

2장. 잔당 殘黨

[명사] 쳐 없애고 남은 무리.
대부분이 패망하고 조금 남아 있는 무리를 부정적으로 이르는 말.

1. 행정부

윤석열 파면 나흘 뒤인 4월 8일, 한덕수 권한대행은 4월 18일 임기가 종료되는 문형배·이미선 헌법재판관의 후임자로 이완규 법제처장과 함상훈 서울고등법원 부장판사를 지명한다. 헌법재판소의 위헌 결정에도 불구하고 백 일 넘게 미루던 마은혁 재판관을 이날에야 임명하면서, 마치 본인이 대통령이라도 된다는 듯 대통령 몫의 헌법재판관 후임자까지 지명한 것이다.

이번 내란 사태를 통해 확인된 것처럼 국가가 위기에 빠졌을 때 헌법재판소의 역할은 매우 중요하다. 그래서 대한민국헌법은 헌법재판소의 구성을 '대통령 지명 3인, 국회 추천 3인, 대법원 추천 3인을 대통령이 임명'하는 것으로 규정한다. 임명직에 불과한 국무총리가 대통령의 고유 권한인 헌법재판관 지명을 행사하는 것은 위헌의 소지가 있으며, 이는 불과 10여 일 전에 나온 헌법재판소 결정문에도 적시되어 있다.

> "한 총리는 대통령이 일시적으로 직무를 수행할 수 없는 상황에서 예비적·보충적으로 대통령 직무를 대행하는 국무총리의 지위에 있는 자로서, 대통령의 지위와 동일하다고 볼 수 없다."
> _ 2025년 3월 24일, 한덕수 권한대행 탄핵심판에 대한 헌법재판소 결정문 중

이 점을 모를 리 없는 한덕수 권한대행이 조기대선을 50여 일 앞둔 시점에 기습적으로 헌법재판관 2인을 지명한 이유가 무엇인지 짐작하기란 어렵지 않다.

특유의 모호한 화법으로 가려져 있기는 해도, 12·3비상계엄 이후 한덕수 권한대행이 보인 모든 행보가 윤석열의 대리인 역할에 일관적으로 충실했다는 점은 명확하다. 때문에 위헌의 소지를 무릅쓰면서까지 이완규·함상훈 2인을 헌법재판관으로 지명한 일 역시도 윤석열의 의중이 반영된 것이라 짐작된다.

마은혁 재판관의 뒤늦은 합류로 헌법재판소는 비로소 9인 체제를 갖추게 되었다. 9인의 헌법재판관을 정치 성향에 따라 분류하면 진보 4인(문형배·이미선·정계선·마은혁), 중도 2인(김형두, 정정미), 보수 3인(정형식·김복형·조한창)으로 보는 견해가 일반적이다. 한덕수 권한대행은, 그리고 윤석열은, 이 구도를 무너뜨리고 싶었던 것이다.

윤석열의 친구로서 비상계엄 다음 날 삼청동 안가 회동에 참석

후 휴대전화를 교체함으로써 내란 동조 혐의를 받게 된 이완규 법제처장. 2400원을 횡령한 버스기사에게는 해고 판결을 내리면서도 성범죄자들에게는 갖가지 사정을 참작하여 형량을 깎아준 함상훈 부장판사.

진보 성향의 문형배·이미선 재판관의 후임으로 헌법 수호와는 거리가 먼 이완규·함상훈을 헌법재판관에 꽂아 넣을 수만 있다면 한덕수 권한대행은, 그리고 윤석열은, 헌법재판소를 자신의 뜻대로 좌지우지할 수 있다고 믿었을 것이다.

헌법은 이번에도 내란 세력의 흉계를 용납하지 않았다.

2025년 4월 16일, 헌법재판소는 '한덕수 대통령권한대행 겸 국무총리의 헌법재판관 후보자 지명 행위가 위헌인지를 판단해 달라'는 김정환 변호사(법무법인 도담)의 효력정지 가처분 신청을 9인 전원일치로 인용한다.

헌법재판소는 인용 결정문에서 "(한덕수 권한대행의 헌법재판관 지명 행위는) 헌법과 법률이 정한 자격과 절차에 따라 임명된 재판관에 재판받을 권리를 침해한다"고 명시했다.

이로써 이완규·함상훈 2인에 대한 헌법재판관 지명 효력은 정지된다.

우리는 비상계엄 선포 뒤 한덕수 국무총리가 양복 주머니에 챙겨 나온 계엄 관련 문건의 존재를 잊어서는 안 된다. 한덕수 권한대행이 윤석열의 대리인 노릇에 그토록 충실한 데에는 그럴 만한 이유가 있다는 뜻이다.

이것이 한덕수 한 사람에게만 국한되는 일일까?

최상목 기재부장관은 비상계엄 당시 국회를 대신할 비상입법기구 창설을 지시하는 문건을 챙겨 나와 기재부차관에게 전달했다. 본인의 거듭된 부인에도 불구하고, 비상계엄 직후 휴대전화를 교체한 사실이 들통나기도 했다. 또한 한덕수·최상목 두 사람은 번갈아 권한대행을 맡는 동안 국회에서 올라온 각종 법안(내란 특검법·김건희 특검법·명태균 특검법 포함)에 대해 십여 차례 거부권을 행사한 바 있다.

비상계엄이 실패로 끝난 뒤 본인의 휴대전화를 교체함으로써 증거인멸의 의심을 받는 고위 관료는 한두 명이 아니다. 박성재 법무부 장관, 이상민 전 행정안전부장관, 이완규 법제처장, 정진석 비서실장과 김주현 민정수석 이하 대통령실 참모들….

2025년 4월 4일, 윤석열은 대통령직에서 파면되었다.

그러나 내란은 종식되지 않았고, 내란 잔당은 여전히 행정부를 장악하고 있다.

2. 사법부

사법부의 수장인 대법원장은 대통령, 국회의장에 이어 대한민국 의전 서열 3위를 차지하는 높은 지위이다. 그리고 현재 대법원장은 조희대 전 대법관이다. 이 일지에는 처음으로 등장하는 이름이기도

하다.

이상하지 않은가?

사법부의 수장이며 대한민국 의전 서열 3위인 인물이 국가적 위기하에 이토록 존재감을 드러내지 않았다는 점이 말이다.

뉴스를 검색해도 비상계엄이 선포된 지난 12월 3일부터 윤석열이 파면된 4월 4일까지, 조희대 대법원장이 이번 내란 사태와 관련해 특별한 입장을 표명했다는 기사는 찾기 힘들다. 비상계엄 선포 직후 대법원 대책회의를 주재했다는 것과, 다음 날 출근길에서 비상계엄에 대한 입장을 묻는 기자의 질문에 "나중에 다시 말씀드리겠습니다"라며 답변을 미뤘다는 것 정도가 보일 뿐이다. (그가 말한 '나중'은 아직 오지 않았다)

탄핵소추안이 국회에서 가결되었을 때에도, 법원이 발부한 체포영장 집행이 경호처에 의해 저지당했을 때에도, 심지어 서부지법이 폭도들에 의해 습격당했을 때마저도, 조희대 대법원장은 본인의 입장을 밝히지 않았다. 그저 대법원장 신년사를 통해 "지난해 우리나라는 격심한 정치적 혼란을 겪었고 연말 계엄과 탄핵 사태로 인해 걷잡을 수 없는 혼란의 소용돌이에 휩싸였습니다"라며, 내란의 책임이 윤석열과 야당 모두에게 있다는 듯한 양비론적 발언을 남겼을 뿐이다.

사법부 수장의 이러한 태도 때문일까?

지난 3월 7일, 서울중앙지법의 지귀연 부장판사는 헌정사상 최초로 구속기간을 '시간' 단위로 계산함으로써 윤석열의 구속을 취소하는 충격적인 일을 자행했다.

거기에 더하여, 대통령 신분을 박탈당한 윤석열의 1차 공판에서 일반 피고인은 누리기 힘든 편의(지하 주차장을 통한 출입과 법정 촬영 금지 등)를 제공했다. 심리 전 피고인의 이름과 직업, 주소를 확인하는 인정신문 때도 "피고의 직업이 전직 대통령이냐?"면서 윤석열이 할 대답까지 질문에 포함시켜주는 친절함을 보였다. 이에 고무된 듯, 이날 공판에서는 피고인인 윤석열 본인이 나서서 90분 넘게 연설을 늘어놓는 진풍경이 연출되기도 했다.

윤석열 탄핵 열흘 뒤인 4월 14일, 한동수 전 대검찰청 감찰부장은 MBC 시사프로그램 〈시선집중〉에 출연해 '서울중앙지법 형사합의25부가 윤석열 구속취소를 결정하기 전에는 비슷한 경력의 판사 3인으로 구성된 대등재판부였는데, 올해 초 사법부 인사를 통해 지귀연을 제외한 2인을 경력이 짧은 30대 판사들로 교체했다'는 점을 지적했다. 이는 지금의 재판부가 사실상 지귀연 부장판사 한 사람의 주도로 진행되고 있다는 뜻이다.

판사의 인사권은 대법원장에게 있다. 그리고 조희대 대법원장은 이 글을 쓰는 4월 말 현재, 이재명 대표의 선거법 위반 사건 상고심을 대법원 전원합의체에 회부한 뒤 전례 없는 속도로 심리를 서두름으로써 40여 일 앞으로 다가온 조기대선에 영향력을 끼치려 하고 있다.

2025년 4월 4일, 윤석열은 대통령직에서 파면되었다.

그러나 내란은 종식되지 않았고, 내란 잔당의 그림자는 사법부 내에도 어른거리고 있다.

3. 검찰

대한민국에서 경찰 업무를 지휘하는 국가기관은 경찰청이다. 소방 업무는 소방청, 산림 업무는 산림청, 기상 업무는 기상청이 각각 지휘한다. 그렇다면 검찰 업무는? 검찰청이 아니라 대검찰청이 지휘한다.

> **검찰청법 제2조**(검찰청)
> 제2항 검찰청은 대검찰청, 고등검찰청 및 지방검찰청으로 한다.
>
> **검찰청법 제3조**(검찰청의 설치와 관할구역)
> 제1항 대검찰청은 대법원에, 고등검찰청은 고등법원에, 지방검찰청은 지방법원과 가정법원에 대응하여 각각 설치한다.

대검찰청이라는 기관명에 '대(大)' 자가 붙는 것은 업무적으로 대응하는 사법부가 대법원이기 때문이다. 하지만 이 점을 정확히 아는 국민은 그리 많지 않다. 대다수는 검찰 조직의 사령탑이기 때문에 '대(大)' 자가 붙었을 것이라고 여기고, 이를 당연시한다. 이 나라에서 검찰이 가지는 권력의 크기를 보여주는 단적인 예라 할 것이다.

일제강점기에는 순사들이 공포의 대상이었다. 5·16쿠데타 이후 박정희 군사정부과 전두환 신군부 치하에서는 중앙정보부(혹은 국가안전기획부)와 공안경찰이 득세하여 군부독재의 시녀 역할을 수행했다. 그렇다면 문민정부가 들어서고 평화로운 정권 교체가 가능해진 2000년대 이후 그 자리는 누가 차지하게 되었을까? 바로 검찰이다.

법무부의 외청에 불과한 검찰청이 국가를 좌지우지할 정도의 권력을 휘두르게 된 것은 수사권과 기소권을 합법적으로 독점하기 때문이다.

대한민국의 민주주의가 발전하면서 군대는 문민 통제를 받기 시작했다. 정치 공작을 서슴지 않던 정보부서는 본연의 대외 방첩 활동에 주력하도록 제도적 정비가 이루어졌다. 인권 침해의 상징과도 같던 일제강점기의 순사나 군부독재 치하의 공안경찰은 일반 치안만 담당하게 되었다. 그러나 오직 검찰만은 이전보다 더 강력한 권력을 얻었다. 그 검찰의 핵심에는 특수부 검사 윤석열이 자리하고 있었다.

죄를 지으면 처벌받는 것이 당연하다. 하지만 검찰이 기소를 하지 않으면 처벌받지 않고 넘어갈 수 있다. 기소를 하더라도 수사 과정에서 중대한 혐의를 덮어 버리고 재판 과정에서 입증하기 힘든 내용으로 공소장을 쓰면 무죄, 혹은 경미한 처벌로 끝낼 수 있다. 피고인은 검찰 고위층 출신 변호사를 고용할 재력만 갖추면 된다. 현직 검사가 검찰 고위층 출신 변호사를 위해 사건을 덮거나 구형을 감해 주는 일은 드물지 않다. 그들이 '전관예우'라고 미화하는 이 행위는, 실제로는 불법적인 사법거래에 해당한다. 현직 검사가 전관예우를 거부하지 않는 이유는 간단하다. 그들도 나중에 전관이 될 테니까. 전관예우는 검사가 본인을 위해 들어 두는 연금이나 마찬가지다.

죄를 짓지 않으면 처벌받지 않는 것이 당연하다. 하지만 검찰이 무리해서 기소를 하고 수사권을 남용하여 피고인 주변을 탈탈 털면 '죄 없는 죄인'을 만드는 일도 불가능하지 않다. 사실 이것이 더 심각한 문제라고 볼 수 있다. 인권에 직결되며, 인간의 존엄성이 훼손될 수 있기 때문이다. 그러나 검찰이 작정하고 달라붙으면 막을 길이 없는 것도 사실이다.

이런 부류의 사건은 정치권력과 관련된 경우가 많다. 무리한 기소와 남용된 수사는 검찰에서 타이밍 좋게 흘리는 피의사실 공표로 무마할 수 있다. 이 경우, 법조기자 중 일부는 '국민의 알 권리'를 내세우며 스피커 노릇을 자청함으로써 검찰과의 공생관계를 이어간다.

"검찰은 기소하지 않음으로써 돈을 벌고 기소함으로써 권력을 얻는다"는 비난 섞인 말은 이래서 나온 것이다.

이처럼 막강한 검찰 조직의 정점에 위치한 검찰총장은 어떠한가. 정부조직상 외청에 불과한 검찰청의 수상은 검찰청장이 아니니

검찰총장이다. 여느 청장들이 차관 직급인데 반해 검찰총장의 직급은 장관에 해당한다. 또한 밑으로는 차관급 고등검사장을 9명이나 거느리는데, 이는 행정부의 어떤 장관도 갖지 못하는 권력이요, 특혜다.

"검사는 한 명 한 명이 헌법기관이다"라는 멋진 말에 대해서도 알아보자. 이는 검사의 지위가 헌법으로 보장된다는 뜻이며, 검찰이 수사권과 기소권을 독점하는 것에 대한 정당성을 스스로 부여할 때 흔히 사용된다.

정말로 그럴까?

> **대한민국헌법 제12조**
> 제3항 체포·구속·압수 또는 수색을 할 때에는 적법한 절차에 따라 검사의 신청에 의하여 법관이 발부한 영장을 제시하여야 한다. 다만, 현행범인인 경우와 장기 3년 이상의 형에 해당하는 죄를 범하고 도피 또는 증거인멸의 염려가 있을 때에는 사후에 영장을 청구할 수 있다.
>
> **대한민국헌법 제16조**
> 모든 국민은 주거의 자유를 침해받지 아니한다. 주거에 대한 압수나 수색을 할 때에는 검사의 신청에 의하여 법관이 발부한 영장을 제시하여야 한다.

위에서 살펴보았듯 헌법이 보장하는 것은 어디까지나 검사의 영장청구권에 국한된다.

2023년 '검사의 수사권 축소 등에 관한 법무부장관 등과 국회 간의 권한쟁의'에서 헌법재판소가 각하 판결을 내림으로써 검찰의 수사권은 헌법상 권한이 아닌 것으로 판명났다.

검찰의 기소 독점권 또한 헌법이 아닌 형사소송법 제246조 "공소는 검사가 제기하여 수행한다"라는 법문에 기초할 따름이다.

검찰은 수사권과 기소권을 앞세워 살아 있는 권력의 칼잡이 노릇을 하다가, 새로운 권력이 등장하면 곧바로 칼끝을 돌려 기존 권력을 찌름으로써 자신들의 존재가치를 입증해왔다. 촛불혁명에 의해 탄생된 문재인 정부에서 검찰 개혁에 실패한 것은, 박근혜 정부의 적폐를 청산한다는 명분으로 검찰주의자인 윤석열을 중용하는 우를 범했기 때문이다.

윤석열 정부 들어 검찰의 전횡은 더욱 심해졌다. 대통령 부인 김건희 여사가 3백만 원 상당의 명품 가방을 받은 영상이 공개되었을 때, 검찰은 명품 가방의 공여자인 최재영 목사가 "청탁의 대가"라고 분명히 밝혔음에도 김 여사를 기소하지 않았다. 반면에 이재명 대표의 부인 김혜경 씨가 법인카드 10여만 원을 사용한 것은 횡령으로 엄격히 판단해 기소했다.

어디 그뿐인가? 윤석열 대통령 재직 시기인 2023년 10월 기준으로 이재명 대표는 총 376회의 압수수색을 받았다. 지난 대선의 경쟁자이자 제1야당의 대표를 반드시 감옥에 보내겠다고 마음먹지 않은 이상, 이 정도의 검찰권이 동원되는 것은 설명이 안 된다.

검찰은 더 이상 권력의 시녀가 아니었다. 국가기관과 공기업의 요직을 두루 차지하며 권력 그 자체가 되었다. 그들은 '검찰공화국'이라는 세간의 멸칭을 오히려 즐기듯 자신들에게 주어진 권력을 마음껏 휘둘렀다.

검찰의 전횡이 극에 달한 시점은 지귀연 부장판사의 윤석열 구속취소 결정에 대해 심우정 검찰총장이 즉시항고 포기를 선언한 3월 7일과 8일이라고 본다. 그들은 윤석열을 석방함으로써 탄핵심판에 영향을 주려 했고, 나아가 자신들의 권력을 유지하기 위해 윤석열의 대통령직 복귀를 꿈꿨다. 이는 내란 종식을 바라는 국민의 간절한 염원을 정면으로 배신하는 행위였다.

2025년 4월 4일, 윤석열은 대통령직에서 파면되었다.

그러나 내란은 종식되지 않았고, 내란 잔당은 지난 수십 년간 쌓아올린 검찰의 아성 안에서 내란의 연장을 모색하고 있다.

4. 국민의힘

비상계엄 선포 직후 국민의힘 의원들의 단체대화방에서 오간 문자메시지들을 살펴보면, 비상계엄에 대해 사전에 인지한 의원은 소수에 불과하다는 점을 짐작할 수 있다. 그들 대다수는 당황했고, 혼란스러워했으며, 두려움에 사로잡혔다는 느낌마저 풍겼다. 심지어 그들 중 일부는 국회에 들어가 비상계엄 해제 요구안에 찬성표를 던지기도 했다.

국민의힘이 단결하기 시작한 것은 1차 탄핵소추안 의결(2024년 12월 7일)을 전후해서였다. 전날 기습적으로 발표된 "본인의 임기와 국정 운영을 우리 당과 정부에 일임하겠다"는 윤석열의 대국민담화가 국민의힘의 단결에 직접적인 원인을 제공했다는 점은 명백하다. 국민의힘은 당론으로 정한 탄핵 반대를 관철하기 위해 국회 본회의장을 집단 이탈했고, 그럼으로써 국회 역사에 '표결불성립'이라는 오점을 찍었다.

국민의힘 내에서 윤석열 탄핵 반대를 위해 가장 발 빠르게 움직인 사람은 당 대표인 한동훈도, 원내대표인 추경호·권선동도 아닌, 전두환의 전 사위 윤상현 의원이었다.

12월 11일 국회 본회의장에서 "비상계엄은 고도의 통치행위"라는 윤석열의 궤변을 그대로 옮긴 윤 의원은, 윤석열 체포영장 집행 직전인 1월 5일 극우 세력이 결집한 광화문광장으로 달려가 전광훈 목사를 향해 직각으로 허리를 구부리는 놀라운 광경을 연출한다. 이는, 최소한 표면적으로는 '건전한 보수'를 내세워온 국민의힘이 극우의 나락으로 떨어지는 신호탄이 된다.

이후 국민의힘의 극우화는 가속된다.

1월 6일, 한남동 대통령관저 앞에서 윤석열 체포영장 집행 반대 입장문 발표. (김기현 등 친윤계 의원 40여 명)
1월 9일, 국회에 반공청년단(백골단) 기자회견 주선. (김민전 의원)

1월 15일, 한남동 대통령관저 앞에서 윤석열 2차 체포영장 집행 저지 시도. (친윤계 의원 35명)

1월 16일, 공수처 폐지 촉구 기자회견. (나경원 의원 등 4명)

1월 18일, 서부지법 월담자 17명에 대한 훈방 조치 발언. (윤상현 의원)

1월 20일, 서부지법 폭동에 대해 경찰의 과잉진압 및 책임론 제기. (권선동 원내대표) 극우 유튜버 10명에게 설 선물 발송. (권영세 비대위원장)

2월 2일, 서울구치소로 윤석열 면회. (권선동 원내대표 · 권영세 비대위원장)

2월 4일, "좌파 사법 카르텔, 이게 우리가 성스러운 전쟁을 통해서 깨부숴야 할 1호 검은 카르텔" 발언. (윤상현 의원)

2월 7일, 서울구치소로 윤석열 면회 후 옥중 메시지를 지지자들에게 전달. (윤상현 · 김민전 의원)

2월 13일, 윤석열에 대한 당원 징계 절차 종결. (국민의힘 중앙윤리위원회)

2월 26일, 국회에 극우 한국사강사 전한길 기자회견 주선. (윤상현 의원)

3월 1일, 광화문과 여의도에서 열린 대규모 극우 집회에 집단 참석 (나경원 · 추경호 · 서천호 의원 등 37명)

3월 12일, "계엄이 위헌이라도 탄핵 각하해 달라"는 탄원서를 헌법재판소에 제출. (나경원 의원 등 82명) 헌법재판소 앞 릴레이 시위 시작. (강승규 · 박대출 의원 등 62명)

3월 28일, 국정원에 중앙선관위를 조사할 수 있는 권한을 주는 법안 발의. (강선영 의원 등 10명)

3월 31일, 더불어민주당 이재명 대표와 초선의원 전원 등을 내란음모 혐의로 경찰에 고발. (국민의힘 법률자문위원회)

2017년 박근혜 탄핵으로 궤멸 직전까지 이르렀던 보수 정당에게 윤석열 탄핵은 떠올리기조차 싫은 끔찍한 기시감을 불러일으켰을 것이 분명하다. 선거 패배를 지지기반의 붕괴로 받아들일 때, 정당은 공포에 빠지는 법이다. 그런 자들에게 "민주주의는 정당이 선거에서 패배하는 시스템이다"라는 아담 쉐보르스키의 명언을 들려주는 것은 무의미한 일이리라.

12·3비상계엄 선포 이후 국민의힘은 내란에 동조했고, 옹호했고, 선동했다. 심판받을 짓을 저질렀으면 심판받아야 한다. 심판의 주체가 유권자든 법률이든, 심판의 결과가 선거 패배든 법적 처벌이든, 예외는 없다. 지금 국민의힘은 눈 속에 머리통을 묻은 꿩처럼 자신들에게 닥쳐올 앞날을 애써 외면하는 것처럼 보인다.

2025년 4월 4일, 윤석열은 대통령직에서 파면되었다.

그러나 내란은 종식되지 않았고, 내란 잔당은 한때 여당이었던 국민의힘 안에서 정권 재창출이라는 몽상을 버리지 않고 있다.

5. 군대

이 일지의 시작을 채 상병 사망 사건으로 잡은 것은 2024년 4월 10일 치러진 22대 총선을 계기로 윤석열 정부의 정국 주도권이 무너졌기 때문이다.

물론 그 전에도 여소야대의 국면이었던 것은 사실이다. 하지만 권력의 누수가 시작되는 임기 후반기에, 그것도 회심의 카드이자 윤석열 정부의 황태자라는 한동훈까지 동원했음에도 역사에 기록될 만한 참패를 당한 것은, 최소한 윤석열의 계산에는 없었으리라 생각한다.

국민의힘이 4·10총선에서 참패한 이유는 여러 가지 꼽을 수 있다. 그중에서도 채 상병 사망 사건 수사 외압의 핵심 피의자인 이종섭 전 국방부장관을 호주대사로 임명하여 출국시킨 이른바 '런종섭 사태'가 당시 상승세에 올라탄 대통령과 국민의힘의 지지율을 꺾어놓은 중요 원인으로 작용했음은 분명하다.

만일 당시의 상승세가 그대로 유지되어 국민의힘이 과반수 의석을 차지했다면 명태균 게이트가 드러나는 시점은 훨씬 뒤로 미뤄졌을 테고, 부정선거 음모론에 편승한 비상계엄도 선포되지 않았을 것이라고 확신한다. 그랬다면 우리는 지금쯤 뉴스 화면을 통해 트럼프 대통령 앞에서 〈아메리칸 파이〉를 열창하는 윤석열의 모습을 지켜보고 있을지도 모른다. 어쩌면 온 국민이 귀를 기울이며 '바이든'과 '날리면'의 듣기평가 후속편을 치르고 있을지도 모르고.

다시 채 상병 사망 사건을 돌아본다.

1심 재판에서 무죄를 선고받은 박정훈 대령은 국민적인 응원에도 불구하고 본래의 직위에 복귀하지 못했다. 보직도 없는 상태에서 천직으로 여겼던 군대에 맞서 고통스러운 재판 과정을 겪어야 했던 무고한 장교는, 무죄 선고 후 두 달 가까이 지난 3월 7일이 되어서야 해병대 인사근무차장이라는 보직을 부여받았다. 참고로 인사근무차장은 편성에 없는 임시직이다.

반면에 대통령실의 비호 아래 채 상병 사망 사건의 혐의에서 빠져나간 임성근 해병대 1사단장은 어떠한 징계나 처벌도 없이 지난

2월 무사히 전역할 수 있었다. 수사 외압의 핵심 피의자 중 한 명인 김계환 해병대사령관 또한 별다른 불이익을 받지 않은 채 지난해 12월 전역했고, 해병대사령부의 추천서를 통해 단국대학교 석좌교수로 임용되기까지 했다.

채 상병 사망 사건을 담당한 경북경찰청의 재수사 소식은 들리지 않고, 수사 외압 사건을 수사하는 공수처는 여전히 인력 부족에 허덕이고 있으며, 국방부와 군 검찰은 항소와 재판 지연으로 박정훈 대령에 대한 괴롭힘을 이어가는 중이다.

여기서 질문 하나를 던진다.

"대한민국 군인은 부당한 명령에 거부할 수 있는가?"

대답에 앞서 아래의 판결문을 읽어보기 바란다.

"해병대사령관에게는 군사법원에 재판권이 없는 범죄의 이첩 시 이첩 중단 명령을 할 권한은 없는 것으로 보이고, 피고인에게 한 기록 이첩 중단 명령은 정당한 명령으로 보기 어렵다." (박정훈 대령 1심 판결문 중)

"국회가 신속하게 비상계엄 해제 요구 결의를 할 수 있었던 것은 시민들의 저항과 군경의 소극적인 임무 수행 덕분이었으므로, 이는 피청구인의 법 위반에 대한 중대성 판단에 영향을 미치지 않습니다." (대통령 윤석열 탄핵 심판 결정문 중)

전자는 부당한 명령을 거부한 박정훈 대령의 행위가 항명에 해당하지 않는다는 뜻이고, 후자는 계엄군의 소극적인 임무 수행이

12·3비상계엄 해제에 큰 역할을 했다는 뜻이다. 위의 두 판결문만 읽어보면 부당한 명령에 거부하는 것이 오히려 당연하다는 느낌도 든다.

그러나 앞의 질문에 대한 대답은 아쉽게도 "아니다"이다.

대한민국 법률 어디에도 '군인은 정당한 명령에만 복종하고 부당한 명령에는 거부할 수 있다'라는 조항은 존재하지 않는다. 단지 몇 차례 입법 시도가 있었을 뿐이다.

군 형법 제44조에서는 "상관의 정당한 명령에 반항하거나 복종하지 아니한 사람은 처벌한다"고 규정한다. 박정훈 대령 사건처럼 이 조항을 근거로 '부당한 명령에 거부할 수 있다'를 도출한 판례도 있기는 하지만, 매우 드문 경우에 불과하다.

또한 군인복무기본법 제25조(명령 복종의 의무)에서는 "군인은 직무를 수행할 때 상관의 직무상 명령에 복종하여야 한다"고 규정한다. '정당한 명령'이 아니라 '직무상 명령'인 점에 주목하기 바란다. 비록 제24조(명령 발령자의 의무) 제1항에 "군인은 직무와 관계가 없거나 법규 및 상관의 직무상 명령에 반하는 사항 또는 자신의 권한 밖의 사항에 관하여 명령을 발하여서는 아니 된다"고 되어 있기는 하다. 그럼에도 일단 발동된 명령은, 그 명령의 정당성 여부와는 무관하게, 부하 군인에게는 절대적인 권위를 갖는다. 군대는 원래 그런 조직이기 때문이다.

이런 상황에서 "(국회의) 문짝을 부수고서라도 안으로 들어가서

다 끄집어내라"는 위헌·위법한 명령에 거부하기란 거의 불가능한 일이 아닐 수 없다.

사회학을 전공한 임재성 변호사는 2024년 12월 27일 한겨레신문 기고를 통해 다음과 같은 의견을 주장했다.

> 군인복무기본법 제25조를 "군인은 직무를 수행할 때 상관의 정당하고 직무상 범위에 속하는 명령에 한하여 따른다"라고 개정하자. 이 조항의 개정 이유로 12·3계엄내란을 명시하자. 군인 교육에 이 조항의 입법 취지와 적용 사례를 반드시 넣자. 이 교육 속에서 민주주의 사회 속 군대와 명령의 의미가 무엇인지 끊임없이 환기하자. 복종하는 군인이 아니라 고민하고 판단하는 군인만이 "국가의 안전보장과 국토방위의 신성한 의무(대한민국헌법 제5조 제2항)"를 온전히 수행할 수 있다.

기본소득당의 용혜인 의원도 2025년 1월 6일, 상관의 명령이 명백히 위법한 경우 거부할 수 있도록 하는 법안을 대표 발의했다.

그러나 윤석열 정부와 한덕수·최상목 권한대행 정부에서 거부당한 법안이 얼마나 많은지 우리는 기억하고 있다. 법안이 통과되고 군대가 그 법안에 적응하기까지는 꽤나 오랜 시간이 필요하리라고 본다.

2025년 4월 4일, 윤석열은 대통령직에서 파면되었다.

그러나 내란은 종식되지 않았고, 대한민국 군대가 또 다른 내란 세력의 부당한 명령에 따라 국민에게 총부리를 겨눌 위험은 여전히 존재한다.

6. 극우

대한민국 극우에 대한 학술적인 고찰은 이 일지에서 다루지 않겠다. 일부 개신교(이제는 '일부'라는 부사를 붙이는 것이 옳은가 하는 회의도 들지만)의 극우화 과정에 대해서도 마찬가지다. 일지는 현상에 집중해야 한다는 이유보다는, 학술적인 전문성을 갖추지 못한 필자가 범접할 영역이 아니라는 이유가 더 크다.

극우의 발호가 세계적인 현상으로 자리 잡은 것은 어제오늘의 일이 아니다. 그렇게 된 배경에는 신자유주의 체제하에 형성된 '부(富)의 양극화'가 깔려 있다는 견해가 지배적이다.

부의 양극화는 부자를 갑부로, 빈자를 극빈자로 만든다. 한국도 그 흐름을 피해가지는 못했다. 오히려 그 흐름의 선두 그룹에 속해 있다고 봐도 무방하다.

2025년 1월 5일 통계청 발표에 따르면, 지난해 가구소득 상위 10%와 하위 10% 간 소득 격차가 처음으로 연 2억 원을 넘어서게 되었다. 두 계층 간 자산 격차도 15억 원 이상 벌어지는 것으로 나타났다. 한국조세정책연구원이 지난해 발표한 보고서는 상위 1%가 전체 부의 25.4%를, 상위 10%는 58.5%를 차지한 반면, 하위 50%의 비중은 5.6%에 불과함을 알려주었다. 현재 이 나라에서 진행 중인 부의 양극화가 얼마나 심각한지 알 수 있는 지표들이다.

부의 양극화는 사회적으로 각종 문제를 야기한다. 아무리 노력해도 상층에 오를 수 없다는 현실 앞에 사람들은 좌절감과 박탈감에 빠지고, 분노하게 된다. 하지만 성공하지 못한(성공할 수 없는) 자들의 분노는 '능력주의'라는 심판대 위에서 그저 죄악으로 간주될 따름이다.

표출할 자유마저 빼앗긴 분노가 만연한 사회.

극우는 바로 그런 토양 위에서 발아하고, 득세한다. (국가에 따라서는 극좌가 극우를 대신하는 경우도 있다)

12·3비상계엄 사태를 거치며 한국의 극우 세력은 커다란 전환기를 맞는다. 2000년대 들어 보수적 경향을 보이던 젊은 남성 세대가 기성 극우 세력의 대열에 동참하기 시작한 것이다. 일각에서는 보수 매체의 전략에 의한 과장된 해석이라는 비판도 나오지만, 눈앞에 드러난 현상을 무시해서는 안 된다고 본다.

20세기 파시즘이 21세기 극우로 진화하는 과정에서 장착한 가장 강력한 무기는 '유머'였다. 파시즘은 사회에 만연한 분노를 약자에 대한 혐오로 전화시키는 과정에서 힘을 얻는데, 21세기 극우는 혐오 위에 유머를 덧씌움으로써 도덕적 비난에서 비켜 가는 노련함을 발휘한다. 온라인 커뮤니티와 SNS에 능숙한 젊은 세대는 '재미있는' 혐오를 무비판적으로 수용하게 된다.

'재미있는' 혐오가 어떻게 한국 젊은 남성 세대의 주류 문화로 자리 잡게 되었는가를 설명하기 위해서는 이명박 정부 이후 벌어진 몇 가지 정치·사회적 사건들을 살펴봐야 한다. 극우 온라인 커뮤니티인 〈일간베스트〉의 탄생, 강남역 여성 살해 사건과 혜화동 페미니즘 집회, 그에 따른 반페미니즘 정서 확산, 조국 사태와 박원순 사태, 윤석열 캠프의 여성가족부 폐지 공약 등…. 다만, 그 사건들을 자세히 다루는 것은 앞서 밝힌 이유로 피하고자 한다.

어쨌거나, '재미있는' 혐오는 한국 젊은 남성 세대의 주류 문화로 자리 잡는 데 성공한다. 〈일간베스트〉, 〈FM코리아〉, 〈DC인사이드〉 등 온라인 커뮤니티와 〈신남성연대〉, 〈가재맨〉, 〈뻑가〉 등 유튜브 채널에서 약자와 소수자에 대한 혐오는 그저 '낄낄거리며 지껄이는' 놀이 문화에 불과하다. 나아가 해당자의 신상을 공개하고 좌표를 찍어 사이버불링(사이버 공간에서 벌어지는 집단 괴롭힘)을 가하는 범죄적인 행위조차도 그들에게는 '재미있는' 장난일 뿐이다. 좌표가 망가져도 상관없다. 장난감은, 혐오할 대상은, 세상에 널렸으니까. 여성, 장애인, 동성애자, 외국인 노동자….

그 자리에 '종북'과 '짱깨'를 올리자는 기성 극우 세력의 제안을, 이미 도덕규범이 희박해진 젊은 남성 세대가 거부할 이유는 없었을 것이다. 중국은 젊은 남성 세대에게 오래전부터 반감의 대상이었다. 그들에게 반공주의는 더 이상 철 지난 사상이 아니었다. 키보드 앞을 떠나 드넓은 광장에서 대동단결의 고양감을 맛볼 수 있게 된 것은 덤이다.

그 결과 '아스팔트 우파'로 불리던 기성 극우 세력은 극적으로 회춘하게 된다. 싱싱한 젊은이들이 경찰 저지선을 뚫고 법원에 난입하여 집기를 때려 부수고 판사를 수색하는 광경이 그들을 얼마나 전율시켰을지 상상해 보라.

다행한 일은, 기성 극우 세력의 회춘이 그리 오래 이어지지 않았다는 점이다. 그들이 구심점으로 내세운 윤석열의 정치적 정당성이 헌법재판소에 의해 무너진 날, 서부지법 폭동 사태를 떠올리며 내란을 넘어 내전을 우려한 국민도 많았다. 그러나 4월 4일 헌법재판소 앞에서는 경찰버스 유리창 한 장이 깨졌을 뿐, 별다른 사건은 벌어지지 않았다. 8년 전 박근혜 탄핵 당시 극렬 시위로 인해 네 명의 시위대가 사망한 것과는 사뭇 다른 결과였다.

이후 윤석열 파면에 불복하는 시위가 주말마다 이어졌지만, 참가자들의 연령대는 점차 이전으로 회귀하는 중이다. 기성 극우 세력에게 수혈되던 젊은 피의 대부분은 '재미없어진' 광장을 떠나 학교로, 직장으로, 혹은 방 안 키보드 앞으로 돌아간 듯 보인다.

그럼에도 마냥 안심할 수만은 없다. 기성 극우 세력을 회춘시켰던 젊은 남성 세대의 사회적 환경은 윤석열 파면과 무관하게 여전히 암울하기 때문이다. (사회적 환경이라는 측면에서 보면 젊은 여성 세대도 암울하기는 마찬가지다)

젊은 세대는 안정적인 일자리와 주거 공간과 같은 먹고사는 문제에서 가장 큰 좌절과 박탈을 느낀다. 급여소득으로 내 집 마련의 꿈을 이루는 것은 문자 그대로 꿈이 된 지 오래다. 저출생 초고령화 속에서도 사교육비는 꾸준히 오르는 중이다. '3포(연애·결혼·출산)'와 '4포(연애·결혼·출산·인간관계)'를 넘어 포기하는 종목을 세는 것조차 무의미해진 'N포 세대'에게 좌절감과 박탈감 그리고 분노는 벗어날 수 없는 굴레처럼 여겨지기도 한다.

대상을 이번 내란에 동원되었던 젊은 남성 세대로 좁혀 보자.

고립이나 배척의 방식으로 그들에게 대응하는 것은 바람직하지 않을뿐더러 가능하지도 않다. 그들을 우리 공동체 안으로 포섭하기 위한 가장 효과적인 처방은 그들의 암울한 환경을 개선해주는 것이다.

하지만 어떻게?

조기대선을 통해 들어설 다음 정부가 젊은 세대의 사회적 환경을 파격적으로 개선해주기란 쉽지 않다.

한국의 경제 지표는 앞서 3부에서 기록한 것보다 더 악화되었다. 한국은행은 지난 2월 발표한 올해 경제성장률 1.5%가 지나치게 낙관적이었음을 인정했다. 글로벌투자은행(IB)들은 한국의 올해 경쟁성장률을 이미 낮춘 뒤였다. 미국계 JP모건은 1.2%에서 0.9%로, 영국계 캐피털이코노믹스는 1.2%에서 0.9%로. 거기에 더하여, 지난해 말 다시 정권을 잡은 트럼프 미 대통령은 종잡을 수 없는 관세 정책으로 세계 경제를 혼란에 빠트렸다.

대내외적인 악재 속에서, 지난 3년간 세수 부족으로 거덜난 나라 곳간을 물려받을 다음 정부가 당장에 할 수 있는 일은 그리 많지 않을 것으로 보인다.

그럼에도 불구하고, 할 수 있는 일이 있다면 해야만 한다.

전략의 근본은 주어진 자원을 효율적으로 분배하고 활용하는 것이다. 그 과정에서 당연히 돌출될 갖가지 불만들은 민주적 방식을 통해 완화시켜야 한다. 그럼으로써 대한민국을 본래의 궤도에 올려놓아야 한다. 이는 이번 내란을 종식시키는 일만큼이나 중요한 과제다.

극우는 정치, 경제, 사회가 불안정할 때마다 고개를 든다는 점을, 우리는 잊어서는 안 된다.

2025년 4월 4일, 윤석열은 대통령직에서 파면되었다.

그러나 내란은 종식되지 않았고, 내란을 선동하던 극우 세력은 이번 주말에도 아스팔트 위에서 태극기와 성조기를 흔들고 있을 것이며, 그들을 회춘시켰던 젊은 남성 세대의 분노는 여전히 누그러지지 않았다.

3장. 민주주의 民主主義

[명사] 국민이 권력을 가지고 그 권력을 스스로 행사하는 제도. 또는 그런 정치를 지향하는 사상. 기본적 인권, 자유권, 평등권, 다수결의 원리, 법치주의 따위를 그 기본 원리로 한다.

이제까지는 내란이 종식되지 않은 이유를 살펴보았다.

다음은 "내란은 종식될 것인가?"라는 질문에 대해 이야기해보자.

이 질문에 대해 필자는 "아니다" 그리고 "그렇다"라는 모순된 대답을 내놓았는데, 이유를 설명하기에 앞서 몇 가지 불쾌한 가정부터 제시하는 것을 용서하기 바란다.

> ① 비상계엄 당일 밤 서울의 날씨가 좋아서 특전사 헬기가 30분 일찍 국회에 착륙할 수 있었다면?
> ② 경찰 수뇌부가 법리적 판단에 흔들려 국회 봉쇄를 18분간 해제하는 일이 벌어지지 않았다면?
> ③ 시민과 계엄군이 몸싸움을 벌이는 과정에서 단 한 발의 총성이라도 울렸다면?
> ④ 무장한 특전사 후속 부대가 여의도로 진입하는 것을 조성현 단장이 제지하지 않았다면?

⑤ 707특임단의 정전 시도가 빠르고 정확하게 이루어져 본회의장 표결이 불가능했다면?

윤석열을 파면한 헌법재판소의 결정문에는 "시민들의 저항과 군경의 소극적인 임무 수행" 덕분에 비상계엄이 해제될 수 있었다고 적혀 있지만, 2024년 12월 3일 밤 대한민국에 엄청난 행운이 작용했다는 점은 부정하기 어렵다. 위에서 제시한 여러 가정 중 단 한 가지만 현실이 되었더라도 대한민국의 현재는 아주 달라져 있을 것이기 때문이다.

행운은 비상계엄 전후로도 있었다. 비상계엄을 1년 앞두고 전두환의 12·12군사반란을 소재로 한 영화 〈서울의 봄〉이 흥행에 큰 성공을 거둔 일, 비상계엄을 50여 일 앞두고 한강 작가가 노벨문학상에 선정되며 5·18광주민주화운동을 소재로 한 소설 〈소년이 온다〉가 베스트셀러에 오른 일, 윤석열 탄핵소추안 2차 표결 당시 탄핵 반대 당론에도 불구하고 국민의힘 내에서 8표 이상의 이탈표가 나온 일 등…. 이것들은 내란의 주범들에게는 예측하지 못한 불행이요, 우리에게는 행운일 수밖에 없다.

굳이 '행운'이라는 단어를 반복하여 언급한 까닭은, 민주주의라는 제도가 중첩된 행운에 의존해야 할 만큼 취약하다는 점을 강조하기 위함이다.

한강 작가는 '노벨 강연'에서 이런 질문을 던졌다.

"인간은 어떻게 이토록 폭력적인가?"

이를 차용하여 필자는 다음과 같은 질문을 던진다.

"민주주의는 왜 이렇게 취약한가?"

우리는 윤석열과 극우 세력의 입을 통해 자유민주주의(그들은 '민주주의' 앞에 반드시 '자유'를 붙인다)가 어떻게 오염되는지를 똑똑히 지켜보았다. 민주주의는 너무도 쉽게 침칭딩한다. 그리고 잠칭이 성공적으로 마무리되면 곧바로 압살당한다. 독재자들은 본인이 참칭했던 민주주의가 민중의 입에서 나오는 것을 용납하지 않는다.

이 대목에서 정치학자 아담 쉐보르스키의 명언을 다시 한 번 소개한다.

"민주주의는 정당이 선거에서 패배하는 시스템이다."

패배는 누구에게나 고통스럽다. 그것을 인정하는 데는 큰 용기와 깊은 자기반성이 필요하다. 그래서 정치인 중 일부는 패배를 인정하는 대신 부인하기 위한 합리화를 찾는다. 대표적인 것이 바로 부정선거 음모론이다. "나는 원래 패배하지 않았어." 의도부터 불순한 합리화에 팩트가 끼어들 여지는 없다.

아담 쉐보르스키에 따르면, 민주주의는 고통을 전제로 삼는 시스템이다. 입으로는 민주주의를 말하며 실제로는 민주주의를 부정하는 자들이 돌출하는 것을 방비하기 어렵다. 그들이 극우화되는 것은 시간문제다. 민주주의는 다시 도전에 직면하고, 다시 위기에 빠진다.

윤석열과 그를 추종하는 세력에 의해 시작된 이번 내란은 종식될지도 모른다. 그러나 민주주의 취약성이 존재하는 한, 내란은 언젠가 다시 일어날 것이다.

여기까지가 "내란은 종식될 것인가?"라는 질문에 "아니다"라고 대답한 이유다.

한강 작가는 또 이런 질문도 던졌다.
"인간은 어떻게 그토록 압도적인 폭력의 반대편에 설 수 있는가?"

이를 차용하여 필자는 다음과 같은 질문을 던진다.
"민주주의는 왜 이렇게 강한가?"

그것은 민주주의가 가진 강력한 중독성 덕분이 아닐까 싶다.

필자는 민주주의가 필자를 포함한 일반 국민에게 가장 이로운 제도라고 믿는다. 이롭다는 것이 반드시 효율적이거나 안정적이라는 뜻은 아니기에, 민주주의는 비효율적이고 위태로운 면을 드러내기도 한다. 하지만 민주주의를 한번 맛본 사람은, 그 제도 위에 삶의 한 부분이라도 걸쳐본 사람은, 민주주의가 박탈당할 위기를 목격했을 때 마치 마약을 빼앗긴 중독자처럼 민주주의를 갈구하게 된다.

설령 이번 내란이 성공하여 우리가 민주주의를 박탈당하는 비극이 벌어졌더라도, 우리는 민주주의를 되찾기 위해 싸웠을 것이다.

그 싸움이 얼마나 오래 걸리든, 얼마나 많은 희생을 요구하든, 결국에는 승리할 것이다. 이 예상이 지나치게 낙관적인 것이 아니라는 점은 대한민국이 지금까지 걸어온 역사가 증명해준다.

민주주의의 취약성으로 인해 다시금 내란이 일어나더라도, 우리는 그 내란마저 종식시킬 것이다. 이미 우리는 민주주의에 흠뻑 중독되어 있기 때문이다.

여기까지가 "내란은 종식될 것인가?"라는 질문에 "그렇다"라고 대답한 이유다.

그렇다면 이번 내란은?
필자는 우리 국민을 믿는다.

마치며

　말레이시아에 아내와 작은딸이 거주하고 있어 1년에 한두 차례 찾아간다. 작년 11월 마지막 날, 필자는 겨울을 가족과 함께 보내겠노라 작심하고 비행기에 몸을 실었다. 그렇게 말레이시아에 들어간 지 사흘째 되는 밤, 12·3비상계엄이 터졌다. 그날 받은 충격은 2008년 중국 쓰촨 성에서 살 당시 대지진을 겪었을 때 받은 것에 비견될 정도였다.

　당장 귀국하지 못하는 현실에 발만 동동 굴렀다. 윤석열 탄핵소추안 가결과 헌법재판소의 탄핵심판 과정을 먼 외국에서 지켜볼 수밖에 없다는 것이 몹시 고통스러웠다. 역사에 큰 죄를 짓는 기분이었다. 그래서 무엇이라도 해보자는 심정에 이 책을 시작하게 되었다.

2부에 등장하는 비상계엄 당시 상황은 검찰 공소장을 통해 재구성했다. 그 밖에 내용도 여러 매체의 기사들을 참고했다. 일지의 성격상 나중에 밝혀진 사건을 발생일 기준으로 서술하려니 매끄럽지 못한 부분도 있을 것이라 본다. 그 점, 사과 드린다.

이 책은 공저다. 다만, 본인의 이름을 알리고 싶어 하지 않는 공저자의 요구로 저자 자리에 필자의 이름만 올라가게 되었다. 이 책을 읽은 분께서 혹시라도 좋은 평가를 내리신다면, 그것은 순전히 공저자의 공로임을 미리 고백한다. 공저자께도 수고하셨다는 말씀을 다시 한번 전한다.

책이 나올 즈음에는 제법 살 만한 세상이 되어 있기를 소망한다.

김두일

내란일지 주요 타임라인

2023. 7. 19.
채 해병 사망 사고 발생

2023. 7. 30.
박정훈 수사단장, 이종섭 국방부장관에게 수사결과 보고

2023. 7. 31.
채 해병 조사보고서 이첩 보류 지시

2023. 8. 8.
박정훈 수사단장 보직해임

2023. 9. 1.
중앙군사법원, 박정훈 대령 구속영장 기각

2024. 3. 4.
윤석열 대통령, 이종섭 전 국방부장관 호주대사 임명

2024. 3. 8.
이종섭 호주대사 출국, '런(run)종섭' 사태

2024. 3. 29.
이종섭 호주대사 사직

2024. 4. 10.
22대 국회의원 총선거 국민의힘 참패

2024. 7. 9.
윤석열 대통령, 채 해병 특검법 거부권 행사

2024. 7. 23.
한동훈 국민의힘 당대표 당선

2024. 9. 5.
"김건희 여사, 4·10 총선 공천 개입" 뉴스토마토 보도

2024. 10. 2.
윤석열 대통령, 채 해병 특검법·김건희 특검법 거부권 행사

2024. 10. 17.
서울중앙지검, 김건희 도이치모터스 주가조작 사건 불기소

2024. 10. 31.
더불어민주당, 윤석열 대통령과 명태균의 육성 통화 녹음 공개

2024. 11. 7.
윤석열 대통령, 대국민담화 및 기자회견

2024. 11. 15.
명태균 구속, 김영선 전 의원도 구속

2024. 11. 26.
윤석열 대통령 '김건희 특검법' 3번째 거부권 행사

2024. 12. 3.
윤석열 대통령, 비상계엄 선포, 포고령 발령

2024. 12. 4.
국회, 비상계엄 해세 요구안 가결

2024. 12. 9.
윤석열 대통령 출국금지

2024. 12. 14.
국회, 윤석열 대통령 탄핵소추안 통과, 직무정지

2024. 12. 27.
한덕수 국무총리 겸 대통령권한대행 탄핵소추안 통과, 직무정지

2025. 1. 9.
중앙군사법원, 박정훈 대령 항명 재판 무죄 선고

2025. 1. 14.
헌법재판소, 윤석열 대통령 탄핵심판 1차 변론기일

2025. 1. 15.
윤석열 대통령 내란 우두머리 혐의로 체포

2025. 1. 19.
서울서부지법 윤석열 대통령 구속영장 발부, 서울서부지법 폭동사태 발발

2025. 2. 25.
헌법재판소, 윤석열 대통령 탄핵심판 종결 (11차)

2025. 3. 7.
서울중앙지법, 형사합의25부(부장 지귀연) 윤석열 구속취소 인용

2025. 3. 26.
서울고등법원, 형사6-2부 이재명 공직선거법 무죄 선고

2025. 4. 4.
헌법재판소, 재판관 8인 전원일치로 대통령 윤석열 파면